CONOCER EL VINO

CONOCER EL VINO

JOANNA SIMON

**Cómo degustar y disfrutar cada copa.
La elaboración de vino de primera clase.
Dónde se hacen los mejores vinos.**

LEOPOLD
BLUME

A Robin

LEOPOLD
BLUME

Título original:
Discovering Wine

Traducción:
Francesc Serra Massansalvador

Revisión científica y técnica de la edición
en lengua española:
Fernando Martínez de Toda Fernández
Profesor de Viticultura
Director del Departamento de Agricultura y Alimentación
Universidad de La Rioja

Coordinación de la edición
en lengua española:
Cristina Rodríguez Fischer

Primera edición en lengua española 1994
Reimpresión 1995, 1998, 1999, 2000, 2001

© 1994 Naturart, S.A. Editado por BLUME
Av. Mare de Déu de Lorda, 20
08034 Barcelona
Tel. 93 205 40 00 - Fax 93 205 14 41
E-mail: info@blume.net
© 1994 Octopus Publishing Group Ltd., Londres
© 1994 de las fotografías, ilustraciones y mapas,
Octopus Publishing Group Ltd., Londres

I.S.B.N.: 84-8076-089-3

Impreso en China

NOTA DE LA EDICIÓN EN LENGUA ESPAÑOLA
En la traducción y revisión científica y técnica
de esta obra se han respetado las ideas expuestas
en la edición original en inglés así como la opinión
subjetiva de la autora, aunque se han introducido
unas notas a pie de página exponiendo diversas
observaciones.
Con independencia de la particular visión que sobre
el vino se expresa en este libro, se han introducido
algunos datos adicionales referentes a la vitivinicultura
española para aportar y ampliar nueva información
sobre el tema. Asimismo, se ha dado una pincelada,
aunque somera, de los vinos que se producen en las
principales regiones vinícolas de Hispanoamérica.

CONSULTE EL CATÁLOGO DE PUBLICACIONES *ON-LINE*
INTERNET: HTTP://WWW.BLUME.NET

Contenido

TERCERA PARTE

Dónde se hacen los mejores vinos

Preámbulo e
introducción

Preámbulo

¿Cómo? ¿Otro libro sobre vinos? Sí, pero creo que este satisface ingeniosamente varios aspectos fundamentales de un tema tan apasionante. Es sensible, lógico y nada pretencioso y, por encima de todo, útil e informativo.

Es el tipo de libro que podemos leer de principio a fin y, a su término, saber mucho más, por bien que creíamos conocer nuestros vinos. O también nos podemos introducir en él por temas: consejos prácticos sobre la cata, los vinos de Alsacia hábilmente resumidos, el sentido común sobre una cuestión tan delicada como es «cuándo beber», etc.

Es tan refrescante como una *flûte* de champaña, tan intensamente satisfactorio como una copa del más fino Burdeos. Léalo.

Michael Broadbent
Christie's, Londres

Introducción

Una generación atrás, los libros sobre el vino se limitaban a los vinos clásicos europeos. Había muy pocos otros vinos que tuvieran alguna importancia más allá del ámbito local. La moderna industria vitivinícola de California apenas estaba empezando a asomarse. Australia fue un país productor de un vino licoroso hasta los años setenta: su primera cosecha comercial de Chardonnay no se produjo hasta 1973. Los esfuerzos de Bulgaria para exportar vino no empezaron hasta 1980. Las exportaciones sudafricanas de vino consistieron principalmente en vinos licorosos del tipo Jerez hasta mediados de la década de 1980. Nueva Zelanda, otro productor de vinos licorosos, no produjo suficientes vinos de mesa para exportar hasta los años ochenta. Y el gran progreso de los vinos chilenos es un fenómeno de los años noventa.

En cuanto a los países europeos tradicionalmente productores de vino, cada uno de ellos tenía numerosos estilos regionales de vino, pero sólo los grandes nombres franceses –Burdeos, Borgoña, Chablis, Champaña, Sauternes, etc.–, los vinos del Rin (Renania), los Mosela de Alemania, el Jerez y el Oporto, y tal vez el Tokay húngaro, habían penetrado realmente en la masa de bebedores de vino y de productores de otros países. La mayor parte del resto de vinos eran muy básicos (frascos con protección de mimbre del Chianti o el Laski Rizling, vinos de mesa anónimos, etc.) o se trataba de marcas caseras; de todas formas, había muy poca variedad.

Por supuesto, había conocedores –italianófilos e hispanófilos que lo sabían todo acerca de los vinos de Barolo o de Rioja y que podían distinguir los mejores de la morralla (morralla que se comercializaba mucho más hace dos décadas)–, pero los vinos de estos tipos no estaban considerados universalmente como «clásicos». No encabezaban las cartas de vinos de los restaurantes; no constituían el orgullo de los comerciantes de vinos; raramente se encontraban en bodegas privadas; no cambiaban de manos a altos precios de cotización, y –un dato primordial en cuanto a la industria vitivinícola moderna internacional– no eran los vinos y los estilos que copiaban los nuevos productores en América, Oceanía y Sudáfrica (zonas a las cuales, por una cuestión de simplicidad, me voy a referir colectivamente en este libro como el Nuevo Mundo). Fue esta explosión de actividad, que se inició en California en los años sesenta, la que marcó el inicio de una etapa absolutamente nueva en la historia del vino, una etapa de cambio más rápido y radical que ninguna otra anterior.

Para el consumidor de vino que se encuentra ante hileras de botellas en un comercio en los noventa, probablemente el cambio más llamativo y comprometedor que trajo el auge del Nuevo Mundo es el énfasis actual en las variedades de vid. Hace veinticinco años poca gente había oído hablar de Chardonnay –por no mencionar Sauvignon Blanc, Cabernet Sauvignon y Merlot–, y todavía menos gente hubiera podido enumerar los vinos clásicos que producen. Actualmente, los vinos etiquetados como Chardonnay provienen de todos los países productores de vino, tanto los viejos como los nuevos. Y, lo que es más chocante, el interés en las variedades de vid está empezando a cambiar los conceptos establecidos. Variedades poco habituales, esotéricas e incluso claramente rechazadas, que no hace mucho parecían hundidas bajo las profundidades de un mar de Chardonnay y Cabernet, están siendo sigilosamente resucitadas y expandidas.

Pero el hecho de que las variedades de vid hayan accedido a una posición prominente no es, ni mucho menos, el único cambio, ni siquiera el más radical, que se ha introducido en el conjunto del mundo vitivinícola. Más esencial es la mejora en calidad y seriedad del vino; a todos los niveles, pero especialmente en la base. En inglés, la palabra «plonk» –que solía significar algo imbebible (y cuyas consecuencias, en el caso de que fuera bebido, podían ser terribles)– actualmente se aplica más bien a algo barato pero alegre. Puede llegar a ser insípido o neutro, pero no es probable que llegue a ser realmente horroroso. Si lo es, hay muchas posibilidades de que haya sido estropeado por un corcho en mal estado o por unas condiciones de almacenaje inapropiadas. Existen, sin lugar a dudas, vinos mal hechos, pero hay un campo tan extenso de elección entre buenos vinos que los que son realmente pobres lo tienen cada vez más difícil para conseguir colocarse en los mercados más allá de la propia localidad (por lo cual, cuando usted se halle de vacaciones en un pueblecito perdido de los bosques de Europa es cuando resulta más probable que encuentre lo realmente inaceptable).

Las mejoras llegaron a través de avances técnicos en las bodegas, y estos avances llegaron a través del Nuevo Mundo. Al no estar protegidos por los prejuicios y por las viejas generaciones aristocráticas, los nuevos productores estudiaron, preguntaron, viajaron y aplicaron sus nuevos conocimientos usando la más avanzada tecnología. En un tiempo récord sus vinos ya estaban compitiendo con algunos de los mejores del Viejo Mundo. Los papeles se cambiaron; era el momento para el Viejo Mundo de aprender algo del Nuevo. Paulatinamente (y, con frecuencia, a regañadientes), los productores de vino de las áreas tradicionales de Europa empezaron a absorber y a aplicar lecciones aprendidas en sus visitas a los productores californianos, australianos y neozelandeses; productores que, en un principio, habían venido a Europa a aprender del viejo orden de cosas.

No se trata solamente de que el vino hoy es mejor, sino que también es diferente. Pocos vinos del Nuevo Mundo precisan ser almacenados durante años

para mejorar antes de estar listos para ser bebidos, y muchos de los clásicos europeos se hacen deliberadamente de manera que puedan ser disfrutados más pronto. Además, el vino es bebido por más gente y en circunstancias más variadas que jamás anteriormente. El disfrute y el interés en el vino ya no es el privilegio de aquellos que fueron recibidos con una pipa de Oporto al nacer y que se educaron en la apreciación del Burdeos desde la cuna. El goce del vino está abierto hoy en día a todo el mundo; el propósito de este libro es enseñar el modo de llegar a él.

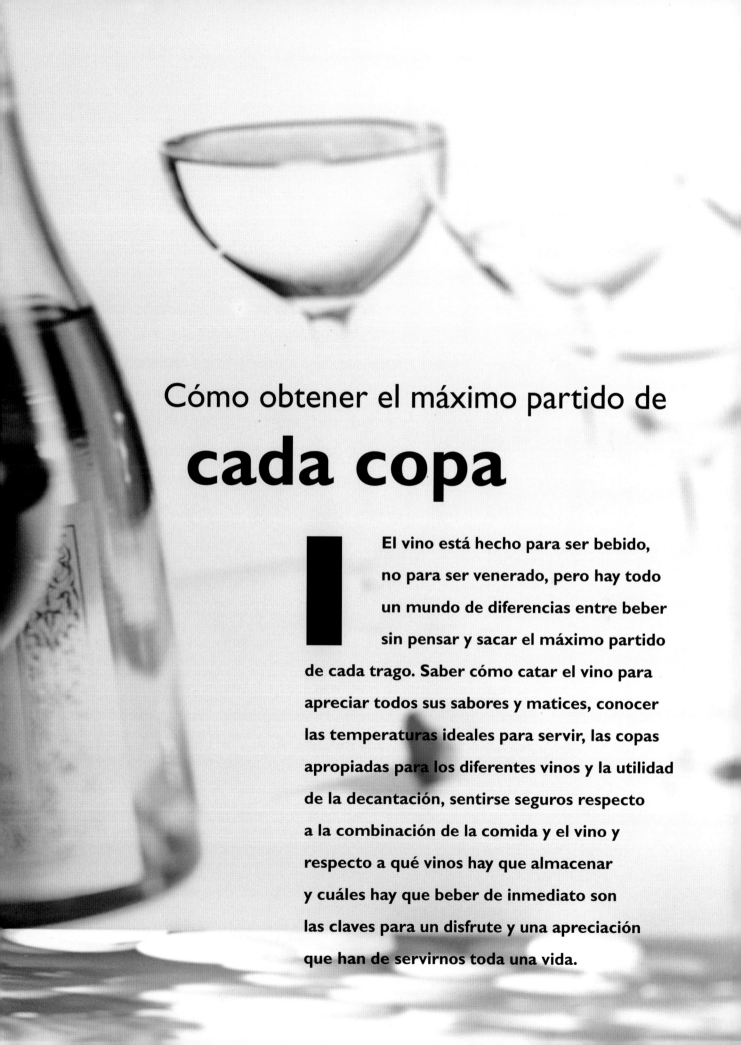

Cómo obtener el máximo partido de
cada copa

El vino está hecho para ser bebido, no para ser venerado, pero hay todo un mundo de diferencias entre beber sin pensar y sacar el máximo partido de cada trago. Saber cómo catar el vino para apreciar todos sus sabores y matices, conocer las temperaturas ideales para servir, las copas apropiadas para los diferentes vinos y la utilidad de la decantación, sentirse seguros respecto a la combinación de la comida y el vino y respecto a qué vinos hay que almacenar y cuáles hay que beber de inmediato son las claves para un disfrute y una apreciación que han de servirnos toda una vida.

Por qué y cómo
catar

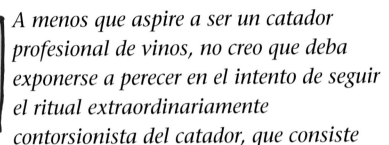

A menos que aspire a ser un catador profesional de vinos, no creo que deba exponerse a perecer en el intento de seguir el ritual extraordinariamente contorsionista del catador, que consiste en tomar pequeños (o grandes) sorbos, aspirar el aire (no precisamente en silencio) y masticar como si se estuviera batallando con un pedazo de carne dura, para luego escupir.

Probablemente tampoco le gustaría adquirir el hábito de escribir informes sobre cada vino (normalmente ilustrados con referencias a frutas y verduras) y llamarles pomposamente «notas de cata». ¿No le parece todo ello demasiado pretencioso?

En realidad, es pretencioso hacer todo esto fuera del contexto de la cata de vinos. No es sólo por placer por lo que nos abstenemos de escupir el vino cuando lo estamos bebiendo. Es simplemente que no necesitamos dar un espectáculo desagradable para obtener mucho más placer de cada sorbo del que obtendríamos tragando simplemente, sin pensar en ello. Y he ahí la clave del asunto. Usted puede considerar el vino como el escenario no obstructor para la acción principal –ya se trate de una comida, una conversación o un buen libro– o puede dejar que el vino tenga el papel protagonista. Préstele atención, concéntrese en él y será debidamente recompensado.

El camino intermedio entre beber sin darle ninguna importancia y el ritual esmerado (y aparentemente arduo) del profesional en la sala de cata es el que aporta más placer. (El propósito del profesional, al fin y al cabo, no es el disfrute personal, sino asesorar qué vinos pueden aportar más placer en el momento preciso y el precio adecuado a quienes van a beberlos.)

Para sacar más provecho de cada sorbo, de cada copa y de cada botella, simplemente tiene que tomar al vino en consideración en tres fases: vista, olfato y, finalmente, gusto. Luego, si desea un recuerdo para otra ocasión, escriba lo que ha sentido en el mismo orden y formule una impresión global al final. (Me temo que es un error relegarlo todo únicamente a la memoria, especialmente si está catando o bebiendo más de un vino.) Los libros de bodegas, lujosamente encuadernados, están para esto, con la intención de que usted los rellene, pero jamás he podido escribir más que unos pocos comentarios en ellos antes de regresar a mis infinitamente menos encantadores, pero siempre accesibles, libros corrientes de apuntes. Inicio cada comentario escribiendo la fecha, el lugar (si no estoy en casa), los detalles de la etiqueta del vino (tantos como me es posible), dónde lo compré, el precio y el tamaño de la botella. En general, las etiquetas se están haciendo más fáciles de entender (las principales excepciones son los diseñadores de etiquetas alemanes y los italianos caros), pero todavía puede resultar laborioso saber cuáles son los detalles pertinentes. La lectura de las etiquetas viene explicada en la última sección del libro pero, como indicación, fíjese en el nombre del vino, el de la propiedad y el del productor, en el nombre de una región o denominación de origen, en la cosecha y en la variedad y/o el estilo de cepa (por ejemplo, «Blanc de blancs» o «Moelleux»). Ahora ya está preparado para disfrutar.

Vista

Empiece observando el vino, preferiblemente con una luz razonablemente buena, pero no fluorescente, y contra un fondo plano y claro (una hoja blanca de papel es ideal si se encuentra en casa). Al verter el líquido, no llene demasiado la copa: el proceso de cata se hace mucho más fácil. Sujete la copa por la base o por el pie y distánciela de usted formando un ángulo de unos cuarenta y cinco grados (si la copa estaba demasiado llena, en este momento habrá vertido vino por todas partes). Fíjese en ella y podrá comprobar la claridad del vino, si tiene burbujas o cuerpos extraños, la intensidad del color, qué tipo de matiz tiene y cómo se gradúa el color desde el centro a los bordes. (De hecho, con los vinos blancos no es tan necesario ladear el líquido –puede alzar la copa y mirarla al nivel de la vista–, pero es un buen hábito a adquirir.)

(Superior izquierda) **El primer paso es comprobar que el vino se ve limpio y claro:** con el vino blanco puede hacerlo normalmente al nivel de la vista.

(Izquierda) **Para ver qué le dice el color** –especialmente en el caso del vino tinto–, incline la copa en dirección opuesta a usted contra un fondo plano y claro, como una hoja de papel blanco o un mantel, y mire la superficie del vino.

(Superior) **Sujete la copa por el pie** *(izquierda)* o, si tiene una mano firme, **por la base** *(derecha).* Ello no sólo le va a dar una visión del vino libre de obstáculos, sino que también va a impedir que su mano lo caliente. (Un recurso útil para elevar rápidamente la temperatura de un vino, si está demasiado frío, es rodear la copa con las manos.)

El vino debe ser siempre claro y luminoso, nunca turbio o brumoso. En el mejor de los casos, esto último está originado por sedimentos que se han esparcido al mover la botella. En el peor de los casos, sugiere algún tipo de contaminación. El sedimento es menos habitual en el vino blanco que en el tinto, pero si se encuentra, además de indicar que el vino es bastante maduro (probablemente siete años o más), demuestra que no ha sido filtrado en exceso, lo cual es un punto a su favor. Por supuesto, como en el caso del vino tinto (en el cual puede aparecer un depósito en un par de años), el sedimento debe permanecer en la botella y no ser derramado descuidadamente en la copa, porque condiciona tanto el gusto (suele ser amargo) como la textura y la apariencia. Si hay pequeños cristales incoloros en el fondo de una copa o una botella de vino blanco, se trata de inofensivos depósitos de tartratos, y son una prueba de que el vino no ha sido tratado en exceso.

Las burbujas en vinos que no están en movimiento pueden ser una señal de peligro e indicar una segunda fermentación no deseada, pero unas cuantas burbujas diminutas en un vino blanco –especialmente si se trata de un vino pálido, joven y claro para ser tomado joven– pueden crear un efecto premeditado: vinos como el Vinho Verde de Portugal están embotellados con un poco de dióxido de carbono para dar un ligero cosquilleo al paladar (que puede ser experimentado como un picor suave y refrescante en la lengua). Las malas burbujas –las de una segunda fermentación– dan una amargura avinagrada tanto al olor como al sabor.

Aunque el color es menos indicativo en el caso del vino blanco que en el del tinto, de todos modos varía desde lo casi incoloro, con un matiz de verde en un Mo-

(Izquierda) **La mayoría de los vinos dulces más famosos del mundo están hechos con cepas afectadas de botritis (también conocida como «podredumbre noble»), un hongo que ataca a las uvas y las deshidrata. Esto concentra tanto el sabor como el color y da a este Sauternes su típico amarillo intenso.**

(Izquierda) **Los climas cálidos dan vinos más intensamente coloreados –tanto los tintos como los blancos– que los climas fríos. Ya sólo por el color sería difícil confundir este soleado Chardonnay australiano con un Chardonnay de Chablis.**

(Izquierda) **La edad y los métodos de elaboración afectan al color en modos muy diferentes: este *vin de pays* del sur de Francia debe su palidez a su juventud, a una fermentación fría y a un embotellado temprano.**

sela o un Chablis, al amarillo intenso. Sin embargo, si observa tintes marrones, significa que algo no va bien: los vinos blancos se oscurecen con el tiempo (al contrario que los tintos), y a causa del oscurecimiento de la madera están habitualmente muy oxidados, o maderizados, lo cual les da un sabor cada vez más rancio o cercano al Jerez. Generalizando, los vinos más pálidos vienen de climas más fríos, y los más intensamente amarillos vienen de las regiones más cálidas, especialmente del hemisferio sur, pero los vinos dulces afectados de botritis (*véase* pág. 92), incluidos los del norte de Alemania, así como los blancos envejecidos en roble, tienen también más color.

El color en el vino tinto nos dice más, tanto en términos de edad como de calidad y de origen. Los vinos tintos pierden gradualmente su color (exceptualmente en forma de sedimento), lo que significa que

se vuelven más pálidos con el tiempo, y evolucionan desde un rojo-violeta intenso, pasando por el rubí, hasta un rojo ladrillo y, por último, hasta un color tostado intenso. El lugar a observar para obtener una impresión de la edad del vino es el borde: cuanto más claro y marrón sea (y cuanto mayor sea la graduación de color desde el centro de la copa), más maduro será el vino. Y, en general, un vino tinto de alguna calidad que deba envejecer, en lugar de ser bebido en un plazo de dos o tres años, deberá tener un color considerable al principio, puesto que el color está íntimamente ligado al contenido de tanino, y éste es uno de los principales prolongadores de vida en los vinos tintos.

Inevitablemente, sin embargo, algunas variedades de vid y algunos climas producen más color que otros. Como en el caso de los vinos blancos, las regiones cálidas producen colores más intensos, pero las cepas de

(*Derecha*) **El envejecimiento en madera tiene el efecto opuesto en el color de los vinos tintos al que tiene en los blancos: éstos se vuelven más intensos, mientras que los tintos envejecidos en roble, como este Rioja, pierden color.**

(*Derecha*) **Cabernet Sauvignon, el principal componente del Château Cos d'Estournel de 1983, suele dar vinos intensamente coloreados, pero después de más de una década este color se suaviza y adquiere un rojo entre rubí y granate.**

(*Derecha*) **En el Château Léoville-Las-Cases el color violeta intenso y brillante indica un Burdeos con base de Cabernet Sauvignon de primera clase y todavía joven.**

Cabernet Sauvignon, por ejemplo, producen un buen vino de un color fuerte en todas partes. Lo mismo, sólo que con más intensidad, sucede con el Syrah (o Shiraz) y el Nebbiolo, aunque el Syrah crece sólo en climas suficientemente cálidos de cualquier lugar, y el Nebbiolo es prácticamente el vino de una sola región (el Piamonte). El Nebbiolo, aunque es oscuro, también se vuelve marrón con más rapidez que la mayoría de los vinos, como también lo hace la Garnacha. El Pinot Noir, por otra parte, es por naturaleza más claro que vinos como los de Cabernet Sauvignon y Syrah.

El modo en que envejece el vino tinto también afecta al color. Los vinos envejecidos en madera pierden más color que los que han envejecido predominantemente en la botella. El ejemplo típico es el Oporto envejecido en madera, frente a la cosecha de Oporto envejecida en botella. El Rioja presenta otro ejemplo: mientras que las cepas de Tempranillo producen vinos de buen color, los Reservas y Gran Reservas de primera calidad pueden ser pálidos a causa de su larga maduración en roble.

(*Inferior*) **Después del remolino, observe si hay «regueros» o «lágrimas» en el interior de la copa: pueden ser un indicio del contenido de alcohol y azúcar en el vino.**

(*Derecha*) **Remueva suavemente la copa para que el vino y el aire se combinen y liberen los aromas.**

Remolino o movimiento de rotación en el vino

Tanto si deposita la copa en la mesa como si sigue sujetándola por el pie o por la base (por la base es más difícil), remuévala para provocar un movimiento de rotación en el vino –primero haga prácticas en casa con agua, antes de salpicar al catador que se encuentre a su lado. El principal motivo de este acto es airear el vino para que libere sus componentes volátiles –o, lo que es lo mismo, sus olores o aromas–, pero, antes de zambullir su nariz en la copa, eche un vistazo.

El modo en que el vino se adhiere al cristal y luego se escurre nos puede decir algo. Un vino que se escurre despacio y en diferentes regueros o «piernas» es bastante viscoso, lo que significa que es alto en alcohol, en azúcar o en ambos elementos. Un vino con una orilla que se rompe de forma rápida y desigual puede ser viejo, muy ligero y seco, o puede tratarse de que su copa no está muy bien enjuagada (los residuos de detergente y de paños interfieren en la tensión superficial del vino).

Olfato

Acerque su nariz a la copa e inhale. Después haga un segundo remolino con su copa, introduzca otra vez su nariz e inhale más profundamente. La mayoría de la gente cree que una inhalación profunda aporta más información que muchas cortas y agudas, pero lo importante es que haga lo que le resulte más efectivo.

Lo primero que va a apreciar es que el vino, a excepción del Moscatel, no huele a uva. En realidad, huele a vino. Y el vino huele a... Si no fuera porque le da miedo parecer uno de esos escritores que siempre ha considerado que tienen un síndrome crónico de prosa cursilona, diría que le recuerda a grosella, a uva espina, a hierba, a vainilla, a gasolina, a linóleo, a sudor... y estaría en lo cierto. Estaría en lo cierto porque la interpretación que hace su cerebro de cada aroma es lo que cuenta. Es inútil pretender que un vino huele a piña, a mantequilla y a vainilla porque es a lo que usted supone que tiene que oler, cuando en realidad no le recuerda más que a una alfombra vieja de escalera, a cartón y a repollo. No va a engañarse ni a sí mismo ni a nadie.

La otra razón por la cual está en lo cierto al confiar en sus propios sentidos es porque, a pesar de lo desafortunada que pueda parecer su identificación de un olor, puede haber coincidido con el ojo clínico de un científico. Los vinos huelen a fresas, a plátanos, a grosella, a melocotones, a pimientos y a una cantidad extraordinaria de otras sustancias conocidas distintas al vino, precisamente porque comparten los mismos componentes químicos volátiles. Se han identificado unos quinientos componentes aromáticos en el vino hasta la fecha (*véase* página siguiente para más detalles), derivados de las mismas uvas, del proceso de fermentación y del proceso de maduración (aunque algunos vinos se beben antes de que hayan tenido ninguna oportunidad de desarrollar algún aroma real en esta tercera fase, ya sea porque son sumamente deliciosos o porque son vinos sencillos sin un desarrollo potencial).

Los aromas más llamativos y afrutados (los llamados «aromas primarios») provienen de las uvas, especialmente de la piel y la pulpa que hay justo debajo de aquélla. El proceso de fermentación aporta aromas más complejos, entre los cuales los más identificables son los de levadura, mantequilla, roble recién cortado y otros aromas derivados del roble como vainilla, especias y tostadas. Los cambios químicos y físicos complejos y, en parte, todavía misteriosos que tienen lugar mientras el vino envejece producen los llamados «aromas terciarios»; se trata de los más sutiles y difíciles de describir e identificar pero, en el fondo, tal vez sean los más buscados. En los vinos blancos, tanto dulces como secos, el más llamativo es habitualmen-

te el de la miel, con olor a tostada o a bollo en el caso del champaña (que, curiosamente, no están originados por el roble) y a gasolina en el Riesling. Los aromas de maduración del vino tinto son todavía más difíciles de describir, excepto en el hecho de que el carácter afrutado se vuelve más meloso y los buenos vinos se tornan más exquisitos (a veces se trata de una exquisitez de carne de caza) y más intensos. Los aromas secundarios y terciarios son llamados en conjunto el *bouquet*, aunque el uso de la palabra tienda a perderse, a menudo para definir al olor en su conjunto. La palabra «olfato», menos eufónica pero sucinta, también se usa para el olor en su conjunto.

Esta es la teoría, pero ¿cómo se lleva a la práctica? Se parte de la base de que el vino en condiciones ideales (es decir, sin defectos específicos y sin haber envejecido demasiado) debe tener un olor limpio y fresco, y no rancio o cocido, aunque, con un vino de cierta edad, no se trate de la vigorosa frescura de la juventud. También debe tener un cierto olor afrutado, aunque no todas las variedades de cepas tengan la identidad fuerte y afrutada de, por ejemplo, el Cabernet Sauvignon (grosellas) o del Gewürztraminer, y en vinos más viejos la fruta vivaz y juvenil sea reemplazada por aromas frutales más maduros, más complejos y menos claramente definidos –a veces con

Los vinos y las cepas están descritos con más detalle en la sección final del libro –«Dónde se hacen los mejores vinos» (págs. 94-157)– y en «La importancia de las cepas» (págs. 50-59).

(Inferior) **Después de provocar un remolino para liberar los aromas, no dude en inhalar profunda y decididamente.**

un carácter más acentuado de frutos secos y de compotas de frutas otoñales.

En general, los aromas que se perciben deben ser atractivos, pero hay algunas honrosas excepciones, especialmente entre los vinos añejos. El Borgoña viejo, por ejemplo, puede dar una bofetada con su aroma a cuadras y a establos repletos, mientras que otros tintos viejos, especialmente el Burdeos, pueden proporcionar una extraña referencia a setas. Los vinos tintos de la cepa de Syrah (o Shiraz) pueden recordar al cuero o al alquitrán, y en el valle del Hunter, en Australia, el Shiraz suele tener un punto mordaz de silla de montar sudada; hoy en día, sin embargo, se considera que esto proviene de un defecto que se produce en el proceso de elaboración del vino. Entre los vinos blancos, el fuerte olor a gasolina o a queroseno adquirido por la cepa de Riesling puede suponer un choque para los no iniciados, y tanto el Sauvignon Blanc joven como el Müller-Thurgau se describen a veces con entusiasmo como vinos con olor a orina de gato.

Si no se enfrenta a un olor abominable, sino con uno que no es del todo malo, y si cree que en un vino hay algo más que esta característica concreta, piense en ello con un espíritu similar al modo como ve aquellos quesos cuyo olor inspira pavor, pero que saben maravillosamente bien.

En lo que concierne a los olores decididamente nefastos, todo lo que tiene que saber en realidad son los que se reconocen fácilmente. Un olor pasado, malsano y mohoso indica un vino «con olor a corcho», irremediablemente corrupto por un corcho en mal estado (por desgracia, éste es un problema creciente que afecta tal vez a una de cada 20 botellas en todo el mundo). El olor a corcho siempre empeora cuando el vino está en la copa y expuesto al aire, pero en ocasiones se trata de un olor rancio ligeramente parecido que desaparece en cuanto el vino es escanciado. Se le llama «peste de botella», y se trata de aire corrupto inofensivo que se encontraba aprisionado en la botella entre el vino y el corcho.

Es prácticamente seguro que un vino que huela a vinagre no tiene ninguna esperanza. Lo mismo se puede decir de un vino que huela a Jerez barato y fatigado, pero la oxidación o maderización –el problema en este caso– tarda bastante en alcanzar este estadio. Por el camino puede dar un olor uniforme, rancio y acartonado de los vinos blancos, o un aroma cocido, agudo, de puré de tomate de los tintos, pero no es siempre el más llamativo de los olores desagradables. Lo son una peste a huevos podridos, a cerillas quemadas, a desagüe atascado, a repollo viejo carbonizado o a caucho quemado. Todos ellos están causados por problemas relacionados con el sulfuro. Algunas veces se recuperan sorprendentemente con un ápice de virtuosismo primitivo –vertiendo el vino en un jarrón y removiéndolo en remolinos, por ejemplo–, pero se trata de una solución extrema que sólo resulta útil en casa. En un restaurante, la norma es rechazarlo.

Hay una última posibilidad: usted aproxima su nariz, inhala profundamente y no percibe nada, o casi nada, de la copa. Podría deberse a que su nariz se ha tomado un descanso después de un período de inhalación concentrada. Si cree que este es el caso, otórguele el respiro que le pide. Si está convencido de que sus facultades están en pleno rendimiento, por el contrario, puede tener entre las manos un vino que esté pasando por una fase «muda». Es tan misterioso como parece. Los científicos no conocen la causa, pero muchos vinos de calidad que necesitan madurar, de repente parece como si se cerrasen en banda después de su primer arrebato de exuberante juventud. La fruta se bate en retirada y no parece que deje mucho tras de sí. (En el paladar también se retira: los vinos tintos manifiestan taninos más bien hirientes, los blancos muestran acidez y ambos se ocultan tras el roble.) Esta fase adolescente y caprichosa suele empezar tras un período de dos a cuatro años y no dura demasiado. A lo mejor dos años, tal vez cinco. Si el vino es suyo, lo único que tiene que hacer es dejarlo reposar con paciencia y valor.

La conexión de los sabores

Hasta ahora se han identificado unos quinientos componentes químicos en el vino, muchos de ellos existentes también en frutas, verduras y otras sustancias habituales más sorprendentes. Para no darle más que unos ejemplos: las pirazinas aportan un aroma a pimientos al Cabernet Sauvignon y al Cabernet Franc; el caprilato de etilo da al Chardonnay un aroma a piña; el acetato de etilo proporciona un aroma a pera que está presente en muchos vinos jóvenes (entre ellos, el Beaujolais Nouveau); tanto la piperona como una de las deltalactonas pueden dar un aroma a melocotón; otra deltalactona es la responsable de los olores a coco; los terpenos dan al Moscatel su inconfundible fragancia a uva; las iononas producen aromas a flores; un benzaldehído es el responsable de los aromas a cereza; el acetato de isoamilo da un olor a plátanos, y la oxidación de ciertos ácidos grasos dan como resultado olores herbáceos y a césped.

Se han encontrado en el vino los componentes químicos que dan aromas –que apestan sería más adecuado, en ciertos casos– a ajo, cabra, alcanfor, claveles, ratón, mantequilla, miel, sudor de caballo y muchos otros. Podría seguir, pero estoy segura de que ya se han hecho una idea –y han encontrado la clave, que consiste en confiar en su propia interpretación y aprovechar siempre los impulsos. Mi lista de aromas y sabores (véanse págs. 20 y 21) puede ayudar a vincular los aromas comunes y distintivos con los vinos en que se suelen encontrar.

Gusto

Tome un sorbo –un sorbo generoso, pero no un trago tan grande que tenga el acto reflejo de engullir inmediatamente. Paladee los sabores y desplace el vino suavemente por su boca de manera que alcance cada rincón de cada papila gustativa. Luego, si se encuentra solo o se siente seguro y en confianza, abra los labios e introduzca un poco de aire (sí, este sorbo sonoro es suyo). Esto airea el vino del mismo modo que lo hizo el remolino anterior en la copa, y ayuda a mandar los componentes volátiles desde el fondo de su boca hasta su bulbo olfativo, el importantísimo órgano situado en el extremo superior y trasero de la nariz. No trague (o escupa) hasta que haya obtenido un sentido de los sabores y una sensación del vino. Entonces preste atención al sabor que ha quedado, conocido como el final o el resabio. Tiene que ser placentero y duradero (intente contar los segundos).

Normalmente, lo primero que sentirá es que su olfato estaba en lo cierto. Olió a grosella, a madera de cedro y a tabaco, o a melón, a vainilla y a miel, y estos son los sabores que su gusto percibe. La boca, al enviar aquellos componentes volátiles al bulbo olfativo, confirma ampliamente lo que el bulbo y el cerebro ya le habían dicho acerca de los aromas. No obstante, el énfasis puede ser diferente: quizá descubra que la intensidad relativa de los aromas ha variado ahora que los ha experimentado con otros sabores y otras sensaciones. Y el gusto muestra otras facetas de la elaboración, la calidad y la constitución de un vino.

Aunque las papilas gustativas por sí solas únicamente detectan unos pocos sabores básicos y no volátiles, tien.. un papel crucial, dado que «sienten» el vino, y ciertos tipos de papilas gustativas están especialmente preparadas para ello. Las que se hallan en la punta de la lengua son especialmente sensibles al azúcar. Las que están a los lados son más perspicaces con la agudeza del ácido, y las que se encuentran en la parte trasera son sutiles conocedoras de la amargura (un rasgo de tanino, la conocida sustancia del té frío seca y que cubre la lengua). Las papilas gustativas también registran la astringencia (del tanino o del ácido), la rugosidad o la aspereza (del tanino), la tersura (de la glicerina) y otros tres aspectos muy importantes en cualquier vino: el peso, el equilibrio de sabores y la duración o el resabio.

El peso (de poco, medio o mucho cuerpo) se percibe a través del alcohol, la glicerina, el tanino, el azúcar y todos los demás elementos distintos al agua que se denominan en conjunto «extractos». Es básicamente una cuestión de estilo. La problemática del equilibrio (armonía de niveles de azúcar, ácido, tanino y alcohol) y la duración del tiempo que permanece el sabor (lo que está vinculado habitualmente a su

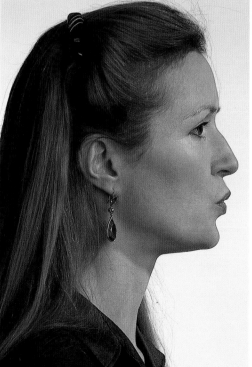

(Superior) **Ahora pruebe el vino; tome la suficiente cantidad para poder desplazar el líquido por toda su boca, de manera que alcance a cada papila gustativa. Piense en la textura, así como en el sabor.**

(Izquierda) **La nariz y la boca trabajan en equipo, de modo que, si se siente en confianza, abra ligeramente la boca e introduzca un poco de aire para que se airee el vino y envíe aromas desde el fondo de su boca hasta su bulbo olfativo (un órgano muy perceptivo).**

concentración) son aspectos más relacionados con la calidad. Cuanto mejor sea el vino, más armónicos serán en él todos los elementos y el sabor permanecerá más tiempo y de un modo más intenso.

Sin embargo, el equilibrio puede ser difícil de evaluar, especialmente en los vinos jóvenes que requieren estar almacenados durante unos años antes de ser lo suficientemente maduros como para ser bebidos. Los vinos tintos, al haber reposado, tendrán una cierta cantidad de acidez y bastante más tanino. El tanino es un conservante inherente al vino tinto que se suaviza gradualmente a medida que el vino envejece, pero no es en sí mismo muy placentero, ni en sabor ni en sensación. Lo que buscan los expertos en un vino joven es un sabor de fruta madura suficiente (es decir, equilibrado) detrás del tanino (*véase* pág. 90 para más detalles de cómo manipulan los taninos los elaboradores de vino). Luego, cuando el vino esté totalmente maduro, el tanino estará suave y discretamente mezclado con los otros sabores y texturas.

El tanino tiene un papel mucho menos predominante en los vinos blancos (aunque, ciertamente, no está ausente) y, en los blancos que deben envejecer, son los niveles de ácido los que tienen que ser altos, a veces hasta un punto desagradable. El efecto de la edad es suavizar la acidez en el sabor (aunque, de hecho, no la reduce). Una vez más, la clave es tener suficiente fruta al principio, de modo que no se «reseque» ni se apague antes de que la acidez se haya suavizado. El equilibrio del ácido también es muy importante, y especialmente precario, en los vinos dulces. Si no lo hay, como tiende a suceder en los vinos más baratos, simplemente se vuelven empalagosos.

El sabor a roble nuevo aporta otro factor de desequilibrio potencial. Da una dimensión y una complejidad de textura a un vino, y también aporta sus propios sabores seductores, pero no debe imponerse; y, por supuesto, no debe predominar tanto que se tenga la sensación de estar masticando mondadientes. No puede representar ningún problema reconocer un vino viejo con demasiado roble: será seco, aserrinado y sin sabor a fruta. En un vino joven, sin embargo, puede verse obligado a ahondar más allá de la capa exterior de roble para hallar un corazón afrutado: la fruta tendrá que estar presente si el vino se ha desarrollado correctamente.

Por último, cuando ha tragado o escupido el vino, debe haberse quedado con un sabor innegablemente limpio y placentero. No debe ser, por ejemplo, predominantemente áspero o amargo. Y este «resabio» placentero debe perdurar. Si desaparece en un instante tiene delante un vino muy ordinario y simple (por lo cual yo pasaría al siguiente), pero si dura más de unos treinta segundos, probablemente tiene algo más bien bueno. Por tanto, tome otro trago.

Todo lo que ha leído puede sugerirle que catar un vino requiere un tiempo desmesuradamente largo. En realidad no es así: un minuto o dos, y le puedo asegurar que serán unos minutos bien y gustosamente empleados.

Apéndice. Escupir

El otro aspecto con el que necesita enfrentarse, si va a catar muchos vinos y quiere mantenerse formal, es escupir. Sé que escupir un buen vino va contra sus principios y contra lo que usted siempre consideró buenas maneras, pero lo correcto es, precisamente, escupir. Por fortuna no es difícil, y usted no tiene porqué ser un tirador perfecto desde una gran distancia, pero si se toma el tiempo necesario para hacer unos ejercicios en privado, habrá menos probabilidades de que escupa sobre sus compañeros catadores y de que su imagen al escupir le comprometa. Tómese un tiempo para practicar cuando esté lavándose los dientes, escupa en la bañera o practique con agua y un cubo en la cocina. Y mientras emprende este largo camino, le puedo sugerir que cuando escupa debe sujetar, prender o recoger los siguientes elementos: corbatas, pelo largo (yo también anduve el largo camino hace años), colgantes, pendientes y bufandas en suspensión. También debe tener en cuenta evitar los colores pálidos en la ropa y las sedas difíciles de lavar, los cachemires, los zapatos elegantes, etc. Y, por favor, absténgase de fumar, incluso cuando no vea ninguna señal a este respecto. Puede argüir que está tan habituado a los humos del tabaco que éstos no interfieren en su gusto, pero no es probable que las otras personas hayan desarrollado un sistema similar de filtración incorporada.

(Superior) **Escupir no es un gesto elegante, pero al menos el *Spittoo*, una práctica escupidera portátil diseñada por Hugh Johnson, es atractivo.**

(Inferior) **Escupir es esencial en una cata prolongada si quiere mantener su mente despejada, pero puede estar seguro de que no es ninguna virtud ser capaz de escupir desde grandes distancias.**

Términos de cata

Los siguientes términos son de uso común, y la mayoría se auto-definen claramente.

Aceitoso (algunas cepas dan un carácter aceitoso en la boca; la Gewürztraminer es una de ellas, y la Viognier otra; la Sauternes también puede tener una textura rica y ligeramente aceitosa, pero en otros casos no suele ser un signo de calidad)

Acerado (un carácter vigoroso y firme difícil de describir, habitualmente relacionado con un ácido bastante alto, que se encuentra en el Chablis y en algunos otros vinos franceses jóvenes de buena calidad)

Agresivo (se dice del vino joven o más añejo que no se ha suavizado como debería)

Aguado (débil, caldoso, flojo)

Agudo, anguloso (un sabor agudo y áspero que puede no· necesitar más que tiempo para ablandarse; se trata sobre todo de blancos)

Amargo (irremediablemente ácido o avinagrado)

Aromático (muchos aromas y sabores; con frecuencia se trata de las variedades de uvas aromáticas)

Áspero (demasiado tanino)

Astringente (con tanino que «arruga» la boca)

Aterciopelado (parecido al sedoso, pero más rico)

Austero (más bien duro y avaro; tal vez porque el vino sea demasiado joven)

Avanzado (más maduro de lo que cabría esperar)

Basto (simplemente áspero; por lo tanto, tiene que ser barato)

Blando (algunas veces es sinónimo de suave, pero se refiere en general a los sabores melosos y dulces, más que a la textura)

Caliente (alcohol alto, no equilibrado; habitualmente en vinos de climas cálidos)

Carnoso (de sabores ricos, vino con mucho cuerpo; a veces sabe literalmente a carne)

Cocido (como si el vino o las uvas hubieran sido horneados al sol; hay, por lo tanto, una carencia de frescura)

Correoso (vino delgado y corriente)

Corto (sin resabio; puede tratarse de un vino de alta calidad)

Cremoso (los vinos de calidad, especialmente el champaña, pueden desarrollar una riqueza cremosa, que es mitad sabor y mitad textura)

Delgado (carente de sabor y de cuerpo)

Delicado (alta calidad; autodefinido)

Denso (de color sólido y/o sólidamente equipado con sabor; habitualmente positivo)

Duro (demasiado tanino o ácido; pero puede ser una cuestión de juventud y tiempo)

Elegante (autodefinido y muy empleado)

Estofado (sabores bastos y cocinados, producto de cepas demasiado maduradas o de una fermentación demasiado caliente)

Estructura (en el caso de una estructura buena y firme o una estructura pobre y frágil; el equilibrio y la fuerza de los componentes básicos, es decir, el ácido, el tanino, la fruta, el alcohol y, tal vez, el azúcar)

Firme (bueno en tanino y/o en ácido)

Flexible (redondo y suave)

Fofo (falta de acidez)

Fragante (atractivo, habitualmente floral)

Garra (un vino joven con garra tiene el tanino y/o el ácido potencial para desarrollarse)

Grasiento (con mucho cuerpo y alto de glicerina; tal vez dulce)

Herbáceo o herboso (reminiscencias de hierba, césped y hojas)

Hueco (vino que tiene un sabor inicial y uno final, pero con una decepcionante falta de sabores entre uno y otro)

Largo (vino cuyo sabor perdura; una característica muy positiva)

Madera (olor a barril viejo y sucio en lugar de a uno limpio y joven)

Magro (carencia de diversidad de sabores)

Mermelada (sabores a confitura más que a frutas frescas; de climas cálidos)

Neutro (corto en aroma y sabor; muy común entre los blancos secos baratos)

Oloroso (fragante, perfumado, con frecuencia floral)

Penetrante (aromas y sabores intensos)

Perfumado (fragante, oloroso, a menudo floral)

Pesado (con mucho cuerpo y alcohólico; usado en general para indicar un equilibrio imperfecto, aunque no en vinos vigorosos)

Plano (sin frescura ni ácido)

Redondo (sin extremos duros; listo para beber)

Reseco (un vino que está pasado porque los sabores a frutas se han marchitado)

Rico (con intensidad y amplitud de sabor)

Robusto (vino con cuerpo, vigoroso, habitualmente tinto)

Sabroso (un resabio vivaz, en vinos blancos, Jerez y Madeira; fresco, vigoroso y vivaz; habitualmente vino blanco joven)

Saciador (vino con una deliciosa riqueza de textura y sabores que llenan toda la boca)

Sangriento (con sabores generosos; redondo, sin contornos)

Sedoso (textura suave; alta calidad)

Sidral (hormigueo en la lengua de dióxido de carbono en blancos jóvenes con mucho cuerpo)

Simple (vino sano y bebible sin gran distinción)

Sólido (lleno de sustancia, habitualmente con mucho cuerpo)

Suave (se aplica a la textura; no se encuentra tanino o ácido por el camino)

Tallo (aroma amargo y sabor a tallos y cañas)

Ternera (con mucho cuerpo, fornido, con sabor; normalmente vino tinto)

Terroso (un olor a tierra, a grava, mineral, que parece venir directamente de la tierra, por ejemplo en los Graves finos, así como en vinos más rústicos)

Vegetal (sabor a coles, más que a hojas y hierbas; frecuente en los Borgoña maduros, tanto blancos como tintos)

Verde (joven y crudo; se puede desarrollar o, simplemente, las uvas tal vez no estaban maduras)

Vigoroso (fresco y muy refrescante; sobre todo blancos)

(Derecha) **Un tastevin de plata, usado todavía como herramienta de cata por algunos productores, sobre todo en Borgoña. Tiene una forma hueca especial para captar la luz y mostrar el color.**

Lista de aromas y sabores

Albaricoque – el Condrieu y los buenos Loira dulces, como el Côteaux du Layon y el Vouvray

Almendra – normalmente los italianos, en especial el Soave y el Valpolicella

Alquitrán – sobre todo el Barolo; también los del norte del Ródano

Bizcocho – el champaña

Bollo – el champaña

Café (fresco, en grano) – varios tintos, habitualmente de alta calidad, bastante buenos

Caza – el Ródano septentrional (Hermitage), el Shiraz y el Borgoña tinto maduro

Cedro o caja de cigarros – el Burdeos sobre todo, pero también otros Cabernet Sauvignon

Cerezas – el Borgoña, el Beaujolais y muchos tintos italianos

Chocolate – muchos tintos de cuerpo medio o completo (del Nuevo y del Viejo Mundo), el Burdeos y el Borgoña

Clavo – el Cabernet Sauvignon joven

Crema Nivea o Pond's – el Gewürztraminer

Cuero – el Syrah/Shiraz

Espárrago – el Sauvignon Blanc, como el Sancerre, el Sauvignon de Nueva Zelanda y el Fumé Blanc de California

Especias – muchos tintos, especialmente del Ródano, los blancos alsacianos y cualquier envejecido en roble, especialmente con roble americano

Eucalipto – el Cabernet del Nuevo Mundo, algunos Burdeos, algunos Shiraz

Floral – el Riesling alemán

Frambuesa – el Ródano tinto, el Borgoña tinto y el Pinot Noir, el Beaujolais y el Loira tinto del Nuevo Mundo en buenas cosechas

Fresas – el Beaujolais, el Borgoña tinto y el Rioja

Gasolina o queroseno – una buena señal en el Riesling maduro, especialmente el alemán y algunos australianos

Goma de mascar – el Beaujolais Nouveau

Grosella – el Beaujolais Nouveau

Hierba – el Sauvignon Blanc

Hoja de grosella – el Sauvignon Blanc

Humo – los tintos con cuerpo, especialmente el Syrah, el Pouilly-Fumé y el Tokay-Pinot Gris alsaciano

Lana (húmeda) – el Borgoña blanco

Lanolina – el Sauternes

Licor – muchos tintos, especialmente los tánicos jóvenes con mucho cuerpo

Limón – muchos blancos jóvenes

Mantequilla – el Chardonnay, incluido el Borgoña blanco

Manzana – muchos vinos blancos secos, los Loira dulces y, cuando es especialmente aromático, tal vez el Riesling alemán

Mazapán – los Loira blancos dulces, como el Côteaux du Layon, el Quarts de Chaume o el Bonnezeaux

Melocotón – muchos blancos, entre ellos el Chardonnay del Nuevo Mundo y los blancos dulces

Melón – el Chardonnay del Nuevo Mundo

Menta – el Cabernet Sauvignon, especialmente el del Nuevo Mundo, y el Shiraz de Coonawarra

Miel – muchos vinos dulces, especialmente los que están afectados de botritis; también los blancos secos maduros, incluido el Borgoña

Naranja – muchos blancos dulces, incluidos los vigorosos

Nueces (o avellanas) – el Borgoña blanco, el champaña y otros Chardonnay

Oliva – el Cabernet Sauvignon y el Cabernet Franc

Orina de gato – el Sauvignon Blanc francés y el Müller-Thurgau

Pan (recién hecho, con levadura) – el champaña

Pasas – los vinos vigorosos dulces

Pedernal y piedras mojadas – el Pouilly-Fumé y el Chablis

Pera/pera madura – muchos blancos jóvenes, especialmente los baratos para ser bebidos jóvenes; también el Beaujolais Nouveau

Pieles de patata – el Cabernet Franc en el Chinon, el Bourgueil y el Saumur-Champigny

Pimienta (fresca en grano) – los Ródanos meridionales tintos, como Châteauneuf-du-Pape y el Côtes du Rhône, así como el Grüner Veltliner austríaco

Pimiento – el Cabernet Sauvignon y el Cabernet Franc, como el Chinon y el Bourgueil

Plátano – los blancos jóvenes y baratos y el Beaujolais

Rollizo – un olor de fruta menos pronunciado en muchos vinos tintos

Pomelo – la cepa Scheurebe (vinos ingleses y alemanes)

Repollo – el Borgoña maduro, tanto blanco como tinto

Roble – cualquier vino, tinto o blanco, que ha sido fermentado y/o envejecido en roble (o que ha sido envejecido con astillas de roble)

Rosa – el Moscatel alsaciano seco, el Gewürztraminer y algunos Borgoñas tintos

Sal – el Jerez de manzanilla

Tabaco – muchos tintos, pero especialmente el Burdeos

Tila – el Riesling australiano

Tostada – cualquier vino que haya estado en barriles de roble nuevo, pero especialmente el Chardonnay; también el champaña maduro sin sabor a roble y el Semillon australiano

Uva – Moscatel

Vainilla – vino que ha reposado en roble francés o americano nuevo, como el Rioja

Uva espina – el Sauvignon Blanc, especialmente el del Loira y el de Nueva Zelanda

Unos apuntes sobre
el servicio del vino

Se ha escrito y predicado tanto dogmatismo cohibidor y tanta pomposidad sobre el modo de servir el vino que es un milagro que la gente no haya decidido abandonarlo y pasarse a la cerveza, o ni siquiera haya renunciado a intentar hacerlo correctamente y almacene los vasos y las copas de París en el trastero.

El secreto consiste en mantener las cosas con perspectiva. Algunos aspectos de la cuestión de servir vinos son más importantes que otros. Personalmente, yo pongo la temperatura en el primer lugar de la lista. Esto no significa que lleve conmigo un termómetro o que exija temperaturas supuestamente ideales e inmutables para diferentes vinos, sino que, según creo, significa que jamás serviré un vino tinto tibio. En cuanto a otros detalles, como las copas, es innegable que se puede reforzar el goce del vino recurriendo a los mejores medios, pero hacer lo correcto con el vino no debe terminar siendo un ejercicio ridículo que convierta en miserable la vida de los demás, o que haga que todos los demás se sientan incómodos al no conocer las normas. Éstas se han hecho para ser adaptadas y transgredidas, a medida que lo exijan la situación y el disfrute del vino.

Los mejores sacacorchos son los que facilitan la salida vertical del tapón –no en un ángulo que pueda romper el corcho– y tienen una «lombriz» o un tornillo redondo, y no con final en forma de cincel. La cuchilla negra (en el extremo inferior derecho y vista desde abajo) es una herramienta útil, si no indispensable. El cepillo (encima del sacacorchos) es para quitar el polvo de la cápsula de alguna botella vieja e incrustada en la bodega. Las tenazas para champaña (inferior izquierda) sirven para facilitar la salida de los tapones de champaña.

Copas

(Superior) **El enorme tamaño y el labio curvado hacia el exterior de esta copa están diseñados para mostrar el más distinguido Borgoña tinto en su máximo esplendor.**

Como muchos productores de vino, he admirado enormemente una serie de copas, cada una de ellas diseñada para una variedad específica de vid, un tipo o una edad de vino (aunque sólo tengo algunas de la veintena de formas y tamaños diferentes que existen). También siento mucho apego por un par de *flûtes* portátiles de plástico para champaña que vienen divididas en dos partes –con el pie que se incrusta en la *flûte*–, y que son perfectas para un recorrido ajetreado en una cesta de merienda campestre o en una bolsa de viaje apretada.

Ya ven por dónde voy. Las copas finas, hábilmente diseñadas, ensalzan el vino, pero las copas, como los vinos, deben adaptarse a la ocasión. Cualquier cosa es mejor que nada y, dado que gran parte del placer está relacionado con la ocasión, no he encontrado que el champaña pierda mucho con una *flûte* provisional de plástico, ni que cualquier otro vino pierda mucho con una copa que no tenga una forma perfecta y proporcionada.

De todos modos, en casa se puede permitir ser más perfeccionista y escoger vasos que muestren el color, el olor y los sabores del vino. Para vinos tranquilos debe usar copas finas, lisas e incoloras, en lugar de gruesas, grabadas o coloreadas, que no le permitirían ver el vino limpiamente. Las copas de vino deben tener, asimismo, un tamaño generoso con el objeto de dejar mucho espacio para la aireación (tengo un par de copas de Borgoña en las que cabría una botella y media en cada una –como puede verse en la imagen de la izquierda–, pero les agradará saber que no las va a necesitar a menos que sea un consumidor regular del carísimo Borgoña Grand Cru; por desgracia, no es mi caso). A grandes rasgos, entre la sexta y la cuarta parte de una botella debe poder llenar entre un tercio y la mitad de la copa; para el vino blanco se usan tradicionalmente copas algo más pequeñas. En cuanto a la forma, la taza debe ser redonda y ligeramente alargada y aguda hacia el extremo superior, de manera que cuando se produzcan los remolinos para liberar los aromas volátiles, éstos permanezcan en la parte superior de la copa en lugar de quedar esparcidos en el aire. La copa normalizada a nivel internacional es una copa atractiva y útil, pero la encuentro un poco pequeña para beber vino, aunque es ciertamente buena para el Oporto.

Para el champaña, las formas de las tradicionales *flûtes* o de los tulipanes son ideales: preservan las burbujas y el delicado y sutil *bouquet*. El platillo, o *coupe*, para derramar champaña es inútil, dado que tanto las burbujas como el *bouquet* se pierden casi en el acto. Las mejores muestras del Jerez se sirven con la copita tradicional, que también puede ser útil como una copa de Oporto ligeramente pequeña (o como una copa de *whisky* de malta).

(Inferior) **La forma y el tamaño de la copa pueden afectar radicalmente a las percepciones de un vino, por ello conviene saber seleccionarlas. La mayoría no nos podemos permitir**

Unas palabras acerca de la limpieza

Las copas más finas del mundo no son útiles en absoluto si no las mantiene en condiciones perfectas, lo cual significa sin un ápice de detergente, polvo ni olor. Y la mejor manera de lograrlo no es pasarse horas lavándolas y secándolas a mano, sino ponerlas en el lavavajillas, preferentemente solas, y jamás con algo muy sucio. Si las copas no están grasientas, lávelas en el ciclo más corto sin detergente. Si necesitan detergente, sea muy frugal y evite cualquier agente aclarador. Tan pronto como termine el ciclo, abra la puerta para que las copas no reposen en una atmósfera muy húmeda y, si necesitan ser secadas del todo, use un trapo limpio de lino; envuélvalo en el mango de una cuchara de madera para alcanzar el fondo de las flûtes de champaña. Si lava a mano siga principios parecidos: agua caliente, un mínimo de detergente, enjuagado a fondo y secado con un trapo de lino. Deje las copas de pie y hacia arriba, de modo que no almacenen ningún aire viciado, pero en un armario cerrado para mantener el polvo a raya. Y recuerde que si no ha utilizado la copa durante cierto tiempo, tiene que lavarla. El vino se lo merece, al fin y al cabo.

una copa para cada vino, pero no está de más contemplar los tamaños de estas copas sopladas a mano por la firma austríaca Riedel.
De izquierda a derecha: **Para**

Borgoña tinto (Pinot Noir); Burdeos joven (Cabernet Sauvignon); champaña de calidad; Borgoña blanco (Chardonnay); Riesling; Oporto de calidad.

Aireación y decantación

Se ha invertido una cantidad inmensa de energía –combinada con los resultados prolijamente complejos y contradictorios de varios experimentos– en la cuestión de si el vino sale beneficiado o no al dejarle «respirar» antes de ser servido, y si la respuesta es afirmativa, si debe ser decantado con este propósito o, simplemente, debe ser dejado en la botella con el tapón sacado. Los partidarios de la respiración (lo cual significa simplemente permitir que el vino entre en contacto con el aire) defienden que ayuda a desarrollar el *bouquet* y suaviza el sabor; se trataría de un proceso de minimaduración bastante lógico. Los que están en contra dicen que los aromas, y por lo tanto el *bouquet* y el sabor, se pierden y que cualquier desarrollo deseable puede producirse en el período en el que el vino permanece en la botella, y el bebedor puede disfrutar cada fase del mismo. Hay otros que creen que el respirar es un tema de debate absurdamente sobredimensionado, porque no supone una gran diferencia en el vino.

Ciertamente, el mero hecho de sacar el tapón de la botella compromete a uno a beberlo, pero esto permite un contacto muy pequeño con el aire, por lo que es difícil comprobar si ello tiene un gran efecto. Dicho esto, con un vino muy añejo y potencialmente frágil yo quito el tapón como máximo media hora antes de servirlo –tiempo suficiente para que se airee cualquier «peste de botella» (*véase* pág. 16), aunque insuficiente para que el *bouquet* y el sabor se marchiten y mueran. Por último, si lo decantamos a causa del sedimento, como se debe hacer con el vino añejo, no debemos llevar a cabo esta operación hasta media hora antes de servirlo.

Con los tintos de medio cuerpo y mucho cuerpo, vigorosos y jóvenes, suelo sacar el corcho dos o tres horas antes de escanciarlo, simplemente porque es conveniente, pero puede ser menos o puede ser más. Suelo decantar los tintos de una madurez media, por ejemplo Burdeos de 1982, una hora o una hora y media antes de servirlos. Y en ocasiones, si después de haber dejado una botella de tinto joven abierta durante una hora, lo pruebo y lo encuentro más bien tánico –como podría darse el caso en un Burdeos, un Ródano septentrional, un Barolo, un Chianti o un Cabernet californiano–, decanto el vino para comprobar si la aireación suaviza los taninos. No puedo decir que esto sea invariablemente efectivo, pero tengamos también en cuenta que el misterio y la impredecibilidad del vino son cosas que lo hacen fascinante.

Sedimento

La aireación es, en realidad, un resultado más de la decantación. El propósito real de la decantación es apartar el sedimento (un tipo de tanino colorante que permanece depositado) del vino para que no termine en

(*Superior*) **Elegantes decantadores contemporáneos basados en diseños tradicionales.**

*Los vinos y las cepas
están descritos con más
detalle en la sección
final del libro –«Dónde
se hacen los mejores
vinos»(págs. 94-157)–
y en «La importancia de
las cepas» (págs. 50-59).*

la copa de alguien. Cualquier tinto de buena calidad con una edad de bastantes años e incluso algunos tintos con mucho cuerpo bastante jóvenes que no han sido filtrados tienen que ser inspeccionados en busca de sedimento. No obstante, no es probable que el mercado masivo del vino lo produzca. Además, las normas actuales lo dificultan cada vez más.

Algunas variedades de uva suelen dejar mucho depósito (el Cabernet Sauvignon y el Syrah) y otras dejan poco (Pinot Noir), pero el modo en que ha sido elaborado el vino tiene un impacto considerable. Un vino que no ha sido filtrado, o que sólo lo ha sido ligeramente, produce un sedimento. En general esto significa alta calidad, relativamente a poca escala, hecho a mano, sobre todo en el Viejo Mundo (un Burdeos de alta calidad suele estar ligeramente filtrado, mientras que un Borgoña o un Ródano equivalentes pueden no estar filtrados en absoluto, y éste último, al provenir de la cepa Syrah, empieza a dejar sedimento desde muy joven). También en California hay una tendencia entre algunos de los principales productores a prescindir del filtro para realzar el sabor –incluso a una escala tan grande como la de las bodegas de Robert Mondavi (del valle de Napa).

Cómo decantar

Por fortuna, algunos productores (Chapoutier en el Ródano y Penfolds' en Australia, por ejemplo) anotan actualmente la posibilidad de sedimento en las contraetiquetas. Al fin y al cabo, se trata de algo para sentir orgullo, y no vergüenza: significa que ninguno de los tan preciados sabores del vino ha sido filtrado inadvertidamente. Sin embargo, tanto si sabe que hay sedimento como si no, tiene que inspeccionar siempre con atención para ver dónde está, puesto que es esencial asegurarse de que todo el sedimento está acumulado en un rincón para poder decantar correctamente. Para ello, sólo necesita una luz intensa (un proyector, una bom-

(Derecha) **El secreto
de la decantación
consiste en dejar
el sedimento en un rincón
y en la inclinación
de la botella, así como
en una buena iluminación.**

billa, una linterna potente, una lámpara de bicicleta o incluso la luz de una vela), además de una mano firme para la decantación propiamente dicha.

Tanto si usa un cesto de decantación (uno de esos cestos con asas que mantienen la botella a un ángulo de unos veinte grados y que los restaurantes pretenciosos pero ignorantes usan para servir el vino) como si no, el proceso de maniobrar el sedimento debe empezar como mínimo veinticuatro horas, y preferiblemente setenta y dos, antes de servir el vino. Coloque la botella en un cesto de decantación o manténgala de pie. Después, cuando esté listo para decantar, saque el corcho y vierta el vino despacio en el decantador sin sacar la botella del cesto o, si la botella ha estado de pie, inclínela suavemente e intente verterlo todo en un solo movimiento.

La ventaja del cesto es que el sedimento lo tiene todavía más difícil para desplazarse cuando se vierte el vino, pero el inconveniente es que no se puede ver el vino tan claramente como cuando se sujeta la botella directamente delante de una luz. De todas formas, vaya con mucho cuidado cuando se acerque al final de la botella. Puede darse perfectamente el caso de que tenga que sacrificar un poquito, pero es mucho mejor tomar excesivas precauciones que arruinar con lodo una buena botella.

Temperaturas

Todo el mundo sabe que el vino blanco caliente es una abominación, pero también lo es el vino tinto, y es mucho más habitual hoy en día que el blanco templado. El problema es la calefacción central. La «temperatura ambiente», el axioma tradicional para el vino tinto, no hace referencia a las temperaturas de los ambientes con calefacción central de hoy en día, de unos 21 °C. Significa 18 °C como máximo –y ello para los vinos tintos de mucho cuerpo y tánicos, especialmente los del Nuevo Mundo. La mayoría de los Burdeos se sirven mejor un grado más fríos, los Pinot Noir (incluidos los Borgoña), todavía un poco más fríos, y un número cada vez mayor de tintos modernos, hechos con un estilo relativamente limpio de taninos, blandos, afrutados y claros para ser bebidos jóvenes –como es el caso del Beaujolais– son deliciosos

si se sirven en cualquier punto entre unos 12 °C, francamente frescos, a unos moderados 16 °C.

Una vez dicho todo esto, no voy por el mundo introduciendo un termómetro de vino en cada copa con que me tropiezo, e incluso raramente utilizo uno en casa. La sensación al tocar o al agarrar con la mano la botella me parece un juicio suficientemente bueno para calcular la temperatura –tal vez el mejor, dado que tiene en cuenta tanto la temperatura atmosférica como la ambiental. Aunque unos 17 °C deberían ser, teóricamente, ideales para un Burdeos, no es probable que el vino se eche a perder a 16 °C o incluso a 18 °C; y, ciertamente, un vino que adolezca ligeramente de ser demasiado frío puede ser calentado rápidamente colocando las manos alrededor de la copa. Si, de todos modos, es usted lo suficientemente afortunado como para disponer de un vino con una temperatura de bodega adecuada de, por ejemplo, 11-12 °C hasta 18 °C, va a tener que dejarlo a temperatura ambiente unas dos horas y media, o ponerlo en un cubo de agua a unos 18 o 20 °C durante un cuarto de hora. Si sólo dispone de veinticinco segundos, use un horno microondas. Yo no lo hago, pero muchos restaurantes sí.

Si necesita enfriar un vino tinto, puede poner sencillamente el vino en la nevera; deberá permanecer en ella unos veinte o treinta minutos, pero esto depende de la temperatura inicial

(Inferior) **Los vinos espumosos y los vinos dulces, y los vinos blancos con poco cuerpo y baratos se sirven mejor un poco más fríos que los vinos con mucho cuerpo y no muy ácidos.**

(Inferior) **El vino se calienta con rapidez a temperatura ambiente; decántese, por lo tanto, más bien hacia lo frío, pero no enfríe hasta la aniquilación un buen vino como un Borgoña blanco.**

(Derecha) **La forma más rápida de enfriar el vino consiste en sumergirlo en un recipiente de agua helada. (De forma similar, un cubo con agua tibia calentará rápidamente un tinto a temperatura de bodega.)**

del vino, de la temperatura a que quiera servirlo y de la temperatura de la nevera. También puede hacer uso de métodos más rápidos, como un cubo con hielo y agua, el congelador o el jardín trasero en invierno, pero vaya con cuidado si tiene que someter a este proceso a un vino viejo y frágil.

Los vinos blancos deben servirse a una temperatura de entre 6° C y 11 °C pero, al igual que los tintos, es preferible pecar por lo frío (los vinos helados se calientan rápidamente en la copa). Como indicación, pero sin ánimo de pontificar, los blancos con mucho cuerpo y no especialmente ácidos –sobre todo los Chardonnay del Nuevo Mundo y el Borgoña más fino– son los que hay que servir en el extremo más alto del espectro, junto con muchos rosados. El Sémillon seco, el Burdeos blanco y el Riesling del Rin pueden servirse un poco más frescos, y los vinos de Sauvignon todavía más fríos (7 °C). El champaña y los vinos dulces de-

ben ser servidos en el extremo más bajo (entre 5 y 8 °C), junto con los blancos de escaso cuerpo (el Muscadet, el Vinho Verde y muchos vinos blancos alemanes e italianos), los rosados suaves y la mayor parte de los vinos económicos (los más baratos, incluido el espumoso, pueden estar incluso más frescos).

La forma más rápida de enfriar un vino blanco es sumergirlo en un cubo con agua y hielo. En menos de veinte minutos, una botella a 21 °C bajará a unos 10 °C. Un congelador tardará alrededor de cuarenta y cinco minutos en llevar a cabo el mismo cometido, y habrá que esperar más de dos horas con una nevera corriente.

(Izquierda) **Un termómetro de vino le va a permitir ser preciso en cuanto a la temperatura, pero recuerde que no hay ninguna temperatura «correcta» para un vino. Puede depender del tiempo atmosférico.**

(Inferior) **Escancie el vino despacio y con la botella cercana a la copa; el propósito es importunar lo mínimo posible al vino, especialmente si es añejo.**

(Superior) **Tapones provisionales para ayudar a conservar durante unos días las botellas consumidas parcialmente. Ponga las botellas en la nevera o en un lugar fresco.**

Orden de servicio

Naturalmente, deberá tener en cuenta la comida cuando decida qué vinos se van a servir, y voy a adelantarme un poco en el apetitoso asunto de combinar comida y vino que se trata en el próximo capítulo (págs. 30-39). He aquí unos apuntes básicos: vino blanco seco antes que tinto, ligero antes que pesado, joven antes que viejo, y seco antes que dulce. Ello no significa que no deba tomar Jerez con la sopa simplemente porque contiene más alcohol que el vino que hay a continuación, o que tiene que seguir bebiendo vinos dulces si ha empezado con *foie-gras* y Sauternes, o que un vino tinto siempre debe ser más viejo que el blanco que lo ha precedido. Se trata tan sólo de consejos –flexibles–, no de normas.

Conservación

Una vez que se ha abierto la botella, el aire empieza inmediatamente a hacer su trabajo. Al principio los efectos son más bien benéficos (por la aireación), pero la exposición al aire es, en última instancia, el camino hacia el vinagre. Una de las industrias en expansión de finales de los años ochenta fue la invención de formas de conservar botellas inacabadas. Antes de que se produjera esta tendencia, los bebedores de vino que querían ahorrar los restos de una botella inacabada simplemente tenían que volver a colocar el corcho, poner el vino en la nevera o la bodega y rogar para que sucediera lo mejor.

Todavía es una forma útil, a pesar de su sencillez, de lograr este objetivo en un plazo breve. No puede esperar que los vinos añejos sobrevivan, pero los blancos más jóvenes, los rosados y los tintos ligeros durarán al menos un par de días si la botella está como mínimo medio llena, si no ha sido removida implacablemente al ser escanciada y si ha estado abierta sólo durante dos o tres horas. Con las mismas premisas, los tintos de primera clase con más cuerpo suelen durar tres o cuatro días. Los vinos van a perder, casi con seguridad, un poco de frescor y van a tener un sabor un poco más liso –por lo cual sería una lástima tratar de este modo a una botella magnífica o atesorada– pero raramente van a quedar oxidados de manera desagradable. Con el vino tinto, por supuesto, va a tener que acordarse de sacar la botella del frigorífico bastante antes de cuando quiera beberla (probablemente un par de horas, según las temperaturas ambiental y del frigorífico). Puede ponerlo en un cubo de agua casi tibia, pero recuerde que ya ha sometido al vino a una prueba de paciencia y que cambiar la temperatura con demasiada rapidez puede ser la gota que colme el vaso.

Si ya sabe que sólo se va a consumir la mitad de la botella, tan pronto como la abra vierta la mitad del vino en un una botella más pequeña, luego vuelva a taparla y póngala en la nevera o la bodega. He tenido vinos guardados de este modo durante semanas, pero no es un método infalible y es mucho mejor beberse la otra mitad al día siguiente.

Los utensilios para conservar el vino se basan en dos principios básicos: uno pretende sacar el aire de la botella para originar un vacío, y el otro colocar un gas inerte (habitualmente nitrógeno con un poco de dióxido de carbono) más pesado que el aire en la superficie del vino. No será necesario refrigerar los vinos protegidos de ese modo (aunque mantenerlos frescos no es un gesto inútil), y a los fabricantes les gustaría hacernos creer que los puede mantener frescos durante una semana, si no una quincena. En la práctica, los resultados me parecen ambiguos.

No creo que el método del vacío resulte efectivo, mientras que el *vacuvin* –una económica bomba de vacío con tapones de múltiple uso– es, de hecho, el conservador más habitual, y mucha gente cree ciegamente en él. A veces uso un ahorrador de vino (un económico frasco de gas que simplemente se inyecta al cuello de la botella), aunque algunos vinos almacenados de ese modo parecen adquirir rápidamente un olor ligeramente rancio y dulzón, sin llegar a estar, de hecho, oxidados. Y, aunque la experiencia me ha demostrado que el protector de calidad (un ingenio de gas inerte mucho más sofisticado y caro) es, sin lugar a dudas, el más efectivo, especialmente con los vinos viejos, no utilizo ninguno, básicamente a causa de su precio, pero también por una cuestión estética: el voluminoso cilindro de gas está unido por un tubo y una válvula a la botella, y es un aparato que debe estar fijo mientras se quiera conservar el vino. Imagíneselo, pues, en la mesa de su comedor.

Entonces, ¿cuál es la solución? En realidad, es muy sencilla: beba, o mejor comparta, cualquier botella especial en una sola ocasión. Y, como pasatiempo, pruebe a mezclar los restos de algunas botellas menos «grandiosas» conjuntamente; por ejemplo, el Cabernet con el Chianti.

El *vacuvin* (*superior*) es uno de los muchos utensilios existentes para conservar el vino. Todos funcionan hasta cierto punto, pero nada conserva indefinidamente una botella abierta.

(*Izquierda*) Se dice que una cuchara de café en el cuello de una botella de champaña conserva su gas en la nevera. Si quiere estar seguro, hay tapones provisionales hechos expresamente y que no son caros.

Combinar
comida y vino

Cuando se encuentre angustiado por la combinación de vino y comida, tenga en cuenta que, aunque hay vinos que requieren una rigurosa atención, hay pocas combinaciones absolutamente intragables.

El chocolate con un Chablis seco hasta la médula, un bistec poco hecho con un Moscatel de Beaumes-de-Venise o la caballa con un Barolo tánico me parecen combinaciones horrorosas (no, ni siquiera en sacrificio por este libro puedo forzarme a probarlos) pero, aun así, si alguien los ha probado y le han gustado, esta persona no puede estar «equivocada».

El problema surge, obviamente, cuando un devoto de, por ejemplo, el bistec con una combinación pegajosa decide ofrecerlo a otras personas. Sería preferible que hubiera dudado de sí mismo y hubiese jugado sobre seguro, o infinitamente más seguro, con la tradicional fórmula de los colores –vino tinto con carne roja, vino blanco seco con pescado y carne blanca, y vinos dulces con los pasteles. Éstas y otras uniones clásicas específicas han establecido la valoración del vino (y a veces, más recientemente, la valoración desde el punto de vista de la investigación científica). Es el caso, también, de la mayoría de combinaciones regionales tradicionales. Beber el vino local con la comida de Boloña, Toscana, Piamonte, Provenza, Borgoña o Alsacia resulta casi siempre delicioso –aunque, personalmente, mantengo la costumbre, que parece que muchos habitantes de la Champaña no siguen, de beber champaña seco con los pasteles.

La dificultad con las combinaciones naturales regionales es que la gastronomía se ha convertido en algo mucho más complejo en los últimos veinte años. Aunque se ha producido una saludable recuperación reciente de los platos locales tradicionales –tanto británicos como franceses, italianos y otros–, también

se ha dado un intercambio cultural considerable en las ciudades cosmopolitas de todo el mundo. ¿Cómo decidir qué beber con *mahi-mahi* hawaiano con guarnición de mejillones de Nueva Zelanda y kiwi en un *beurre blanc* de naranjas? (Me alegro de poder decir que jamás he encontrado esto en un menú, pero sí lo ha hecho Tim Hanni, uno de los escasos expertos en la combinación entre comida y vino.) La respuesta inteligente, supongo, es no pedir el plato o beber agua, pero esto nos lleva a plantearnos, de algún modo, que actualmente hay que recurrir a algo más que a las combinaciones básicas clásicas –a menos que esté permanentemente adherido a un vino europeo pequeño y desconocido de pueblo.

El otro aspecto que hay que tener en cuenta es que, aunque existen algunas combinaciones de comida y vino que parecen creadas en el paraíso (como el Sauternes con roquefort) y algunas comidas que son particularmente traicioneras, se da más la excepción que la regla. Ello significa, en la práctica, que la mayoría de comidas pueden ser felizmente acompañadas por varios tipos de vinos.

Debe confiar, por lo tanto, en comida y vino que se complementan –en parte, simplemente por su presencia mutua– más que en un realce mutuo en cierto modo mágico. La moda de los años ochenta de los jurados de catadores estableciendo y saboreando miríadas de vinos con comidas y platos específicos para

Los vinos y las cepas estan descritos con más detalle en la sección final del libro –«Dónde se hacen los mejores vinos» (págs. 94-157)– y en «La importancia de las cepas» (págs. 50-59).

divinizar combinaciones perfectas puede dar resultados interesantes y a veces paradójicos, pero raramente se establecen muchas indicaciones nuevas y prácticas, no sólo porque los resultados son con frecuencia caprichosamente contradictorios de un jurado a otro, sino porque habitualmente son demasiado específicos. Se vinculan a una receta, a unos ingredientes concretos, a un cocinero y a una serie de catadores o comedores en un ambiente determinado. No es extraño, por lo tanto, que las conclusiones varíen enormemente de una ocasión a otra.

Por otra parte, suelen aportar combinaciones supuestamente definitivas que, en la práctica, tienen limitaciones. No niego que el Jerez seco sea sorprendentemente versátil con la comida, pero la mayor parte de la gente no quiere seguir bebiéndolo más allá del primer plato –si llegan a hacerlo, en realidad. El «descubrimiento» de que la extrema neutralidad del Muscadet hace de él un acompañante profundamente pacífico no significa, de hecho, que produzca combinaciones estremecedoras (excepto, tal vez, con el marisco). De modo parecido, el queso de cabra y el Sancerre o el Pouilly-Fumé forman una combinación deliciosa cuando el queso, con ensalada, es un entrante, pero si el queso es el plato principal, ¿va a querer volver a un Sancerre o a un Pouilly-Fumé, después de un Cabernet californiano, un Chianti Classico, un Barossa Chardonnay o, si va a comer pastel antes del queso, después de un Sauternes? Y beber Sancerre o Fumé durante toda la comida hasta llegar al queso tampoco me parece muy sugestivo.

Equilibrar el peso

Así pues, ¿por dónde empezamos? Aunque no haya decidido todavía el color del vino que quiere beber, la clave es combinar el peso o el cuerpo del vino con la comida. Esta fórmula puede ser preferente, sin lugar a dudas, por encima de la del color. Una pechuga de pollo delicadamente escalfada puede verse apagada casi del todo por un Chardonnay pesado, alto en alcohol, extravagantemente afrutado, mantecoso y con sabor a roble, como lo puede estar con un poderoso Hermitage tinto. Del mismo modo, un *coq au vin* ricamente sazonado va a dejar totalmente fuera de combate a un vino ligero o seco –un Kabinett de Mosela, un Vin de Pays des Côtes de Gascogne o un Chablis, por ejemplo. En realidad, una reacción lógica cuando hay algo condimentado con una cantidad significativa de vino, ya se trate de un *coq au vin* o de un *risotto*, es beber un tipo idéntico o similar de vino, pero incluso ahí hay que ir con cuidado con el poder de los platos considerablemente reducidos, los *fumets* y las salsas –que dan una fuerte intensidad de sabor–, especialmente si estamos tratando con un vino con poco o medio cuerpo.

Intensidad de sabor

La intensidad del sabor –que puede ir vinculada al peso, pero no siempre es así– puede ser decisiva tanto en la comida como en el vino. Los Riesling alemanes finos pueden tener un sabor intenso, pero tradicionalmente tienen poco cuerpo y son bajos en alcohol; el Sauvignon Blanc es otra variedad con un sabor potente que, aunque no tan riguroso como un Riesling alemán, en la práctica tiene mucho peso. Vinos como estos pueden ser usados a veces como contraste, para cortar con vinos de cierta exquisitez, o pueden complementar la intensidad de sabor –por ejemplo, un Sauvignon Blanc maduro de Nueva Zelanda combinado con el sabor de los pimientos en una *Peperonata*.

Ácido, sal y azúcar

En lo que respecta a la comida, tenga en cuenta su acidez, su salinidad y su dulzura (que no hay que menospreciar en los platos sazonados). Un plato con un elemento ácido definido –una salsa de cítricos o el zumo de un limón– va a requerir un vino con acidez para combinar, ya que en caso contrario el vino tendría un sabor liso. Los platos salados pueden necesitar un toque de dulzura aparente en el vino: en un vino tinto, esto suele significar fruta madura, más que la austeridad seca que tiene un Médoc; en un vino blanco, puede significar una dulzura auténtica (el Sauternes con el Roquefort y el Oporto con Stilton son ejemplos obvios). Los platos salados, especialmente los ligeros, también pueden exigir acidez:

(Inferior) **Un Burdeos exquisito puede conseguir que una comida sea sencilla: este asado coronado con un delicado relleno casa perfectamente con un Pauillac.**

(Inferior) **La carne roja –en este caso, venado– con salsa de vino tinto debe ser combinada con vino tinto, pero los albaricoques pueden ser una trampa: elija un tinto con mucha fruta madura y mucho cuerpo; un Zinfandel de California, por ejemplo.**

esto se consigue fácilmente con un vino blanco; con los tintos la solución suele ser acudir a los estilos frescos, resueltos y bajos en tanino que mejoran al enfriarlos ligeramente (un Loira tinto o un Beaujolais, por ejemplo).

Más difícil es generalizar sobre los platos sabrosos con una cierta dulzura, simplemente porque el grado de dulzura puede variar mucho. Puede ser una parte integral del plato –como en el conejo o el cerdo con ciruelas– o puede tratarse únicamente de una guarnición absolutamente prescindible. Yo situaría la jalea de grosella y la salsa de menta en esta última categoría (aunque sé que sus aficionados no estarán de acuerdo). Con una salsa íntegramente de frutas, sin embargo, me decantaría por un vino que tuviera una ligera dulzura, como el Spätlese Halbtrocken de Palatinado.

Textura

Después del peso, la intensidad y los sabores específicos, hay que tener en consideración la textura de algunos alimentos. Cuando la textura está vinculada al peso, la cuestión es bastante evidente –no creo que quiera sorber un vino blanco delicado entre consistentes bocados de un bistec–, pero hay alimentos que tienen un efecto entumecedor en la boca que, por supuesto, afecta a la percepción de cualquier vino. Algunos quesos son indudablemente agresivos (*véase Queso*, pág. 38), pero los huevos y el chocolate son potencialmente peores, y suelen ser olvidados como agentes perjudiciales para el vino. Los pongo, pues, en una categoría de «posibles comidas proscritas» –las que necesitan un cuidado especial–; se trata de un ámbito que los vegetarianos deberían observar, y espero que se encuentren cómodos en él, porque muchos de sus productos básicos –huevos, verduras, ensaladas– suelen ser rechazados con demasiada rapidez por ser poco gratos al vino.

Posibles proscritos

Los huevos poco cocidos entumecen sin lugar a dudas la boca y bloquean las papilas gustativas y, por lo tanto, el vino, por lo cual no voy a desperdiciar un tesoro de mi bodega con, por ejemplo, huevos revueltos. Dicho esto, el carácter entumecedor de los huevos no se halla en los *oeufs en meurette*, el entrante clásico de huevos escalfados en una rica salsa de Borgoña tinto, que se bebe con Borgoña tinto (yo elegiría un vino de alguna localidad pequeña o un Passe-Touts-Grains, y no algo soberbio). No creo que los huevos con salsas y los *soufflés* presenten riesgos: con mahonesa y salsa holandesa, Sauvignon Blanc y Chardonnay joven están bastante bien; mientras que con los *soufflés* de queso, en concreto, todos los tipos de vinos

hacen un buen papel. Los huevos de codorniz, con su textura más fina, son un deleite con champaña y con blancos resueltos, secos, elegantes y no excesivamente enérgicos.

El vinagre no va con el vino, pero las ensaladas con vinagreta no tienen por qué ser un problema si se cuenta con un buen vinagre (no de restaurante barato) y con una buena proporción de aceite (la cantidad depende del tipo de aceite y de vinagre, así como del sabor, pero una buena proporción podría ser cinco partes de aceite por cada una de vinagre). Como alternativa, un truco practicado en los platos de ensalada por algunos de los principales productores de vino consiste en usar el precursor del vinagre –el propio vino– con menos aceite (una vez más, las proporciones dependen del aceite, el vino y las preferencias personales, pero una buena proporción podría ser tres a uno). Otro recurso es usar aceite de nuez o de avellana y servir un Chardonnay, porque el sabor a nuez de éste tiene una cierta afinidad con los aceites de nuez.

Considero la salsa de menta mucho más perversa que la mayoría de vinagretas, y prefiero evitarla a intentar acostumbrarme a ella, pero sus partidarios afirman que se combina incomparablemente bien con un bocado de cordero y, por lo tanto, no perjudica al vino. Si no se atreve con los sabores perdurables de una agresiva salsa de menta o de una vinagreta –o, en realidad, de cualquier otra comida osada un trago indoloro de agua o un bocado de pan la suavizarán.

Las alcachofas, las espinacas, los espárragos e incluso **el hinojo** son elementos tabú para los expertos en vinos, pero en realidad sólo las alcachofas se lo merecen, e incluso habría que hablar sobre ellas. El culpable en el caso de las alcachofas es una sustancia llamada «cinarina», que hace que el vino sepa dulce o amargo/metálico (depende más del bebedor que del vino), pero parece ser que un chorro generoso de limón sobre las alcachofas bloquea la cinarina y da una oportunidad a un Chardonnay joven y lleno, a un Sauvignon resuelto y, sobre todo, a los tintos básicos y apimentados del sur de Francia (por ejemplo, a un Côtes du Rhône y a los *vins de pays*).

Las espinacas suelen ser una guarnición, más que un plato en sí mismo (incluso en menús vegetarianos), y raramente determinan la elección del vino, pero si considera que provocan que el vino tenga un gusto amargo/metálico, vale la pena probar el truco del chorro de limón. Como alternativa, los choques se pueden prevenir enri-

(Superior izquierda) **Las alcachofas y el vino son enemigos naturales, pero exprimir un limón sobre la alcachofa puede solucionar el problema.**

queciendo las espinacas con mantequilla, crema o queso parmesano y nuez moscada; esta es la razón por la cual los platos vegetarianos basados en las espinacas raramente ocasionan problemas.

El sabor peculiar de los espárragos es duro para la mayoría de los vinos, pero un Sauvignon Blanc de Nueva Zelanda bien concentrado y afrutado o un Chardonnay (o incluso un Borgoña) redondeado pero joven y fresco suelen dar buenos resultados. Blancos más ligeros, que se recomiendan a veces, me parece que se pierden, pero los tintos del Loira (un Chinon, un Bourgueil o un Saumur-Champigny), hechos de la cepa de Cabernet Franc (que comparte con el Sauvignon un sabor a hoja verde de grosella) pueden ser un golpe sorprendente. Recomendaciones similares se aplican al hinojo, que en realidad no ataca a la mayoría de los vinos, pero que a veces puede dejar una presencia más bien intimidadora en el paladar.

El pescado graso, sobre todo la caballa, tanto ahumada como no ahumada, puede hacer cosas terribles con el vino, por lo que tal vez sea mejor decantarse por blancos baratos, neutros y muy secos como el Muscadet, el Gros Plant, el Touraine Sauvignon, el Aligoté (admito que es barato únicamente en el contexto de los Borgoñas) o tal vez algo ligeramente más tierno como un Soave o un Beaujolais Blanc. El Jerez Fino es otra posibilidad.

La comida especiada y picante, por supuesto, mata al vino, pero hay un extenso abanico de platos indios y asiáticos que tienen especias y no son abrasadoramente picantes –tal vez porque el principal ingrediente del picante, la guindilla, no se encuentra en ellos. Especias como el coriandro, la cúrcuma, el comino, la mostaza en grano e incluso el jengibre son más suaves que la guindilla, y los vinos especiados o especialmente afrutados los pueden complementar bien. Los vinos especiados aromáticos alsacianos –el Gewürztraminer sobre todo, pero también el Tokay-Pinot Gris y el Pinot Blanc– son la elección obvia, y el Gewürztraminer puede ser particularmente adecuado para combinar con el sabor dulzón de muchas comidas de restaurantes chinos. El sabor concentrado a tila de los Riesling australianos y los tonos vibrantes de uva espina de los Sauvignon de Nueva Zelanda suelen constituir un eficaz contraste refrescante a la comida especiada y ligeramente dulce, y los blancos australianos simples e impetuosamente afrutados (el Chardonnay, el Sémillon, el Chenin Blanc y el Colombard) también suelen combinar bien, si son delicados. Vale la pena echar un vistazo a los buenos rosados secos, pero definitivamente afrutados y, si quiere un vino tinto, busque un Shiraz australiano lleno, afrutado y joven o una mezcla entre Shiraz y Cabernet Sauvignon, un buen Côtes du Rhône, un Zinfan-

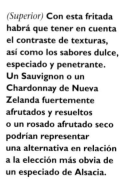

del de California o un Beaujolais ligeramente frío. Si va a comer un plato de Szechuan o un *vindaloo*, recurra a la cerveza, al agua o al *lassi* salado.

El chocolate obstruye las papilas gustativas con más eficacia que los huevos, pero, como sucede con la mayoría de los «asesinos» de vinos, puede haber un tratamiento para remediarlo. Es probable que el chocolate puro no tratado y las trufas negras al ron tengan un mejor destino con el café, los licores y el agua, pero los *mousses*, las *marquises*, los *puddings* y los pasteles pueden ser abordados con vinos dulces poderosos. Los más ricos y negros pueden precisar la fuerza de sabor y el alcohol de los vinos añejos y vigorosos con sabor a pasas –el Málaga y el licor de Moscatel australiano–, pero los *mousses* algo más ligeros suelen ir bien con el Moscatel de Beaumes-de-Venise, los Moscateles anaranjados californianos y australianos, el Sauternes y el Oporto añejo. Con *mousses* espumosos decididamente ligeros, pruebe el Sauternes, el Asti o el Moscato d'Asti. Y si todavía se encuentra bebiendo su vino tinto cuando llegue el *pudding* (de chocolate), asegúrese de que se trata de un Cabernet californiano exuberante, madurado y no muy tánico, o de un Merlot; a veces, inexplicablemente, la combinación funciona.

(Superior) **Con esta fritada habrá que tener en cuenta el contraste de texturas, así como los sabores dulce, especiado y penetrante. Un Sauvignon o un Chardonnay de Nueva Zelanda fuertemente afrutados y resueltos o un rosado afrutado seco podrían representar una alternativa en relación a la elección más obvia de un especiado de Alsacia.**

Entrantes

Medir con el mismo rasero todos
los entrantes del mundo puede parecer
abusivo, pero estos platos están vinculados
por el hecho de que en esta fase de la
comida normalmente se degustan vinos
relativamente ligeros y/o blancos
para preceder a vinos con más cuerpo.

Podemos apreciar que con la sopa
la mayor parte de la gente no bebe
mucho, pero si no quiere prescindir
del vino, pruebe el Jerez (Fino, Manzanilla
o Amontillado seco, según el peso de la
sopa), intente combinar el ingrediente
principal (los rosados secos pueden ir
muy bien con la sopa de pescado),
o simplemente sírvase un poco del vino
del siguiente plato.

El Jerez pálido seco también casa bien
con aceitunas y anchoas, así como
allí donde haya muchos elementos
contrastados para combinar –tapas
o aperitivos, crudités o ensaladas mixtas.
Con estos tres últimos también puede
tomar en consideración los blancos y
rosados de medio peso, moderadamente
afrutados o aromáticos (como los blancos
austríacos, el Verdicchio, el Pinot Grigio
fino, el Sauvignon o el Chardonnay
húngaros, el Sylvaner o el Pinot Blanc
alsacianos, el Vinho Verde claramente
seco, el Rioja blanco sin sabor a roble,
los rosados de Navarra o de Provenza o los
Riesling Halbtrocken alemanes). Los tintos
afrutados de escaso o medio cuerpo
–el Beaujolais y otros Gamays, el Merlot

joven, el Dolcetto, el Montepulciano
d'Abruzzo, los tintos sencillos del sur
de Francia– vienen por sí mismos si hay
carne de por medio (como salchichón,
tocino, hígados de pollo o pato
en aperitivos y ensaladas).

Los patés varían enormemente.
Los patés de hígado más untables
(encabezando la lista, el *foie-gras*)
pueden ir con un vino dulce
«zalamero» –un Sauternes–,
pero suponen un principio
pesado para una comida. Creo
que un alsaciano aromático
de cosecha tardía, con su
magnífico sabor, es una
mejor introducción. Los
patés carnosos, pero menos
ricos, combinan bien con
blancos alsacianos enérgicos
pero secos y con tintos afrutados
de cualquier parte.

El marisco combina con todo tipo
de blancos secos, por lo que la elección
depende de su bolsillo. Si se ha podido
permitir unas ostras, probablemente estará
preparado para el champaña o para
el mejor Chablis, pero un Moscatel
o un Sancerre respetables también son
adecuados. Por supuesto, no tiene por qué
ser francés, pero evite cualquier cosa que
sea enérgicamente afrutada, con sabor a
roble o falto de una acidez refrescante. Con
la langosta también vale la pena tirar alto:
un champaña, un buen Borgoña blanco
o uno de los mejores Chardonnay de
cualquier parte, un buen Ródano blanco,
un Burdeos seco o un Arneis del Piamonte.
Las gambas pueden seguir el mismo
tratamiento, o acompañarse con
vinos más modestos, y los
mejillones también son
muy acomodaticios.
El cangrejo es más
caprichoso, pero
el Chablis es aquí un
clásico, y el Viognier
y los Riesling
alemanes con algo
de dulzura

(*Izquierda*) **Pruebe a
realzar los sabores
frescos, crujientes y
cristalinos de las
crudités con un vino
con atributos similares,
como un sabroso Jerez Fino
o con Manzanilla, o un blanco
especiado de Alsacia.**

(especialmente el Spätlese) combinan
bien.

(*Superior*) **La pasta no plantea problemas, pero
sí puede hacerlo la salsa: la acidez del tomate
puede provocar que los vinos parezcan
delgados, así que escoja un tinto joven
y afrutado con algo de cuerpo.**

Pasta

La pasta combina con cualquier cosa; es
la salsa la que decide. Los tintos jóvenes
afrutados, bastante enérgicos pero no
necesariamente con mucho cuerpo, y
secos pero no demasiado astringentes, son
los mejores ambivalentes para todo lo que
vaya con salsas de carne y tomate –y el
tomate, a causa de su acidez, puede ser
difícil. Los italianos, por supuesto, tienen
muchas soluciones en el Dolcetto, el
Barbera, el Lambrusco tinto auténtico
seco, el Teroldego Rotaliano, el Rosso del
Montalcino, el Chianti Classico joven, etc.,
pero la mayor parte de los otros países
tienen algo que decir: el Merlot chileno, los
tintos de Navarra, el Côtes du Rhône,
los *vins de pays*, el Dornfelder alemán
y los Zinfandel de California, más ligeros.

Con las salsas carbonara y las cremosas,
acuda a los blancos con medio o mucho
cuerpo y con algún sabor –como el Arneis
o el Favorita de Italia, o el Chardonnay
de cualquier lugar, mientras no esté
excesivamente afrutado y con sabor a roble.

El blanco seco también va mejor que el
tinto con el pesto, pero debe ser resuelto

y firme: un Gavi italiano, un buen Pinot Grigio, un blanco sardo o siciliano, un Rueda español o, en un apuro, un Chardonnay ligero, un Sauvignon Blanc húngaro o un Colombard sudafricano.

El *risotto* se adapta perfectamente en el vasto abanico desde los blancos extrasecos a los secos y los tintos ligeros, pero debe tener en cuenta cada uno de los ingredientes y sabores añadidos, y tener cuidado de no reforzar lo que en realidad tiene que ser un plato delicado.

Pescado

Aunque, ciertamente, los vinos tintos no tienen por qué suponer un problema si sólo come pescado, vale la pena saber a qué se debe esta obligación de tomar vino blanco con el pescado. El principal motivo es que el pescado –especialmente el blanco y el marisco– pueden hacer que los vinos tintos, sobre todo los que tienen un tanino perceptible, sepan a metálico o a lata. Las otras dos razones son, en primer lugar, que los platos de pescado, en general, tienden a ser más ligeros que los platos de carne (y hay más vinos blancos ligeros que tintos ligeros), y en segundo lugar, que el pescado suele estar guarnecido con limón, cuya acidez es fácil de combatir con un vino blanco. Por todas estas razones, un pescado blanco cocinado sencillamente, bastante delicado (como un lenguado, una platija, una merluza o un bacalao), se merece un vino blanco seco que no sea demasiado pesado o aromático en exceso. Esto deja fuera, por ejemplo, a los mejores vinos de Alsacia (pero no a sus sencillos Pinot

Blanc y Sylvaner), a los Sauvignon neozelandeses y a los Chardonnay australianos más llamativamente afrutados, pero, por otra parte, deja un amplio campo de elección desde el Chablis hasta el San Gimignano.

El pescado con salsas ricas puede acompañarse de vinos más exquisitos y más llenos: los Borgoña blancos de los mejores viñedos, otros Chardonnay que sigan el modelo del Meursault (por ejemplo, los de California o Nueva Zelanda), el Sémillon del valle del Hunter, el Condrieu, el Riesling y el Tokay-Pinot Gris alsacianos o, si quiere aventurarse, un vino del Loira *demi-sec* (un Vouvray o un Montlouis) de una buena cosecha.

En lo que respecta a los vinos tintos, cualquier pescado que haya sido cocinado en vino tinto –como lo están a menudo el salmón y el salmonete rojo– pide ser servido con uno de estos vinos, pero cualquier otro pescado con mucho sabor o sustancia (como el rodaballo, el salmón o el atún) pueden ir con un tipo adecuado de vino tinto o con un buen rosado seco. Apueste por los tintos jóvenes ligeros y bajos en tanino, que deberá servir frescos: los tintos del Loira, otros Pinot Noir jóvenes, Beaujolais y otros Gamays, entre tantos.

(Izquierda) **Los pescados grasos como la caballa tienden a hacer que el vino tenga un sabor delgado o metálico. El limón ayuda a contrarrestar el efecto pero, aun así, el vino simple –un blanco agudo debidamente neutro y seco– es lo mejor.**

Pinot Noir de California, el Ródano septentrional, el Chianti Classico Riserva, el Barbaresco, el Rioja Reserva, el Cahors, el Madiran, un buen Cabernet de cualquier lugar (por ejemplo un Penedès) y, por sorprendente que parezca, los Burdeos más blandos y redondos de St-Emilion, Pomerol y Fronsac, en preferencia a los mejores Médocs.

Las sabrosas *casseroles* de ternera pueden acompañarse de grandes vinos –los Zinfandel y Cabernet de California, el Châteauneuf-du-Pape, el Shiraz y los Ródano septentrionales, el Brunello, los principales *vini di tavola* y el Barolo toscanos, el Bandol y los tintos provenzales.

Los vinos inusualmente pesados también se acomodan a la caza potente como la liebre, el venado, la perdiz blanca y las aves asadas, aunque la intensidad y la complejidad del Côte de Nuits, uno de los mejores Borgoña, pueden tener éxito en la medida en que las aves no hayan sido demasiado bien colgadas. Hay gente que apuesta por la dulzura contrastante de un Spätlese alemán o de un Tokay-Pinot Gris alsaciano *vendange tardive* con el venado, pero no es una combinación que me convenza. El buen Borgoña también es ideal para las aves de caza jóvenes y asadas, así como el Rioja, el Burdeos y, con el pichón, el Cabernet Sauvignon búlgaro.

El cordero asado con sencillez o las chuletas son perfectos para realzar los mejores Burdeos maduros del Médoc y de Graves, los Riojas Gran Reserva o los Beaujolais Crus. Si desea lograr un efecto más fuerte con el cordero, con un sazonamiento de ajo y romero, enebro e incluso anchoa, elija un Burdeos más joven y vigoroso, un Cabernet o un Merlot afrutado, con bastante cuerpo, de cualquier parte (Vin de Pays d'Oc, Buzet, Bergerac, Provenza, Penedès,

Ave, carne y caza

Los conflictos de sabores son pocos en la carne, por fortuna (aunque la dulzura del hígado de ternera y la riqueza grasienta del ganso pueden suponer un peligro potencial). Por lo que se refiere a la regla según la cual el vino tinto casa con la carne roja y el vino blanco con la carne blanca, sólo funciona en un sentido estricto; no entra en lo que concierne al peso o a la intensidad de sabor de las salsas, los jugos, los rellenos y los escabeches que pueden dominar o definir el plato finalizado.

Dicho esto, tengo que añadir que no sé de ningún vino blanco que case con la ternera, ya sea asada sencillamente, a la parrilla o convertida en un sabroso y

(Superior) **Si el aliño no contiene vinagre, una ensalada de pechuga de pato puede ser una excusa para un tinto bastante bueno –tal vez un Borgoña–, pero tenga en cuenta que no debe continuar la comida con un vino de calidad inferior.**

picante estofado. Y no puedo recomendar ningún vino blanco para el cordero, a menos que el cordero esté asado y frío, en cuyo caso el Riesling alemán (preferiblemente Kabinett o Spätlese Halbtrocken) tiene un éxito sorprendente. De algún modo, se abre camino por la textura densa y cerrada de la carne fría, y esto también vale para la carne de cerdo y para el pavo.

La ternera asada de manera sencilla hace resaltar cualquier buen vino tinto de medio o mucho cuerpo: el Borgoña, el

(*Superior*) **Mientras no se enfrente a algo demasiado ligero o demasiado pesado, prácticamente cualquier vino, desde el Cabernet Sauvignon búlgaro hasta el Merlot chileno, será una elección adecuada para estas chuletas.**

Bulgaria o Chile), un tinto portugués de Bairrada, Dão o el Duero, o un Cabernet-Shiraz australiano suave y con sabor a menta.

La carne de cerdo es muy combinable (aunque la salsa de manzana puede ser algo heterodoxa). Asado simplemente o en chuletas va bien con blancos extrasecos o secos, desde los neutros a los aromáticos o especiados, hasta los complejos y que tienen mucho cuerpo; esto significa cualquier cosa desde el Chenin Blanc sudafricano, pasando por los alsacianos, hasta el Borgoña Premier Cru. Con los vinos tintos todo es posible, a excepción de los más pesados y secamente tánicos.

El pollo, el pavo y el gallo de Guinea son los equivalentes en ave a la carne de cerdo: son extremadamente adaptables. Asados simplemente son agradables con el tinto, el blanco y el rosado, desde los humildes hasta los de alta calidad, pero son mejores con los tintos si contienen un relleno potente de hierbas, cebollas y carne para darles consistencia. Los vinos tintos, como los especiados y pimentados del sur de Francia, son también la

respuesta obvia a las *casseroles* con base de vino tinto, mientras que los blancos con medio o mucho cuerpo van bien con las salsas cremosas.

Con el pato y el ganso puede combinar un blanco con cierta suavidad –un *vendange tardive* alsaciano, un Spätlese alemán o un Vouvray Moelleux– o un tinto clásico de alta calidad de Borgoña o Burdeos. Con el Burdeos, decántese por los vinos más blandos y madurados de St-Emilion o Pomerol, o por el Margaux del Médoc.

Tanto el hígado como los riñones son un buen contraste para los tintos afrutados, especiados y bastante rústicos, preferiblemente muy jóvenes –lo cual es válido para cualquier cosa desde el Barbera y el Valpolicella hasta el Pinotage sudafri-

cano, el Shiraz australiano y los *vins de pays* de Syrah. La clave con el hígado de ternera frito en una cacerola o a la parrilla es resistir la tentación de intentar combatir su suavidad: las mejores opciones son un Pomerol, un St-Emilion o un Torgiano flexibles. Las lechecillas requieren algo sutil pero meloso: un Volnay o un Margaux elegantes o, si van con una salsa cremosa, un Spätlese del Rin.

Para los embutidos resulta difícil generalizar, pero los tintos con mucho cuerpo, afrutados y especiados, son habitualmente un recurso adecuado.

(*Inferior*) **Combine la exquisitez del ganso con la dulzura de las frutas de un alsaciano de vendimia tardía, un austríaco o un Spätlese de Palatinado o, como alternativa, con un excelente Borgoña tinto, un Pomerol o un buen Shiraz australiano.**

(Izquierda) **Los vinos blancos –secos y dulces– van mejor, en general, con los quesos que los vinos tintos, pero ello no significa que debe olvidar cualquier relación posible entre el vino tinto y el queso.**

vinos tintos robustos como el Hermitage, los mejores Shiraz, el Brunello, un buen Chianti o el Barbaresco, o un Oporto con sabor y con carácter.

Los quesos azules casi siempre van mejor con vinos dulces, ya se trate de un Sauternes, un Oporto un Recioto della Valpolicella, un Madeira Bual o incluso un Tokay Aszú húngaro (cuatro o cinco *putts*; *véase* pág. 152 para explicaciones). El queso de cabra es más «alegre» con vino blanco, ya se trate de un Sauvignon Blanc seco o de algo dulce. El Brie y el Camembert no van a favorecer ningún buen vino; por lo tanto, puede afrontarlos con lo que esté bebiendo y espere que, por lo menos, el vino y el queso se acomoden, si no se complementan, el uno al otro.

Un punto final: he puesto esta sección antes que los *puddings* porque es mi orden preferido, pero si toma el *pudding* antes que el queso va a encontrar más fácil seguir bebiendo vino con el queso o cambiar a algo dulce y vigoroso, como el Oporto, puesto que es duro volver a los vinos secos.

Queso

No puedo imaginarme cómo hemos podido llegar a ver el queso y el vino tinto como compañeros naturales. Tal vez el éxito obtenido por el Oporto y el Stilton en Inglaterra y por el Sauternes y el Roquefort en Francia ha impedido ver a la gente que el queso y el vino, especialmente el vino tinto seco, suelen colisionar –o, por lo menos, no hacen nada en absoluto el uno por el otro. A pesar de lo mucho que me gustan el queso y el vino tinto individualmente, y a pesar de lo que me puede apetecer el vino tinto al llegar el momento del plato de queso, tengo que admitir que, en general, los vinos blancos van mejor que los tintos con queso, y que los blancos dulces tienen afinidades con más quesos que los blancos secos.

Dicho todo esto, debo añadir que no he renunciado al vino tinto con queso, y no tengo por qué hacerlo. Hay que escoger con mucho cuidado tanto el vino como el queso, y no se va a producir la oportunidad de servir muchos vinos tintos excelentes con queso, pero puede resultar un éxito, especialmente si se trata de una comida que progresa de modo natural desde el blanco seco con los entrantes hasta el tinto con el plato principal y también con el queso, hasta llegar al vino dulce con el *pudding*. (Aunque el vino dulce, en teoría, es mejor con el queso, cuando también haya *pudding* podría producirse un exceso de cosas buenas.)

En conjunto, si quiere servir vino tinto, debe buscar un queso bastante suave –lo cual excluye la mayoría de los quesos azules tradicionales, el Cheddar madurado y los Camembert y Brie rancios. También debe interesarse por los quesos bastante duros, o saber por lo menos que la textura entumecedora de los quesos blandos, como el Brie y el Camembert, es una mala jugada para el vino tinto. El tipo de quesos, por lo tanto, que van con el vino tinto –e incluso con un vino tinto bastante bueno– son suaves, los quesos jóvenes ingleses duros (el Cheddar y el Wensleydale jóvenes, etc.), así como el Cantal, el Gouda maduro (servido habitualmente con Burdeos), el Jarlsberg, el Gruyère y, siempre que no sea demasiado fuerte, el Parmesano. Con los Cheddar maduros y otros quesos duros y fuertes (incluido el Parmesano) pruebe

Puddings y postres

Al margen de las dificultades del chocolate (de las que ya hemos hablado) y del helado –que, en realidad, no vale la pena de combinar (en caso de necesidad recurra a un Asti, un Moscato d'Asti o a un licor de Moscatel australiano)–, la única «norma» a seguir al combinar los vinos dulces con los *puddings* es que es preferible decantarse por la dulzura con el vino, ya que en caso contrario el vino va a tener un sabor tenue y amargo. Es fácil caer en este error con el Auslesen alemán, que simplemente no tiene bastante opulencia para enfrentarse a la mayoría de los *puddings*; los Beerenauslesen y los Trockenbeerenauslesen son más adecuados, pero los vinos más pesados suelen ser más fáciles de combinar.

El Sauternes y sus primos (el Monbazillac, el Loupiac, el Ste-Croix-du-Mont), los vinos con botritis de Australia y Nueva Zelanda y el Moscatel de Beaumes-de-Venise, así como el Beerenauslese y el Trockenbeerenauslese austríacos son obligados con cualquier cosa, desde ensaladas de frutas, pasteles y tartas hasta *puddings* ricos y cremosos como la *crème brûlée*, los hojaldres, los *mousses* y las natillas, e incluso pasteles más sólidos, como el *pudding* de pan y mantequilla, la tarta de queso y otros.

Los mejores Loira dulces basados en Chenin también son bastante adaptables, aunque no tienen la opulencia indolente y suculenta de los vinos de tipo Sauternes, y su acidez más prominente debe ser acomodada. Están especialmente bien cuando interfieren en la riqueza de la tarta de queso, y también combinan con frutas como fresas, frambuesas, manzanas, melocotones y albaricoques (así como con los *puddings* basados en éstas). El Auslesen alemán también va bien con estas frutas, siempre y cuando no estén demasiado impregnadas en azúcar y crema.

Vale la pena tener en consideración el Malmsey y el Madeira Bual, el Vin Santo, el Moscato di Pantelleria, los Moscateles españoles y el Tokay Aszú (cinco *putts* o Eszencia) para acompañar pasteles y bizcochos de almendra; y, en el otro extremo, el Asti fresco y burbujeante para los mousses ligeros y espumosos o para contrastar completamente con la exquisitez de un *pudding* navideño. El licor de Moscatel australiano es otra posibilidad para el *pudding* de ciruelas, mientras que toda clase de vinos licorosos, junto con especialidades locales como el Vin Santo, el Recioto della Valpolicella y el Tokay húngaro son acompañantes perfectos para las nueces.

Si realmente no le gustan los vinos dulces con los *puddings*, puede homenajear a sus invitados en verano ofreciéndoles fresas con vino tinto (vertido directamente de la copa o de la botella). Se hace con los mejores Burdeos.

(Superior) **Los vinos dulces deben ser, como mínimo, tan dulces como el *pudding*: esta tarta de queso *Pavlova* puede requerir un Sauternes muy opulento, un Sémillon australiano con botritis o un Moscatel de Beaumes-de-Venise.**

(Izquierda) **El carácter amanzanado y el alto contenido en ácido natural de un Chenin Blanc dulce del Loira pueden ser un perfecto complemento para una tarta francesa de manzana.**

Formas de
guardar el vino

Si le sirve de consuelo, poca gente tiene bodegas construidas expresamente, cavernosas y subterráneas, y la mayoría de los consumidores de vino tienen soluciones imperfectas para el almacenamiento, pero no hay que infravalorar la importancia de proteger al vino de condiciones nocivas. No podemos obviar el hecho de que unas buenas condiciones –y con ello no quiero decir necesariamente las condiciones absolutamente perfectas– son esenciales si va a guardar vino por un cierto tiempo, y ello es tanto más cierto cuanto mejor sea el vino y mayor el tiempo que pretenda guardarlo.

Como los seres humanos, algunos vinos demuestran ser notablemente robustos y capaces de sobrevivir sin mella una cantidad sorprendente de aparentes malos tratos, pero hay otros que son realmente frágiles. En conjunto, los vinos blancos –los vinos dulces y el champaña en primer lugar– son más delicados que los tintos, aunque algunos tintos que han sufrido un mínimo tratamiento de estabilización (por ejemplo, los Borgoña tintos que no han sido filtrados en un esfuerzo para preservar cada ápice de su sabor) son más propicios a sufrir en condiciones adversas con mayor rapidez. Las variedades de vid también suponen diferencias –los vinos de Cabernet Sauvignon y los de Syrah son, en general, más resistentes que los Pinot Noir–, pero es mucho más eficaz intentar minimizar los riesgos que cruzar los dedos y esperar que sus vinos se encuentren entre los que soportan más embates.

Condiciones ideales

Temperatura

Los enemigos del vino son el calor, la luz, la falta de humedad y el movimiento constante, pero los dos primeros son los que causan la mayoría de los problemas. Una temperatura ideal de bodega se sitúa entre los 7 y los 13° C, pero puede tener su vino a salvo con un grado o dos de congelación (aunque, obviamente, si llega a congelarse se expandirá y expulsará el corcho) o hasta 20° C –siempre que tenga en cuenta el hecho de que el vino envejece mucho más rápidamente a las temperaturas más altas (y más lentamente a las temperaturas más bajas) y que no debe dejar que la temperatura salte de un extremo a otro. Una temperatura constante, o lo más parecido posible a ella, es la clave; las fluctuaciones crónicas son, sin lugar a dudas, malas para el vino.

Si coincide una temperatura estable con otras buenas condiciones, puede tener un almacenaje a una temperatura media de unos 21° C, aunque el resultado será una evolución rápida de los vinos. Yo no voy a recomendarlo, y vale la pena recordar que unos cuantos días calurosos en verano pueden catapultar a muchas habitaciones a los 30° C. En el largo y caluroso verano de 1990, mi cocina y yo nos abrasamos a 32° C durante infinidad de días, y el armario de debajo de las escaleras, durante un tiempo refugio para muchos estantes de vinos, no estaba mucho mejor a 28° C. De forma similar, no es bueno enorgullecerse de mantener una habitación adecuada para vinos y holgadamente fresca si se calienta periódicamente hasta los 21° C y vuelve a enfriarse al entrar y salir la gente. Los garajes y los altillos también dan una falsa sensación de seguridad al parecer frescos; de hecho, pocos están lo bastante aislados para prevenir variaciones térmicas dramáticas.

Si todo esto suena muy limitativo, no se desanime. Por lo general, es posible almacenar vino con una temperatura aceptable en una casa o un piso normales, mientras elija cuidadosamente el lugar. Las paredes orientadas al norte, los rincones y las grietas son lugares a examinar, así como antiguas chimeneas y armarios bajo las escaleras (aunque no sea el caso del mío), y tal vez sea lo suficientemente afortunado para tener acceso a un garaje, una carbonera o un desván bien aislado.

Sea lo que sea, mantenga un termómetro fijo bajo estrecha vigilancia y permanezca alerta con los indicios de vino que rezume del corcho y que salga de debajo de la cápsula. Esto puede ser una señal de que el vino se ha calentado demasiado (y se ha expandido a medida que la temperatura se ha elevado).

Luz

La luz solar y la ultravioleta son tan malas para el vino como el calor excesivo, pero son problemas mucho más fáciles de resolver. La mayoría de los vinos están parcialmente protegidos por botellas de vidrio coloreado (en ocasiones con celofán de colores), pero puede aportar su grano de arena cubriendo con una manta o algo similar a los vinos expuestos a la luz. Si su almacén está bajo las escaleras, no tiene que preocuparse.

(Izquierda) **Las bodegas frías, oscuras, húmedas, que recuerdan a las mazmorras, son los lugares perfectos para almacenar vino. Algunos de los kilómetros de bodegas en los túneles que horadan las colinas de la región de Tokay se utilizan desde el siglo XIII.**

Humedad

El papel de la humedad es ligeramente más controvertido, aunque es obviamente significativo que la mayoría de los productores intentan mantener un nivel relativamente alto de humedad en sus bodegas (en Europa se especializan en bodegas sumamente húmedas, mohosas y frías). Parece ser que la falta de

(Inferior) **Por supuesto, no es como para ponerlo en las etiquetas, pero los productores de vino siempre están inmensamente orgullosos del moho incrustado en sus botellas: demuestra que sus bodegas tienen la humedad adecuada.**

(Izquierda) **El cristal o el celofán coloreados proporcionan una adecuada protección al vino embotellado contra los posibles daños de la luz.**

humedad provoca oxidación (al permitir que el agua del vino se evapore a través del corcho –a causa de la presión de vapor más baja en el exterior de la botella– y dejar espacio para que se mueva aire en el interior). Dicho esto, hay que señalar que la mayor parte de los principales problemas se han producido con vinos añejos rarificados en las atmósferas excesivamente secas que produce el aire acondicionado en Estados Unidos. De forma ideal, la humedad relativa debería situarse entre el 55 % y el 70 %, pero por encima de este nivel el único problema suele ser la pérdida de las etiquetas, lo cual puede hacer de la elección de un vino para la cena a partir de entonces algo parecido a una tómbola.

(Derecha) **Estas versiones modernas de los «arcones» tradicionales para bodegas son lo más útil para la gente que compra las botellas a docenas o a medias docenas.**

Movimiento

El vino no soporta bien el movimiento constante y la vibración, por lo cual, si su vino está siendo sacudido todo el día por trenes de alta velocidad o por monstruos destructores que aporrean la puerta, le recomendaría que buscase un lugar mejor para guardarlo. Sin embargo, tengo que añadir que, tradicionalmente, muchos comerciantes de vino de Londres tenían sus bodegas bajo los raíles del tren –y algunos todavía las tienen–, aparentemente sin ningún efecto nocivo. El movimiento normal de la casa (incluso el provocado por adolescentes brincando por las escaleras arriba y abajo día y noche) no es previsible que perjudique a su vino, aunque sí lo haga a sus nervios.

Al vino no le gustan los viajes en coche. Mientras no sean demasiado largos y calurosos (cuidado con los viajes desde España o el sur de Francia hacia Europa del nor-

Los vinos y las cepas están descritos con más detalle en la sección final del libro –«Dónde se hacen los mejores vinos»(págs. 94-157)– y en «La importancia de las cepas» (págs. 50-59).

un panal de arcones de cemento y una escalera de caracol en su centro, que penetra en el suelo a una profundidad de entre dos y tres metros (el tamaño es de libre elección). Esta puede ser una buena opción pero, una vez más, es cara. (Yo tengo la bodega de cámara y la de espiral en mi cocina, y he llegado a la conclusión de que jamás volveré a comprar una casa sin una bodega subterránea tradicional.)

te y viceversa), el vino se va a recuperar, pero hay que darle tiempo –unos cuantos días– para que lo haga. Y, desde luego, si tiene sedimento, va a necesitar este reposo.

Manténgalo horizontal

Las botellas deben ser almacenadas sobre sus costados para mantener el vino en contacto con el corcho y evitar de este modo que el corcho se seque y deje penetrar el aire. Es tan simple como esto; y la manera más sencilla de almacenar el vino horizontalmente son las estanterías normales para vino. Muchas empresas las hacen a medida, y puede permitirse el capricho de tener una grieta de formas curiosas. Los sistemas aislados de tipo palomar (hechos de poliestireno o algo más sólido) pueden estar bien, pero ocupan más espacio y son mucho más caros.

Comprar una bodega

Si quiere tirar la casa por la ventana, también puede comprarse una bodega. Las cámaras con control de temperatura y humedad, parecidas a las neveras, se encuentran en varios tamaños, con una capacidad aproximada desde cincuenta a quinientas botellas. Son muy efectivas, pero consumen mucho espacio y son caras. La bodega en espiral es una ingeniosa creación francesa que consiste en una bodega cilíndrica de dos metros de diámetro, de paredes alineadas, con

(Superior) **La estantería simple de madera y metal sigue siendo tan funcional como siempre, y actualmente las puede obtener hechas a medida.**

(Derecha) **Las cámaras diseñadas expresamente con control de la temperatura y de la humedad son una opción eficaz, aunque cara.**

Alquilar espacio en una bodega

Si compra vino con el propósito de guardarlo y no dispone de una bodega, la mejor forma de adquirirla es acudir a un comerciante reputado de vinos que tenga un servicio adecuado para guardarlo para usted (yo también lo hago). Le va a salir caro, pero será dinero bien empleado. Como alternativa, actualmente hay en algunos países europeos unos cuantos sistemas de autoalmacenamiento (basados en una práctica norteamericana) según los cuales puede alquilar una cámara con control de temperatura e ir y venir con su vino a su placer.

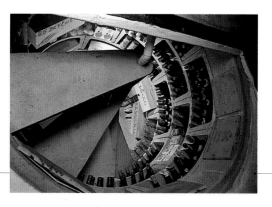

(Izquierda) **La solución más ambiciosa para una casa sin bodega es instalar una bodega subterránea en espiral, un ingenioso invento francés.**

La pregunta más difícil:

cuándo beber

La pregunta más difícil de responder, pero una de las que se hace con más frecuencia cualquier escritor sobre vinos, es: «¿Cuándo va a estar preparado este vino para ser bebido?». Es difícil por la más sencilla de las razones: no hay ni una sola respuesta correcta para ningún vino. Sellado cuidadosamente en su botella, el vino sigue cambiando y, aunque sigue un cierto sendero científico, nadie ha sido capaz de establecer una fórmula que prediga con precisión la proporción y el grado de progreso de ningún vino en concreto a lo largo de ese sendero. Tengo que confesar que esto me satisface inmensamente, ya que este aspecto de la mística del vino es, probablemente, uno de los que aporta mayor emoción y disfrute.

Este misterio que todavía prevalece no sugiere que estemos en la ignorancia más absoluta acerca de lo que sucede en las botellas selladas. Con la experiencia anterior de una región, una cosecha o un *château* determinados, o con el conocimiento de la variedad (o combinación) de la vid, del clima o de las técnicas de elaboración del vino, es posible estimar ampliamente cómo va a evolucionar el vino. Sabemos que los aromas y sabores más inequívocamente afrutados van a ser sustituidos por otros más suaves y más complejos (*véase* «Por qué y cómo catar», pág. 10), y sabemos que con el tiempo el vino empieza a resecarse, es decir, que la fruta se marchita completamente y deja que se pierda la acidez de un modo desagradable. Sabemos incluso que estos cambios son consecuencia de una pequeña cantidad de oxígeno no disuelto en todos los vinos jóvenes que reaccionan con el tanino, las antocianinas (pigmentos), los ácidos y el alcohol en los procesos de polimerización (el que da como resultado último el sedimento) y esterificación (que da los aromas más complejos). De todos modos, estar familiarizado con la jerga científica del envejecimiento del vino no nos va a ayudar directamente a disfrutarlo mejor y, hasta la fecha, no ha aportado ninguna fórmula mágica que nos diga cuándo un vino está en su mejor momento.

Así pues, ¿cómo podemos saber cuándo está listo un vino para ser bebido? Tal vez el primer apunte para facilitar la respuesta es decir que el concepto del mejor momento del vino es engañoso. Implica que el vino madura hacia un único punto y que después empieza inmediatamente a decaer: si se elige el día equivocado se habrá perdido el vino en su mejor momento. Afortunadamente, no se trata de eso. Entre las fases de mejora y la decadencia no hay una cima, sino un altiplano, durante el cual el vino va a seguir cambiando (aunque sea casi imperceptiblemente), pero no va a mejorar ni a deteriorarse. Este es el momento ideal para beber el vino. No obstante, por supuesto, todavía hay que saber cuándo se va a alcanzar el altiplano y cuánto va a durar.

Si asumimos que las condiciones de almacenamiento son favorables (*véase* «Formas de guardar el vino», págs. 40-43), y si tenemos en cuenta que algunos tipos de vino tardan más en envejecer que otros (*véase* a continuación), hay una generalización sencilla, aunque muy amplia, según la cual cuanto mejor sea el vino más va a tardar en alcanzar su altiplano, más tiempo va a permanecer ahí y más lenta va a ser su decadencia. Inversamente, cuanto peor sea el vino, más corta va a ser cada fase en una vida consecuentemente más corta. Dicho de otra forma, los vinos modestos –es decir, los vinos económicamente modestos, no importa lo excelso que suene el nombre del *château* y la ilustración de la etiqueta, y no importa dónde lo haya comprado– raramente mejoran guardándolos mucho tiempo. Pueden mejorar con mucha suerte en un corto plazo, al perder los ángulos y los extremos de la juventud, pero sencillamente no van a tener el grado de concentración y el equilibrio correcto de taninos, ácidos, etc., que les permita desarrollarse y ganar con la edad.

Hoy en día los vinos están hechos pensando en un consumo más rápido –lo que implica que tienen taninos más maduros y con sabor más blando y una acidez aparentemente más baja desde el principio. Incluso los mejores Burdeos y muchos Barolo tienen actualmente estos taninos menos agudos y más aterciopelados, y por lo tanto, alcanzarán su mejor momento –o, mejor dicho, el altiplano de su madurez– más pronto. En la actualidad, la mayoría de los Burdeos de, incluso, las mejores cosechas estarán probablemente en el inicio del altiplano a los diez años, mientras que en las mejores cosechas de los años setenta, sesenta y anteriores, necesitaban un mínimo de quince años. Es discutible que duren tanto. Los productores aseguran que sí (porque el crecimiento es más corto, pero el altiplano es más largo), pero tenemos que esperar como mínimo otros diez años antes de que podamos juzgar los resultados por sí mismos –y, entonces, como gran tentación, tendremos igualmente una idea más clara de qué regiones emergentes del Nuevo Mundo pueden producir vinos con un gran potencial de envejecimiento.

Hasta ahora, a pesar de la amplia expansión del mundo vinícola en los últimos veinte años, la lista de los vinos adecuados para envejecer no ha cambiado radicalmente. Todavía predominan los mismos estilos clásicos europeos de siempre –el Burdeos y el Sauternes, los Ródano del norte, el Borgoña blanco y el tinto, el Barolo, los mejores tintos toscanos, el Oporto, los Riesling alemanes finos, un grupo de tintos españoles y el Tokay húngaro. Entre los vinos del Nuevo Mundo a tener en consideración se encuentran los mejores Shiraz australianos (por ejemplo, el del valle de Barossa, a veces con Cabernet Sauvignon en la mezcla), el Sémillon del valle del Hunter, el Riesling del valle de Clare y los Cabernet californianos de los lugares más frescos como Howell Mountain y Stag's Leap, así como los Zinfandel elaborados con rigor.

Las clasificaciones de cosechas: guías, no biblias

Cualquiera que sea el vino de su elección, hay una norma básica si lo va a dejar envejecer: debe elegir una buena cosecha (a menos que conozca un vino de una propiedad en concreto que tuvo un éxito insospechado). Los años «excluidos» pueden ser más baratos –de hecho, tienen que serlo–, pero son «excluidos» porque les falta una, o ambas, de las condiciones esenciales para un desarrollo afortunado: concentración y equilibrio. Por supuesto, siempre habrá excepciones (vinos sorprendentemente impresionantes de años de mala reputación, así como vinos decepcionantes de años clasificados como magníficos en todas partes) pero, a menos que esté seguro, no vale la pena correr el riesgo.

Use las clasificaciones de cosechas de los capítulos sobre las regiones que hay en este y en otros libros, en revistas de enología y en las clasificaciones de comerciantes de vinos para hacerse una idea de las diferentes cosechas (recordando siempre que las clasificaciones se basan en los mejores vinos de su clase, no en los nombres modestos). Parte de la gracia del vino consiste en que las opiniones varían entre los «expertos», dado que los gustos también varían. Distintos países, especialmente Gran Bretaña, Francia y Estados Unidos, tienen la costumbre de formar opiniones decididamente distintas sobre las cosechas, especialmente cuando se trata de saber cuál es el mejor de dos o tres años buenos o magníficos –el Burdeos y el Sauternes de 1988, 1989 o 1990 y el Borgoña tinto de 1989 o 1990, por ejemplo. Incluso dentro de los países hay tendencias. Los consumidores de Burdeos tinto en Gran Bretaña tienden a dividirse entre aquellos a quienes les gusta la fuerza y la fruta de las cosechas más voluptuosas y más maduras y los que prefieren los años más escasos y austeros aduciendo que son más elegantes y que con el tiempo van a demostrar que están mejor equilibrados. Ambos escriben sus clasificaciones de cosechas de modo inverso. Puede haber un consenso al final, pero mientras los vinos estén todavía en maduración, las líneas de batalla estarán escritas básicamente según las diferentes opiniones.

Los expertos también cambian sus opiniones y sus clasificaciones cuando los vinos evolucionan de modo

Los vinos y las cepas están descritos con más detalle en la sección final del libro –«Dónde se hacen los mejores vinos»(págs. 94-157) y en «La importancia de las cepas» (págs. 50-59).

diferente a como han predicho: durante los últimos años se han llevado a cabo varias revisiones importantes a la baja para los Borgoña tintos de 1983, y varias al alza para los de 1987. Los puntos de vista sobre los Borgoña blancos de 1985 y de 1986 siguen oscilando.

Los gustos personales también influyen al decidir cuándo un vino está en su mejor momento. Los británicos generalmente beben ciertas cosechas cuando los bebedores de vino franceses y norteamericanos hace tiempo que han progresado hacia otras más recientes, pero personalmente no soy una fanática de vinos que parecen estar al borde de la decadencia, justo cuando empiezan a marchitarse y a fatigarse, aunque es evidente que habrán adquirido complejidad. Me han llamado infanticida del vino, pero prefiero beber un vino cuando es ligeramente demasiado joven a cuando es demasiado viejo –cuando todavía tiene mucha fruta, pero probablemente necesita todavía el tanino o el ácido para suavizarse más. No hay opiniones correctas o equivocadas al respecto. Se trata de una cuestión de gusto (y la gracia de esta afición es ser consecuente con la propia opinión).

No hay que desesperar; la verdad acerca de qué dejar envejecer

Quizá parezca banal reducirlo todo al precio pero, en caso de duda, puede ser un indicador útil. Los vinos más baratos, como ya hemos visto, no están hechos para mejorar: conviene beber los blancos, por lo general, en el plazo de un año a partir de la cosecha, y los tintos en dos años (no hay que olvidar que la vendimia en el hemisferio sur tiene lugar al principio del año, lo cual hace que los vinos sean aproximadamente seis meses más viejos que los vinos europeos y californianos de la misma cosecha). De igual modo, los vinos que son un poco más caros raramente se han hecho para envejecer, aunque, dado que no han sido guardados en madera durante mucho tiempo antes de ser embotellados (cuidado con los tintos búlgaros, por ejemplo), tenderán a durar más, a mantener su atractivo juvenil y, probablemente, a ablandarse y a redondearse ligeramente, pero se desarrollarán poco en el sentido de la complejidad. Entre los blancos de

este nivel, los Chardonnay y los Riesling alemanes son una mejor apuesta para mantener que el Sauvignon Blanc; los tintos con medio y mucho cuerpo de las variedades bastante tánicas de Cabernet Sauvignon y Sirah pueden mejorar ligeramente en un período de tres a cinco años. (Nótese que los Burdeos más baratos están hechos en gran parte de Merlot, el cual, salvo raras excepciones, no tiene el nervio ni la longevidad potencial del Cabernet.)

Una vez que se haya introducido en las categorías de precios más altos, podrá encontrar vinos que valga la pena conservar durante muchos años –cinco, diez o incluso más– y de regiones como los alsacianos de cosecha tardía, los mejores Grave blancos, Ródano, Burdeos y, con extremo cuidado, el Borgoña. No olvide la norma de la buena cosecha y escoja únicamente productores o propiedades con una buena trayectoria demostrada.

No hay que desesperar; los restaurantes

Una carta de vinos de un buen restaurante es variada, tiene opción a medias botellas y a vasos de vino, un amplio abanico de precios, especifica indefectiblemente tanto la cosecha como el productor, contiene breves notas de cata para explicar el estilo y la cosecha –especialmente en el caso de los vinos menos familiares– o un personal informado y atento accesible en todo momento, y está organizada localmente, ya sea por regiones, por estilos o por variedad de vid. ¿La conoce? Por desgracia, hay una gran mayoría que no llega a esos mínimos, pero no hay que desesperar; esta es mi clasificación para enfrentarse tanto con cartas inadecuadas como con camareros incompetentes:

● *Los vinos de Australia y Nueva Zelanda son extremadamente dignos de confianza; el Chardonnay, el Riesling y los vinos espumosos de ambos países, los tintos y el Sémillon de Australia y el Sauvignon Blanc de Nueva Zelanda. Con los vinos blancos, busque la cosecha más joven disponible.*
● *Comparados con los australianos, los vinos californianos suelen estar sobrevalorados, pero hay algunos Pinot Noir muy buenos, Chardonnay excelentes y Zinfandel deliciosos.*
● *Los blancos secos alsacianos suelen estar mejor valorados y son más adaptables que los del Loira. El Pinot Blanc combina bien con*

(Izquierda) **La mayoría de los vinos blancos evolucionan más rápidamente y duran menos que los tintos, pero los mejores vinos dulces (como el Château d'Yquem) y los champaña de cosecha (como el Roederer Cristal) tienen una larga vida. Los blancos del Nuevo Mundo suelen tener una vida mucho más corta, pero el Chardonnay de Petaluma, en el sur de Australia, es una excepción. Está hecho expresamente para un largo recorrido.**

1982-1997: La duración de cuatro de los mejores vinos blancos

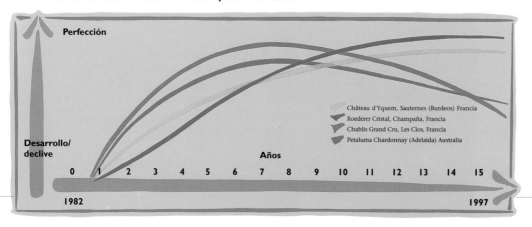

Perfección

Desarrollo/
declive

Años

0 1 2 3 4 5 6 7 8 9 10 11 12 13 14 15

1982   1997

Château d'Yquem, Sauternes (Burdeos) Francia
Roederer Cristal, Champaña, Francia
Chablis Grand Cru, Les Clos, Francia
Petaluma Chardonnay (Adelaida) Australia

entrantes sin carne, con pescado y con marisco. El Tokay-Pinot Gris con mucho cuerpo puede combinarse con una comida más rica y especiada, así como con pescado.

● El Rully, el Mercurey, el Montagny y el Givry son los extremos más fidedignos y asequibles del Borgoña tinto y blanco; son mejores y no mucho más caros que la mayoría de los Mâcon.

● Con exclusión de las de 1984 y 1987, el Burdeos tiene una excelente serie de cosechas desde 1982 hasta 1990. Si se lo puede permitir, elija las cosechas más antiguas; si desea un vino más simple –pero flexible–, escoja un sencillo Burdeos o un Haut-Médoc de 1989 o de 1990. Muchos vinos de 1987 están ahora mismo deliciosamente maduros, y con precios razonables. No obstante, sea más cauto con las cosechas de 1991 y 1992.

● Evite los ejemplares baratos de los vinos italianos más comunes (Frascati, Soave, Valpolicella, etc.), pero arriésguese con italianos desconocidos, especialmente si no son caros, y asegúrese de que los blancos sean jóvenes. Pueden ser algunos de los más originales y provechosos con la comida.

● Los Ródano septentrionales tintos no son baratos, pero valen la pena. Lugares concretos de las Côtes du Rhône como Valréas, Vacqueyras, Séguret y Cairanne suelen ser una buena apuesta. Busque también Lirac y Gigondas.

● El Rioja tinto es una elección segura en una carta clásica. Un Navarra puede ser una mejor apuesta.

El alcohol, el vino y la salud

El contenido de alcohol en el vino se mide como un porcentaje de su volumen, y figura en todas las etiquetas. Los vinos de mesa o ligeros (en oposición a los vinos pesados o robustos como el Oporto y el Jerez) varían desde el 5,5 % (los Moscati italianos espumosos) hasta el 15,5 % (Recioto della Valpolicella), con un promedio muy amplio para vinos de calidad del 11 %. Es un índice alto en relación a su constitución –así como a la del vino–, por lo que hay que ir con cuidado con lo que se bebe. (Vale la pena recordar que los gobiernos de varios países europeos han sugerido un consumo máximo de 14 unidades semanales para mujeres y 21 para hombres, y una unidad es un vaso pequeño de vino con un 11 % de alcohol.)

En general, los climas más cálidos producen un índice de alcohol más alto, pero el cuadro se complica con las regiones más frías que habitualmente tienen

permitido aumentar el alcohol añadiendo azúcar durante la fermentación (chaptalizar). De igual modo, en los climas más cálidos, si se recogen las uvas menos maduras, contienen menos azúcar que se pueda convertir en alcohol, y con ello se obtienen vinos más ligeros y menos alcohólicos. Por añadidura, las cosechas más amplias reducen la concentración de azúcar.

No hay, por lo tanto, ningún sustituto a la lectura de las etiquetas, pero quisiera añadir algunos comentarios:

● El champaña y el Borgoña, a pesar de sus orígenes en climas fríos, suelen tener un 13 % de alcohol (porque están chaptalizados), al igual que, para sorpresa de la mayoría de bebedores, el Beaujolais, por la misma razón. El Burdeos –habitualmente chaptalizado– tiene, la mayor parte de las veces, entre un 12 y un 12,5 %. El Sauternes, en un buen año, suele tener un 14 % (y también, por supuesto, resulta muy dulzón).

● Muchos vinos australianos tienen un 11 % de alcohol (gracias a las cosechas altas y a una recogida temprana), aunque los más caros suelen tener un 13 %. A pesar de venir de un clima más frío, los Chardonnay neozelandeses alcanzan con frecuencia entre el 13,5 % y el 14 % (las cepas se recogen tarde para darles tiempo a perder una fuerte acidez natural). Los buenos vinos de California suelen tener entre el 13 % y el 13,5 %.

● El Jerez oscila entre el 16 % y el 18 % –la cifra más baja para el Fino y el Manzanilla, y la más alta para los estilos más fuertes y oscuros, como el Oloroso. La mayor parte del Oporto tiene cerca del 20 %.

● Si quiere mantener su control sobre el alcohol, la mayoría de los vinos tradicionales alemanes están en el extremo más bajo del espectro (8 % o 9 %, y a veces menos), pero tenga en cuenta que los nuevos estilos más secos (el Trocken y el Halbtrocken) suelen tener entre el 10 % y el 12 %.

Hablar del vino y la salud es como indicar un camino a través de un campo de minas, por lo que sólo diré que hay una clara evidencia de que el consumo moderado de vino, especialmente tinto, reduce el riesgo de enfermedades coronarias, y de que los consumidores moderados viven más que los abstemios totales. Pero, de todos modos, ¿acaso necesitamos estos razonamientos para consumir algo tan delicioso y excitante como el vino?

1982-1997: La duración de cuatro de los mejores vinos tintos

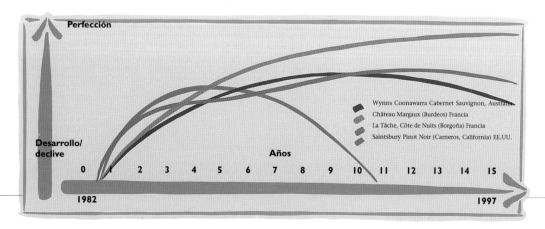

Perfección

Wynns Coonawarra Cabernet Sauvignon, Australia
Château Margaux (Burdeos) Francia
La Tâche, Côte de Nuits (Borgoña) Francia
Saintsbury Pinot Noir (Carneros, California) EE.UU.

Desarrollo/declive

Años

0 1 2 3 4 5 6 7 8 9 10 11 12 13 14 15

1982   1997

(Izquierda) **Generalmente, cuanto mejor es el vino, más tarda en alcanzar su momento álgido (o su altiplano de perfección) y más gradual es su declive. En general, los vinos del Viejo Mundo duran más que los vinos del Nuevo Mundo, y los vinos basados en Cabernet Sauvignon viven más que los de Pinot Noir. Así lo demuestra este gráfico en el que se comprueba la evolución prevista para cuatro de los mejores vinos de la cosecha de 1982.**

La elaboración de

vino de primera clase

2

El vino no es más que el jugo fermentado de la uva, pero hay millares de variedades diferentes de uva, cada una con sus propias características. Sólo un puñado de ellas son las responsables de los principales estilos clásicos de vino, pero al ser transportadas a otras tierras y otros climas, o cuando son sometidas a diferentes tradiciones y técnicas de elaboración de vino, pueden dar como resultado vinos muy diferentes –o, a veces, pueden producir copias textuales.

La importancia de las

cepas

 *Aunque el vino raramente huele y sabe a uva, la variedad de la uva, o de las uvas, en cualquier vino es la influencia principal en su estilo y carácter. El suelo, el clima y la intervención del hombre tienen su papel, pero las uvas son el ingrediente principal y la materia prima del sabor. Existe la desalentadora cifra de unas cuatro mil variedades* de la especie* Vitis vinifera *(se trata de la especie responsable casi en exclusiva de las uvas de vino), pero muchas son similares entre sí y muchas otras son insignificantes, ya sea porque el vino que producen es pobre o muy flojo, o porque son tan temperamentales que pocos viticultores las prefieren. He seleccionado solamente unas treinta, divididas entre clásicas, otras variedades importantes (una selección más personal de cepas significativas y/o con sabor distinguido) y otras que suelen aparecer en las etiquetas de vinos, así como variedades que son significativas pero que mantienen un perfil más bien bajo.*

* Nota del revisor: En realidad, el número de variedades ronda las diez mil de forma natural, sin tener en cuenta las nuevas obtenciones.

Las clásicas

Cepas blancas clásicas

Chardonnay

La Chardonnay puede ser la variedad de vid más elegante del mundo, pero no es de ninguna manera la más plantada (este honor corresponde a una variedad extraordinariamente insípida llamada Airén, extendida en España, el país con mayor superficie de viñedos pero, curiosamente, no el mayor productor de vino). Aun teniendo en cuenta que, según se ha estimado, las plantaciones de Chardonnay se han doblado entre 1988 y 1992 y continúan incrementándose a este ritmo, la variedad todavía supone menos del 1 % del total de *Vitis vinifera*. Claramente, por lo tanto, la Chardonnay no se está convirtiendo en un monstruo expansionista, aunque esto no afecta a su presencia ni a su popularidad crecientes. A los viticultores les gusta porque es fácil de cultivar, vigorosa,

resistente y generosamente productiva en la mayoría de los suelos y los climas (por esto es que la vemos aparecer en algunos lugares inverosímiles). A los vinicultores les gusta por lo maleable que es: se puede presentar en un amplio abanico de estilos, y en Borgoña y la Champaña se ha demostrado que es capaz de producir algunos de los mejores vinos y la mayoría de los blancos más longevos. A los bebedores les gusta porque, con escasas excepciones, proporciona satisfacción inmediata. Llena, flexible, mantecosa y afrutada, con o sin los sabores seductores de vainilla y roble de los barriles de roble, no tiene extremos duros ni una acidez agresiva. Tanto si es usted viticultor como vinicultor o consumidor, raramente tendrá quejas de Chardonnay.

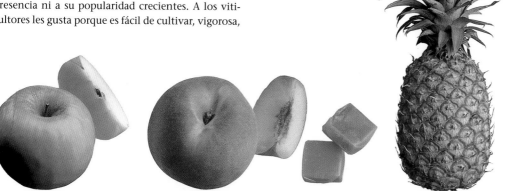

Sabores: *manzana, pera, cítricos, melón, piña, melocotón, mantequilla, cera, miel, caramelo, dulce de mantequilla, vainilla, especias, lana húmeda (Borgoña), minerales y pedernal (Chablis).*

(Izquierda) **El Chardonnay gusta a todos: a los viticultores porque es fácil de cultivar y da unas cosechas generosas; a los vinicultores porque puede ser adaptado a voluntad en la bodega, y a los consumidores a causa de su atractivo inmediato y su estilo sin extremos duros.**

Sauvignon Blanc

Con frecuencia esta cepa es lanzada al estrellato cuando los consumidores se cansan de la Chardonnay, pero a mí no me acaba de convencer. La Sauvignon simplemente no tiene las virtudes, tanto en el viñedo como en la bodega o en la copa, que hacen a la Chardonnay satisfactoria para las masas. Cuando las condiciones son buenas produce un vino con una personalidad fuerte, pero básicamente unidimensional, estimulante, seco y notablemente alto en ácido, con sabores a hierba y uva espina. Sus mejores manifestaciones provienen de los viñedos del alto Loira, en Francia, de Nueva Zelanda y, de forma más dispersa, de los de Burdeos y California.

Sabores: hierba recién cortada, uva espina, hojas de grosella en flor, orina de gato (no es un defecto), espárragos de lata o judías tiernas (generalmente indeseable) y, en ocasiones, piedra o pedernal (alto Loira).

Riesling

La auténtica Riesling de origen alemán (también conocida como Riesling de Johannisberg, blanca, del Rin o renana) es una de las mejores cepas del mundo. Tiene en común con la Sauvignon Blanc una fuerte personalidad –que es todavía mejor al no tener ninguna influencia del roble– y una alta acidez, pero es mucho más adaptable que la Sauvignon. Crece en los climas fríos de Europa (Alemania y Alsacia), así como en los climas mucho más cálidos de Australia, y es susceptible de padecer una podredumbre noble (el hongo que ataca a ciertas uvas maduras y las deshidrata, de forma que surgen vinos de una exquisitez y una dulzura inmensas). El resultado es un abanico de estilos que abraza desde el seco hasta el intensamente dulce y que no requiere un gran contenido de alcohol, ya que dispone tan sólo del 6,5 % en Alemania (aunque los niveles pueden alcanzar el 13 % en Alsacia y en Australia). Además, como el buen Chardonnay, el Riesling tiene el potencial de envejecer durante muchos años. Donde quiera que haya madurado, tanto si es joven como viejo, y tanto si es dulce como seco, el Riesling tiene un carácter afrutado y una acidez vívidamente equilibrada.

(Izquierda) **La Riesling prospera en climas fríos como el de Alemania y cálidos como el de Australia, y produce un espectro de vinos desde ligero y muy dulce a extremadamente seco y muy alcohólico.**

Sabores: manzanas verdes crujientes, manzanas asadas con especias, membrillo, naranja, tila (Australia), fruta de la pasión (Australia), miel (vinos dulces), notas minerales (especialmente el Mosela), gasolina y tostada.

Sémillon

La Sémillon es el pilar principal del Burdeos blanco, tanto del seco (especialmente el Graves) como del dulce (Sauternes), y alcanza también la cumbre como un insospechado blanco seco en el valle del Hunter, en Australia. En el Burdeos es apreciada por su calidad redonda y su carácter de lanolina, y en menor grado y sólo en los vinos jóvenes secos, por los sabores herbáceos (parecidos a los de la Sauvignon Blanc, mucho más aguda, con la cual está emparejada). En el valle del Hunter es renombrada por dar como resultado un blanco seco de larga vida que adquiere cada vez más sabor a miel y a tostada con la edad, como si hubiera sido envejecido en roble. También está ampliamente cultivada en Chile y un poco en Sudáfrica.

Sabores: *hierba, cítricos, lanolina, miel y tostada.*

Chenin Blanc

Se trata de una cepa de una acidez muy alta y, potencialmente, de una gran longevidad, pero también de una cepa de un vino más desagradable que el promedio cuando no hay suficiente sol para madurarla satisfactoriamente; el Chenin poco madurado tiene sabor a queso y –lo siento– a vómito. No obstante, en el tipo de condiciones favorables que no se dan cada año en el Loira medio (Coteaux du Layon, Vouvray, etc.), hay vinos gloriosos melosamente dulces con una acidez fuerte pero armoniosa. En otros años son más ligeros, menos concentrados y con más posibilidades de ser entre medio secos y secos, y su alto nivel de ácido es casi siempre útil para los vinos secos espumosos de Saumur, Vouvray y Montlouis. En otros lugares, la Chenin Blanc produce vinos simples, blandos, resueltos y afrutados (Sudáfrica), y vinos secos cada vez más interesantes (Nueva Zelanda).

(Izquierda) **La Chenin Blanc requiere mucho sol para realzar sus sabores intensos afrutados y suavizar su acidez áspera. Sus mejores manifestaciones son los vinos dulces con botritis y de larga vida del Loira medio en cosechas excepcionales.**

Sabores: *manzanas, albaricoques, nueces, miel y mazapán.*

Cepas tintas clásicas

Cabernet Sauvignon

En términos de categoría y popularidad, el Cabernet Sauvignon puede ser considerado como el equivalente en vino tinto al Chardonnay. Se trata de una uva de un color intenso y una piel gruesa que produce un vino oscuro y sabroso, particularmente notorio por su carácter de grosella y cedro, de paquete de cigarros o de mina de lápiz. Los vinos de Cabernet Sauvignon tienen el potencial (en gran parte a causa de los taninos que provienen de las pieles) de envejecer durante mucho tiempo, y ganan en categoría si envejecen en roble. Desde el punto de vista del viticultor, la variedad está casi tan acomodada a su ambiente como la Chardonnay, aunque, si el clima es demasiado cálido, los vinos tendrán sabores confitados y cocidos, perderán estructura y concentración y, si se les niega el sol suficiente, serán tenues y con sabor a caña y a hierba. El único país significativo entre los productores de vino que no cultiva la Cabernet Sauvignon es

Alemania (dado que es demasiado frío), pero la patria chica del Cabernet es, por supuesto, Burdeos, donde siempre es parte de una mezcla.

(Superior) **Tanto si produce algunos de los vinos más excelentes del mundo como si se trata simplemente de *vins de pays* afrutados y violáceos, la vid del conocido Cabernet Sauvignon se encuentra entre los tintos más fácilmente reconocibles.**

Sabores: *grosella, cedro, paquete de cigarros, mina de lápiz, pimiento, menta, chocolate negro, tabaco y aceitunas.*

Merlot

La Merlot es parecida a la Cabernet Sauvignon, pero es menos tánica y con menos sabor a grosella; da vinos más blandos, más rollizos, más jugosos y que maduran más pronto, que de algún modo parecen más dulces. Los vinos dominados por la Merlot más codiciados son los Burdeos de las regiones de Pomerol y St-Emilion.

Como única variedad (no mezclada con ninguna otra) está ganando amigos en California (tal vez porque los Cabernet californianos tienden a ser demasiado tánicos) y Chile. Produce vinos ligeros y herbáceos en el norte de Italia, y más llenos y tintos, al estilo del Burdeos, en Bulgaria. Está empezando a dar resultados interesantes (en ocasiones mezclada) en el clima fresco de Nueva Zelanda y en el cálido de Sudáfrica.

Sabores: *suelen ser parecidos a los del Cabernet Sauvignon, pero a veces contiene más ciruelas y rosas que grosella, más especias y pastel de frutas y menos menta y mina de lápiz.*

Pinot Noir

El vino tinto compatriota del Chardonnay en Borgoña es tan raro de encontrar fuera de su lugar de origen como frecuente lo es el Chardonnay. La Pinot Noir es muy remilgada con su propio clima, y además es una productora mucho menos generosa que la Chardonnay. En Borgoña, el factor crítico (o uno de ellos) es siempre alcanzar suficiente madurez. Es una variedad con un tanino y una acidez relativamente bajos, un color medio más que profundo y una vida de duración media más que larga: una falta de color produce vinos pálidos, anémicos y tenues, sin el carácter de las frutas rojas embriagadoras, las texturas sedosas y la complejidad caprichosa del excelente tinto borgoñés. En California, Australia y otros nuevos países vinícolas, los productores padecen el problema opuesto: uvas sobremaduradas que dan sabores cocidos, bastos y confitados. Sin embargo, las cosas están cambiando, y se están produciendo algunos Pinot Noir extremadamente buenos en lugares más fríos, concretamente en California; además, la calidad está recibiendo en todas partes la ayuda del uso de mejores clones y una mayor variedad de ellos (la variedad da complejidad).

(Izquierda) En contraste con la Cabernet Sauvignon, fácil de conformar, la Pinot Noir es muy sensible al clima y a la forma en que se trata en la bodega.

Sabores: frambuesas, fresas, cerezas, arándanos, violetas, rosas, caza, abono y estiércol.

Syrah

Los vinos clásicos de Syrah del valle del Ródano en Francia, compendiados por el Hermitage, y de Australia, donde la Syrah se planta y se conoce extensamente como Shiraz, son vinos muy oscuros, con mucho cuerpo, potentes y alcohólicos, con un gran potencial de envejecimiento. La Syrah crece en climas más cálidos que la Pinot Noir, y es en general mucho más adaptable. En climas más fríos produce vinos algo más ligeros y con más pimienta, con fruta de baya madura menos intensa, menos tanino y más riqueza carnosa. Desde el punto de vista del consumidor, una de las cosas interesantes sobre los vinos de Syrah es que, a pesar de los fuertes taninos y de la indudable resistencia, suelen alcanzar (a excepción del Hermitage, pero especialmente el Shiraz) una fase de madurez que permite que sean bebidos bastante pronto. La adaptable Shiraz también se utiliza en Australia para vinos espumosos –blanco, rosado y tinto– y para estilos de Oporto impresionantes, dulces y robustos. Están empezando a existir pequeñas plantaciones en California para hacer vinos al estilo del Ródano, y hay alguno –denominado como Shiraz–, con un carácter a caucho quemado, en Sudáfrica.

Sabores: frambuesas, zarzamoras, grosellas, pimienta, especias variadas, cuero, caza y alquitrán.

Otras variedades importantes

Cepas blancas importantes

Gewürztraminer

La Gewürztraminer –que se encuentra mejor en Alsacia, así como en la región alemana de Palatinado–, fuertemente aromática, tiene el olor más característico

(Derecha) **Las uvas rosadas características de la Gewürztraminer son las que tienen un olor más peculiar en todo el mundo del vino.**

de todas las uvas de vino. Éste tiene un perfume exótico y especiado, y tiende a tener mucho cuerpo, a veces con una textura ligeramente aceitosa, bastante alcohólico y con una acidez baja.
Sabores: especias (a menudo jengibre y canela) y crema Nivea.

Moscatel

Si un vino huele a uvas, es casi seguro que proviene de la familia de los moscateles. Puede ser seco, como en Alsacia; ligero, dulce y espumoso, como el Asti, el Moscato d'Asti y el Clairette de Die; muy dulce como el Moscatel español de Valencia, o muy dulce y robusto, como los licores de Moscatel australianos (también llamados «astillados»), fuertes, extremadamente dulces, ámbar-marrones, y los *vins doux naturels* del Ródano y del sur de Francia (a cuya cabeza se encuentran el Moscatel de Beaumes-de-Venise, el de Rivesaltes, el de Frontignan y el de Lunel).
Sabores: uvas, naranjas, rosas (Alsacia), bergamota (Alsacia), pasas (vinos robustos), azúcar cande y azúcar Demerara.

Viognier

Se trata de una uva importante por su rareza. La Viognier es la responsable del Condrieu, el vino blanco perfumado mareante, opulento aunque seco y con mucho cuerpo, de un minúsculo terreno del norte del Ródano, y que ha crecido en muy pocos otros sitios. El problema es su poca fiabilidad. Si el tiempo no acompaña, no habrá cosecha de ningún tipo, e incluso los resultados de un año supuestamente bueno son escasos (de ahí los precios prohibitivos del Condrieu), pero llegan buenas noticias: varios viticultores de más al sur, en el mismo valle del Ródano y en Languedoc, han plantado Viognier, inicialmente con buenos resultados. También está arraigando en California; hay ejemplos impresionantes, pero a los mismos precios elevados que el Condrieu.
Sabores: tilo o flor de tila, albaricoques, melocotones y almizcle.

Por qué es importante la edad de la cepa

Quizás usted haya visto las palabras vieilles vignes *(viñas viejas) en la etiqueta de algún vino. Esto se debe a que la edad de las cepas, junto con otros factores como la cantidad de racimos de uvas producidos (cosechados), tiene una influencia crucial en la calidad y en el carácter de un vino. Las cepas suelen empezar a dar fruto en cantidades comerciales y están bajo una denominación de origen a partir del tercer año, pero la calidad e intensidad de la uva mejora a medida que envejecen. La excepción a esta regla es que algunas viñas jóvenes producen una calidad excepcional. No obstante, el Oporto más codiciado del mundo, el Quinta do Noval Nacional de 1931, y el fabuloso Château Pétrus de 1961 fueron hechos básicamente de viñas de entre cinco y seis años, y el Chardonnay, especialmente en Nueva Zelanda, suele hacer un buen papel al principio, pero luego se torna más bien soso durante unos cuatro años. La clave para esta calidad en viñas jóvenes parece estar en cosechas restringidas. De hecho, la cosecha de todas las viñas empieza a declinar con el tiempo (depende en gran parte de la calidad, pero suele estar entre los quince y los veinte años), aunque la calidad puede seguir mejorando –por eso el viticultor pone tanta atención en las etiquetas a sus viñas viejas.*

Entonces, ¿qué motivos tiene un viticultor para hacer saber que las suyas son jeunes vignes *(viñas jóvenes)? De hecho, los viticultores que lo hacen en ocasiones están intentando decirnos algo diferente. Intentan hacernos saber que, si las cepas fueran viejas (probablemente tienen menos de tres años), serían tituladas con una denominación superior.*

Cepas tintas importantes

Cabernet Franc

El Cabernet Sauvignon de Burdeos está mezclado casi siempre con este primo hermano suyo, más suave y menos aristocrático. La Cabernet Franc es parecida, pero produce vinos más ligeros y menos tánicos, con un carácter vegetal «herbáceo» más pronunciado. En el Loira, donde se encuentra sin mezcla en el Chinon y en el Bourgueil, y mezclada con Cabernet Sauvignon en los vinos de Touraine, más baratos, suele tener sabores a fresa y chocolate y un olor a pieles de patata. Está ampliamente implantada en el norte de Italia, donde produce vinos ligeros y herbáceos con sabores afrutados de casis dulce.

Sabores: pimiento verde, grosella (la baya o la hoja), pieles de patata, fresa y chocolate.

(Izquierda) **La uva del Cabernet Franc raramente tiene la intensidad de color, sabor o tanino de su famoso primo, en parte a causa de que sus pieles no son tan gruesas.**

Gamay

Gamay es la uva usada en exclusiva para el Beaujolais y para los tintos de Borgoña menores de la región de Mâconnais. También se encuentra en menor cantidad alrededor de Touraine, en el Loira, y unos cuantos productores de California se han aficionado a ella. Su encanto reside en su estilo ligero, fresco, afrutado y sencillo para beber inmediatamente, aunque hay algunos Beaujolais más serios, denominados según sus localizaciones individuales: Fleurie, Morgon, Moulin-à-Vent, etc., que son más completos y más sabrosos.

Sabores: fresa, cereza y, en el Beaujolais Nouveau, peras y goma de mascar.

Nebbiolo (o Spanna, Inferno o Grumello)

La uva del Nebbiolo, pequeña y de piel gruesa, produce algunos de los vinos tintos más oscuros, secos, grandes y resistentes (es tánico y ácido). Su plaza fuerte es el Piamonte y las regiones vecinas, en el norte de Italia; sus dos vinos más famosos son el Barolo y el Barbaresco.

Sabores: alquitrán, regaliz, violetas, rosas, ciruelas, pastel de frutas y chocolate amargo.

Garnacha

Ampliamente cultivada en el sur de Francia y en España, la Garnacha también está extendida en Australia, donde se usa sobre todo para producir los llamados estilos Oporto baratos y vinos de baja categoría, y se cultiva en pequeña proporción para producir vinos al estilo de los Ródano en California. La Garnacha también es el principal elemento de la mayoría de los Châteauneuf-du-Pape y Côtes du Rhône, y también es la responsable del dulce y poco frecuente Banyuls. En España participa en el Tempranillo de Rioja, y se utiliza mucho en los rosados. En general, da vinos bastante alcohólicos con sabores cálidos, apimentados y afrutados, pero que no tienen resistencia, a menos que las cosechas hayan sido debidamente controladas.

Sabores: pimienta, frambuesa, hierbas y, en el Châteauneuf-du-Pape, aceite de linaza.

(Derecha) **La variedad de uva de Garnacha, alcohólica y con sabor a pimienta, crece en climas cálidos y en suelos de apariencia poco hospitalaria.**

Sangiovese

La Sangiovese domina Italia central, pero sólo aspira a la grandeza en Toscana: especialmente en el Chianti, el Brunello di Montalcino y el Vino Nobile di Montepulciano. En su mejor estado en esos vinos, se trata de una variedad de medio cuerpo, firme, seca y ligeramente especiada, que envejece bien. En sus ejemplares más ordinarios es ligera y astringente. Está empezando a ser plantada en California con algún éxito inicial, y podría llegar a ser fácilmente objeto de culto entre los consumidores atentos a las modas.
Sabores: *cereza amarga, especias, tabaco y hierbas.*

(Derecha) **Los clones han sido un problema para el Sangiovese de Italia central. La mayoría de los mejores tienen uvas pequeñas (como en la imagen) con una elevada proporción de piel en detrimento del jugo.**

Tempranillo

La Tempranillo se cultiva en toda España (bajo demasiados pseudónimos como para enumerarlos aquí), pero es mejor conocida como el pilar principal del Rioja y del Ribera del Duero. Sin sabor a roble tiene un carácter bastante afrutado y especiado, pero es mucho más familiar como un tinto de crianza, con carácter de roble y vainilla (el sabor a vainilla es el distintivo que otorga el roble americano). De hecho, es difícil concretar los sabores del Tempranillo, lo cual, sin duda, explica que un distinguido catador haya confundido varias veces el Rioja de crianza con el Burdeos y con el Borgoña.
Sabores: *fresas, especias y caramelo de mantequilla.*

Zinfandel

Con sus orígenes sumergidos todavía en el misterio, la Zinfandel es la variedad realmente propia de California. Aunque se usa mucho para producir vinos rosados, también es la responsable de algunos tintos maravillosos, ricos y especiados. Se trata de vinos con mucho cuerpo, hechos con uvas maduras, y con taninos flexibles. La mayoría están listos para ser bebidos en dos o tres años, pero son resistentes y los mejores pueden durar diez años.
Sabores: *zarzamoras, especias y pimienta negra recién recogida.*

Otras variedades frecuentes

Aligoté

Un blanco seco de Borgoña, agradable pero bastante ordinario, gustoso y con textura.

Barbera

Cultivada por toda Italia, se produce en una extensa gama de estilos, pero donde es realmente importante es en Piamonte, donde origina vinos tintos de un estilo más ligero, que maduran antes que el Barolo y que tienen un sabor a cerezas amargas y una astringencia acentuada.

Colombard

Las uvas de Colombard producen vinos blancos económicos, ligeros, suaves y afrutados en el sudoeste de Francia, especialmente Vin de Pays des Côtes de Gascogne, y es el vino de base para los licores locales, el armañac y el coñac. También es popular en California, en Sudáfrica y en Australia.

Los híbridos y el Seyval Blanc (otras formas de vid proscritas)

Híbrido es una palabra mal vista en la mayoría de los círculos vinícolas. Los híbridos son cruces de Vitis vinifera con otras especies de peor calidad, como la Vitis labrusca, que da vinos con un sabor raro. Han sido cruzados invariablemente en un esfuerzo para producir una vid que pueda soportar un clima particularmente difícil, como la costa atlántica de Estados Unidos y Canadá. Aunque no son aceptados para la producción del denominado «vino de calidad» en la Unión Europea, en ocasiones pueden producir resultados muy respetables. El Seyval Blanc es el más notable; sin embargo, basta decir que el Seyval Blanc no es sólo adaptable al tiempo y resistente a las enfermedades en Gran Bretaña, sino que también produce algunos de los mejores vinos de este país; es típicamente altivo, aromático y afrutado, pero además cuenta con un cuerpo atractivo y con suavidad.

Una ventaja cada vez más aducida por los partidarios del Seyval (y su parentela) es que, dado que es tan resistente a las enfermedades, necesita muy poco tratamiento en los viñedos, y nadie puede negar que esto es bueno para el medio ambiente.

Marsanne

Se trata de un componente del Hermitage blanco (del valle del Ródano, en Francia). Por sí sola es capaz de hacer vinos fuertes, herbáceos, con sabor a mermelada de lima, en el Ródano y en Australia. Con roble, tiene potencial de envejecimiento.

Müller-Thurgau

Un cruce de Riesling y Silvaner plantado en toda Alemania y responsable en gran parte del Liebfraumilch; también es la variedad más común en Inglaterra, donde da blancos más característicos con aromas tostados y de seto de ligustro, y también con un acerbo (no necesariamente desagradable) a orina de gato.

Pinot Blanc

Crece en su forma más característica en Alsacia, como un Chardonnay ligero y sin sabor a roble; fresca y frondosa, con fruta amanzanada y mantecosa.

Pinot Gris (o Pinot Grigio, Tokay o Ruländer)

Ligera, resuelta y más bien neutra como Pinot Grigio en Italia y como Ruländer en Alemania; vinos blancos –tanto secos como dulces– grasientos, con perfume a talco y melosos, en Alsacia.

Scheurebe

Un cruce alemán entre Riesling y Silvaner más interesante, con carácter a uva y que hace buenos vinos blancos dulces y secos. También está presente en el Reino Unido.

Sylvaner

Una de las cepas blancas alsacianas menos distinguidas y menos características, aunque no le falta atractivo; también se cultiva en Alemania (allí denominada Silvaner), donde obtiene sus mejores resultados en Franken.

Variedades con un perfil aromático bajo

Carignan*

Extensamente plantada en Francia (Ródano, Provenza y Languedoc), donde se utiliza para rellenar vinos tintos como el Corbières, el Minervois y el Fitou.

* Nota del revisor: La variedad Carignan tiene un origen español y se le conoce en España con la denominación de «Mazuelo».

Melon de Bourgogne

Se trata de la cepa blanca neutra que produce el Muscadet; sólo los viticultores de Muscadet se interesan por ella –al fin y al cabo, hay un montón de otras cepas blancas neutras de cualquier parte para elegir.

Palomino

El Jerez es el único, aunque importante, mérito al que debe su fama esta variedad.

Trebbiano (o Ugni Blanc)

Se trata de una de las variedades más sosas pero más plantadas de Europa, usada en *vins de pays* blancos como el Côtes de Gascogne, y en Italia por vinos como el Soave, el Frascati y el Orvieto; también aporta vinos neutros para destilación en el coñac y el armañac.

(Izquierda) **Si las cosechas se mantienen bajas, Trebbiano puede producir un vino agradable, pero muestra su mejor aspecto cuando se mezcla con algo con más carácter.**

Los principales estilos clásicos de vino

y alternativas

Este es el capítulo que demuestra, sobre todo, que el mundo del vino se ha movido más rápido que nunca en las últimas dos décadas. Una generación atrás se podían dividir los vinos en dos amplias categorías: los grandes clásicos, casi exclusivamente franceses, y los estilos regionales de localización dispersa. Había un grado de fertilización cruzada, y las estacas y los vinicultores viajaban en ocasiones, pero todo era muy limitado; los estilos de vino, tanto los clásicos como los anodinos, pertenecían a sus regiones. Pero esto empezó a cambiar a finales de los liberadores años sesenta, primero en California y luego, a lo largo de los años setenta y ochenta, en otros países y continentes.

Actualmente existe una categoría de vinos totalmente nueva y de rápida expansión, vinos hechos en cualquier parte del mundo a imagen y semejanza de los grandes clásicos: Cabernet que quieren emular a Burdeos, Chardonnay que se modelan a sí mismos en Borgoña blanco y vinos espumosos que quieren ser tomados por champaña.

La clave para el cambio fueron las variedades de uva. Los pioneros de estos nuevos vinos tenían su propio clima y sus propios suelos; decidieron que todo lo que necesitaban eran las mismas variedades de uva. Si querían hacer un tipo de Borgoña blanco, plantaban Chardonnay. Si querían un sucedáneo de Burdeos, ponían Cabernet Sauvignon. Y al hacer todo esto, de hecho simplificaban, en lugar de complicar, el mundo del vino que ayudaban a expandir, al ofrecernos «varietales» –vinos hechos de variedades sencillas de vid, y denominados a partir de ellas.

Por obvia que nos pueda parecer actualmente una estrategia como ésta, dado que estamos habituados a ver variedades de uva en las etiquetas, hace veinticinco años era una actitud innovadora. Los vinos europeos tradicionales eran denominados, y todavía lo son, según su lugar de nacimiento –ya se tratase de una vasta región como Burdeos o de una de sus subregiones pequeñas y de alta calidad, como St-Julien. (Alsacia es una excepción, dado que se nombra a sus vinos principalmente según sus variedades de vid, pero aquí ha habido una tendencia reciente hacia la identificación geográfica, con el reconocimiento en los años ochenta de cincuenta pequeños lugares o *crus* de alta calidad.) El resultado fue que las generaciones anteriores raramente sabían ni se preocupaban acerca de qué variedades se usaban para hacer un vino, sino que simplemente sabían que estaba hecho de uvas, y no de pieles de plátano.

Los nuevos productores de vino ya no han crecido en esta atmósfera tradicional, nacida de siglos de experiencia, en que la primacía del *terroir* (*véanse* págs. 82-83) era incuestionada y, de hecho, encerrada en las normas de cada *apellation contrôlée* o *vin de pays*. (Tanto es así que es el *terroir*, y no el viticultor, quien dicta las variedades de cada vino; de hecho es ilegal cultivar, por ejemplo, Cabernet Sauvignon en la Champaña, Merlot en Borgoña o Chardonnay en Burdeos.) A medida que los nuevos productores se dieron cuenta de ello, y cuando el clima era cómodamente cálido (lo cual era el caso, por supuesto, de lugares como el valle de Napa en California), no tuvieron que preocuparse acerca de sus detalles concretos y, de hecho, no prestaron mucha atención al carácter del suelo. Si tenía las cepas, el viticultor, en su flamante bodega con alta tecnología, podía hacer el resto.

La elección de la variedad en esos nuevos países es todavía asunto del viticultor, pero las tendencias se han decantado hacia otras direcciones en la última déca-da. Sin llegar, de hecho, a reverenciarla, los productores han empezado a respetarla un poco más. Todavía no dan mucha importancia al contenido mineral ni al microbiológico (la gran moda actualmente en Francia), pero se fijan mucho más en la temperatura del suelo, el drenaje y la capacidad de retención de agua. También se emplea mucho tiempo en la búsqueda del «microclima» adecuadamente fresco.

Las descripciones de los estilos clásicos y las nuevas alternativas que vienen a continuación son, inevitablemente, retratos hechos a grandes pinceladas. En un continente tan vasto como Australia, donde Cabernet Sauvignon es la segunda vid tinta más plantada, no puede existir un estilo único y meticulosamente definido; tampoco existe un solo estilo californiano, mientras que sólo hay uno para el Burdeos. En otros países, que han sido privados de inversiones y contactos con nuevas ideas, las industrias del vino están en una fase intermedia y parcialmente modernizadas. Aquí también puede ser difícil concretar el estilo. Una vez dicho todo esto, hay que señalar que existen algunas grandes características nacionales y regionales.

> Los vinos y las cepas están descritos con más detalle en la sección final del libro –«Dónde se hacen los mejores vinos» (*págs. 94-157*)– y en «La importancia de las cepas» (*págs. 50-59*).

(Inferior) **La influencia de los grandes estilos clásicos de vino de Europa –de Francia, sobre todo– se nota en muchos años de aprendizaje sobre vinos y en semilleros de producción de vino de países y continentes de ambos hemisferios.**

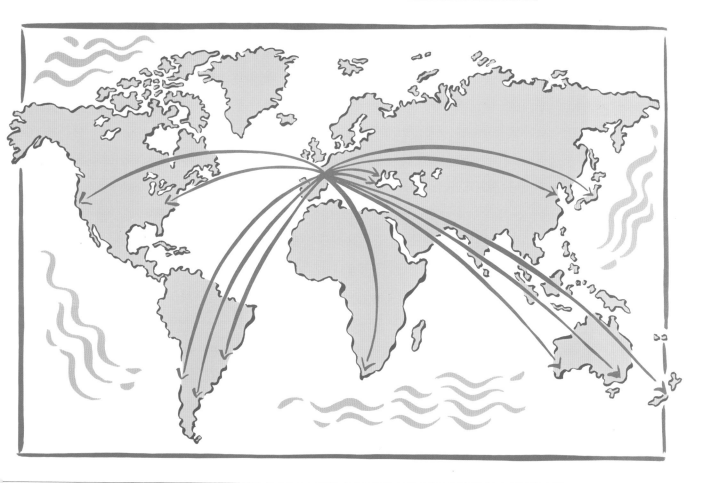

(De izquierda a derecha) **La botella clásica del Burdeos tinto, de hombros alzados, usada para Cabernet Sauvignon, Merlot y mezclas como la de Cabernet y Shiraz en todo el mundo; la botella de Borgoña, de hombros caídos, usada para la mayoría de los Pinot Noir de todo el mundo (pero no el de Alsacia); dos versiones de botella de hombros caídos, usadas aquí para el Borgoña blanco y para el Pouilly-Fumé; la botella verde alta y delgada es para el Mosela alemán (una versión marrón, más alta y más delgada, se utiliza en Alsacia para los vinos del Rin); la botella de vidrio grueso, diseñada para mantener la presión en el interior, para el champaña y otros vinos espumosos y fermentados en botella; la botella de Burdeos, de hombros alzados y en vidrio incoloro para el Sauternes; una botella típica de Jerez Fino; el vidrio grueso y oscuro –casi negro– de una botella de cosecha de Oporto, y la botella de hombros caídos usada en todo el Ródano.**

Burdeos tinto

No nos puede sorprender mucho que el Burdeos tinto haya sido el primero y el más copiado de los clásicos. Burdeos es la región productora de buen vino más grande del mundo y, sencillamente, sus mejores vinos tienen un sabor sublime –aunque haya que esperar diez años, y a veces quince o más, para que alcancen la cumbre de su madurez. Por supuesto, en una región tan extensa hay variaciones considerables en el gusto, pero muchas veces se trata más de una cuestión de diferentes niveles de calidad (cuanto más alta sea la calidad, mayor será la concentración de sabores, más nuevos los barriles de roble usados y mayor la complejidad) que de diversidad de estilo. Sólo hay una división estilística en este aspecto, y está relacionado con las variedades de uva.

El Burdeos es considerado popularmente como un vino de Cabernet Sauvignon –y, de hecho, es la variedad que han plantado casi todos los productores en otros continentes cuando han intentado hacer sus propias copias, dado que es la principal variedad en todos los nombres ilustres del Haut-Médoc (en el margen izquierdo del estuario de la Gironda) y en los vinos tintos de Graves, al sur, pero el tinto de Burdeos no es jamás un varietal: es siempre un vino mezclado (Cabernet Sauvignon, Merlot, Cabernet Franc y, a veces, algo de Malbec y Petit Verdot), y el Cabernet Sauvignon no domina principalmente. Este mérito se debe al Merlot, la variedad predominante en las denominaciones del margen derecho como St-Emilion y Pomerol, y de casi todos los Burdeos menores, desde el sencillo Burdeos a los de tipo Côtes de Blaye y Côtes de Castillon.

El Cabernet Sauvignon y el Merlot son parecidos en el sabor y se complementan muy bien –tal como descubrieron los bordeleses hace un siglo, cuando replantaron sus viñedos después de la devastadora plaga de filoxera; mezclados, tienen un sabor característico e identificable. Además de lo que ya se ha dicho acerca de la grosella, el cedro y el lápiz, se puede buscar el color típicamente intenso que evoluciona con la edad desde morado a rojo ladrillo (para más información sobre el color, *véase* «Por qué y cómo catar», págs. 10-21); se encontrará el sabor de roble nuevo y tanino en los mejores vinos jóvenes, y no es sorprendente encontrar pimiento, chocolate negro, tabaco, menta, minerales, aceitunas y clavo. En los vinos más viejos, los sabores complejos pueden sugerir maleza otoñal (incluso setas), frutos secos y pastel de frutas.

En general, las alternativas al Burdeos provienen de climas más cálidos y secos y, a causa de que suelen estar hechos a partir una sola variedad, son vinos más simples. Pueden tener más fuerza, un sabor a fruta igual o más marcado y suficiente tanino y ácido como para garantizar una vida de cinco años o más, pero un varietal de Cabernet o de Merlot raramente llega a las cimas de la complejidad, la elegancia o la longevidad de un excelente Burdeos; es por esto que los productores del Nuevo Mundo, especialmente en California, añaden cada vez más un poco de Merlot e incluso un punto de Cabernet Franc a su Cabernet Sauvignon.

(*Inferior*) **El bonito pueblo de St-Emilion** preside la denominación de su mismo nombre en la orilla derecha de **Burdeos.** Aquí, donde el **Merlot** domina los viñedos, los vinos son ligeramente más suaves, más marcados y más especiados que los del **Médoc,** al otro lado del río.

Estados Unidos

Hace alrededor de veinte años, un Cabernet Sauvignon de California, de las bodegas de vino de Stag's Leap, en el valle de Napa, batió a cuatro de las cinco primeras cosechas de Burdeos (vinos *château* de primera calidad) en un concurso en París. Acontecimientos parecidos han tenido lugar desde entonces, y la respuesta francesa es invariablemente que el estilo californiano –lleno de poder y fruta madura– simplemente arrolla al estilo francés, más refinado y lento para madurar, y por la misma razón se va a superponer a la mayoría de las comidas en el paladar de cualquier bebedor que se atreva con un segundo vaso. Hay algo de cierto en ello: los Cabernet y los Merlot californianos, a pesar de haber sido rebajados desde aquellos primeros tiempos, tienden a ser grandes, maduros, con sabor a roble y más tánicos que los de cualquier otro país. Los mejores, sin embargo –entre los cuales se encuentran los que usa actualmente la mezcla clásica del Burdeos y las uniones de alto nivel entre Burdeos y California como el Opus One (Château Mouton-Rothschild y Robert Mondavi)–, se parangonan con el mejor Burdeos. (Además de nombres del tipo Opus y Dominus, fíjese en el nombre comercial «Meritage», usado por algunos vinicultores para indicar la combinación tradicional de cepas de Burdeos.)

No hay ninguna forma totalmente segura de distinguir un Cabernet californiano de uno, por ejemplo, australiano, pero si la fuerza, el peso y el tanino peculiar del vino son particularmente acusados, yo apostaría a que viene de California. Tiene, además, un aroma a eucalipto que puede ser otra clave para distinguir los orígenes californianos.

El estilo del estado de Washington, tanto del Cabernet Sauvignon como del Merlot, es más ligero y tostado que el de California y, por lo tanto, más parecido al de Burdeos. Se distingue por tener un carácter herbáceo característico, a menudo con una insinuación de clavo, y es atractivo porque está atemperado con vivificante fruta de grosella.

Australia

Hay pocos Merlot australianos, pero sí existe una impresionante colección de Cabernet Sauvignon y mezclas de Cabernet y Shiraz. Se podría esperar que la Shiraz (la misma cepa que el Syrah del valle francés del Ródano) diese un estilo de vino bastante diferente, pero en realidad casa muy bien con el Cabernet, realza los elementos de especia y chocolate y da una nota de frambuesa a la fruta. El estilo australiano del Cabernet es maduro, completo y afrutado, y a menudo tiene un delicioso y flexible sabor a menta (especialmente en los Cabernet de Coonawarra). Es menos suave y con un aspecto menos seco que el Burdeos, y menos tánico que la mayoría de Cabernet californianos.

Nueva Zelanda

El clima fresco y húmedo aporta por naturaleza un estilo magro y ligero y origina el carácter a hierba, a césped y a caña del Cabernet Sauvignon, pero en la actualidad aparecen en la isla septentrional, más cálida, algunos vinos más carnosos, habitualmente mezclas con Merlot. Ello sugiere que las mezclas neozelandesas de Burdeos, aunque todavía son limitadas, van a ser formadas cada vez con más perfección según el modelo clásico.

Sudamérica

Los mejores Cabernet y Merlot chilenos tienen cuerpo medio y están bien estructurados, pero son de sabores a grosella más agudos e intensos que el Burdeos. Hay un gran potencial, pero las cosechas suelen ser

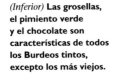

(Inferior) **Las grosellas, el pimiento verde y el chocolate son características de todos los Burdeos tintos, excepto los más viejos.**

demasiado grandes *(véase* pág. 138) y la tecnología vitivinícola (y, por lo tanto, el promedio de calidad) no es tan moderna en relación a las de California y Australia.

Es difícil definir el estilo argentino, dado que la industria del vino está más atrasada que en Chile, pero el Cabernet argentino no suele estar marcado por el esplendor afrutado del chileno. En cambio, tiende a mostrar un carácter más dulce y especiado (resonancias de St-Emilion), y esto es todavía más evidente en los vinos puros de Malbec –se trata de una de las cepas tintas de Burdeos menos usadas.

Sudáfrica

La industria del vino en Sudáfrica todavía está emergiendo de años de aislamiento internacional y de un régimen vinícola inflexible. Un puñado de Cabernet, Merlot y mezclas demuestran que éste es un medio capaz de producir tintos de tipo Burdeos impresionantes, pero todavía hay algunos que tienen un fuerte carácter a caucho y otros a los que les falta fruta y que son astringentes.

Europa Oriental

Los Cabernet Sauvignon búlgaros tienen de medio a mucho cuerpo, con fruto muy afable y redondeado y el carácter clásico de cedro y tabaco del Burdeos. Grandes barriles de roble dan a los vinos un carácter de madera especiada.

Rumanía tiene una cantidad sorprendente de Cabernet plantada, y la calidad de los que he probado es muy buena, muy dentro del estilo búlgaro.

Moldavia es el genio en la botella. Algunos vinos de tipo Burdeos muy finos de los años sesenta y setenta han emergido de la bodega de Purkar en los años recientes, y un equipo australiano está produciendo algunos Cabernet jóvenes modernos en otras bodegas. Definitivamente, una región a tener en cuenta.

Francia

Hasta hace relativamente poco, las únicas alternativas francesas al Burdeos eran las de las denominaciones satélite del mismo y los logros posteriores del sudoeste y del Loira. Los primeros incluyen los tintos con carácter de césped y grosella de Bergerac y de Côtes de Duras, el Côtes de Buzet, ligeramente más firme y más parecido al Burdeos, y un par de vinos más correosos –el Cahors, basado en el Malbec, y el Madiran, basado en el Tannat–, ninguno de los cuales se parece demasiado al Burdeos.

Los tintos del Loira eran los vinos de Cabernet Franc con poco y medio peso de Chinon, Bourgueil y Saumur-Champigny, con su carácter vegetal, de pimiento o de pieles de patatas y, en buenas cosechas, de frambuesa y con suaves tonos de chocolate. Estos vinos están relacionados únicamente de manera muy vaga con los Burdeos tintos. Todos ellos

(Superior) **Más luz solar, la mezcla de Cabernet con otras variedades de vid, como la Sangiovese, y el envejecimiento en diferentes tipos de roble pueden dar vinos suavemente especiados o, en el caso de Provenza, aromáticamente herbáceos.**

existen todavía como alternativas, pero actualmente hay una multitud de Cabernet y Merlot deliciosos, cuando no particularmente complejos, llenos y afrutados del sur mediterráneo: Cabernet intensos, aromáticos y herbáceos de Provenza; varietales llenos y maduros de los Vins de Pays d'Oc, a veces enriquecidos con envejecimiento en roble, y muchos otros *vins de pays* del antaño menospreciado Midi. En estilo tienden a situarse entre el comedimiento del Burdeos y la exuberancia y madurez del Cabernet australiano.

Italia

El Cabernet del noreste de Italia (habitualmente Cabernet Franc, aunque las etiquetas no lo especifiquen) es básicamente ligero y sin distinción, y mantiene un escaso vínculo con los Burdeos tintos, pero hay algunos soberbios Cabernet y mezclas de Cabernet Sauvignon y Sangiovese de Toscana (los llamados supertoscanos, que próximamente deben ser ascendidos a Denominación de Origen desde su humilde clasificación de *vini da tavola*). Con la concentración y la austeridad juvenil del Burdeos fino, suelen combinar algo más de peso y de cuerpo con un carácter especiado y ahumado.

España

El Cabernet español alcanzó los titulares por primera vez en 1979, cuando un vino del Penedès, el Mas La Plana de 1970 de Torres, fue votado como el mejor tinto por un severo jurado internacional (aunque predominantemente francés) de 60 catadores a ciegas, en París. El Cabernet clásico, rico y bastante tánico ha conseguido buenos seguidores en la comarca del Penedès, así como los vinos algo más ligeros y elegantes de la finca de Raimat, en Costers del Segre, pero la mayoría de vinicultores españoles están más interesados en hacer un vino de tipo Rioja que uno de tipo Burdeos (no hay nada de malo en ello, por supuesto).

Portugal

Portugal concentra sabiamente sus propias variedades fascinantes de cepas, pero el tinto Bairrada tiene a menudo una calidad de cedro con reminiscencias del Burdeos, y el Barca Velha, el «producto nacional» oficioso de Portugal, es, de hecho, como un Burdeos (a pesar de estar hecho con cepas de Oporto). También merece una mención el Quinta da Bacalhôa, una mezcla excepcional, densa, con carácter a roble y a casis de Cabernet y Merlot, producida cerca de Lisboa.

Otros países

El Château Musar es un vino libanés silvestre, especiado y concentrado que sabe como un cruce entre Burdeos y vino del Ródano; de hecho, no sabe a absolutamente nada más. El Yarden es un Cabernet maduro, lleno, pero altivo, de Israel; es más potente y está más vinculado al Nuevo Mundo que al Burdeos.

Borgoña tinto

Si el Burdeos es, con mucha diferencia, el vino tinto más copiado en todo el mundo, el Borgoña es el que más ha desafiado –y frustrado– a los que han intentado replicarlo en otras zonas. El Pinot Noir, extremadamente exigente, ha desbaratado la mayoría de los intentos para asentarlo en otras partes. Dado que se trata de la única variedad de cepa tinta del corazón de Borgoña (es decir, la Côte d'Or, con todos sus pueblecitos y sus viñedos famosos y fantásticos), su comportamiento ha limitado en gran manera el desarrollo de vinos convincentes al estilo de los Borgoña tintos. Y, mientras el Cabernet Sauvignon es capaz de desarrollar características regionales atractivas, según el clima o el *terroir*, ninguna región nueva ha demostrado todavía que pueda aportar una imagen diferente deseable para el Pinot Noir.

Esto es bueno para los borgoñones, pero no para el resto del mundo, al que nos encantaría poder experimentar con más frecuencia y por un precio menor esas fragancias etéreas y esas texturas sedosas: esta espléndida combinación de elegancia y deliciosos sabores de fruta pura (uvas espinas, fresas, cerezas, arándanos, etc.) con, a medida que el vino madura, el *goût de terroir* único del Borgoña, una extraña exquisitez rancia que recuerda a abono, a caza o a cuadra y que puede provenir del suelo de piedra caliza, de las levaduras naturales, de las propias cepas, de las bacterias, o de estos cuatro elementos conjuntamente.

Las dos dificultades principales que conlleva el cultivo de la Pinot Noir son su sensibilidad al clima y su tendencia a mutar. La Pinot Noir es tan propensa a mutar que muchos de sus primeros cultivadores en otros continentes plantaron clones resistentes a las enfermedades y de cosecha abundante, pero de escasa calidad; y tendían a plantar sólo uno, con lo que reducían automáticamente las probabilidades de lograr vinos complejos. Una vez controladas todas las exi-

(Inferior) **El sabor puro de las uvas espinas, los arándanos y las cerezas constituyen notas características del Borgoña tinto.**

gencias climáticas y clonales, y tras ser recolectado exactamente en el momento adecuado, el Pinot Noir tiene que ser manipulado en la bodega con extremo cuidado, es decir, tan brevemente como sea posible.

De todas formas, al final de los años ochenta se produjeron grandes progresos en varios lugares del mundo que han tenido como consecuencia que una buena parte de la nueva generación de cultivadores de Borgoña haya respondido al desafío afanándose en mejorar la calidad de sus vinos. El resultado se ha traducido en niveles más altos de Pinot Noir, tanto en el Viejo Mundo como en el Nuevo.

Estados Unidos

El descubrimiento en California de algunas bolsas de terreno idealmente frescas y con brisas marinas heladas –especialmente Carneros, los valles del condado de Santa Bárbara y el valle del río Russian, en el condado de Sonoma– ha transformado la calidad y el estilo de los Pinot Noir de este estado. Su cantidad sigue siendo limitada, pero los mejores vinos jóvenes son espléndidamente aromáticos, tienen una gran pureza y una frescura afrutada y, con un envejecimiento estricto en roble, desarrollan una cierta complejidad. No se trata (¿todavía?) de la complejidad rancia y con reminiscencias a cuadra del Borgoña muy maduro, pero los productores californianos de Pinot Noir no siempre consideran que esto sea un motivo de reproche.

A mediados de los años ochenta, antes de que los Pinot Noir californianos hubieran

arraigado de forma estable, Oregón, un estado de clima fresco al noroeste del océano Pacífico, era considerado la tierra prometida. Todavía podría llegar a serlo, pero la industria vinícola es aún muy joven, especialmente para abordar algo tan voluble como es el Pinot Noir. Hoy en día, el estilo de Oregón es fuerte en aromas y sabores afrutados refinados y clásicos, pero más flojo en amplitud y en sensaciones.

Australia

El Pinot Noir tiene aquí una historia mucho más larga que en California, pero como fuente de alternativas al Borgoña, Australia se ha quedado atrás. Como en Estados Unidos, la búsqueda, en los años ochenta, de climas más frescos ha tenido un cierto éxito, especialmente en el valle de Yarra, en la península de Mornington y en Geelong (tres regiones de los alrededores de Melbourne), pero incluso ahí los vinos, que son caros para los niveles australianos, tienden a tener el fruto delicioso del Borgoña, pero no su amplitud y su profundidad aterciopelada. Tasmania posee un gran potencial, sin duda, pero todavía tiene que convencerse de ello, mientras que la mayoría de los intentos que se han hecho en Australia Occidental con el Pinot ponen en duda que haya llegado a sentirse bien ahí en algún momento.

Nueva Zelanda

Su clima fresco y su baja latitud hacen que la isla meridional sea un territorio muy prometedor para el Pinot Noir. La industria todavía está en su primera juventud, pero hay algunos inicios estimulantes –vinos con sabor y delicadeza– en Martinborough, Waipara, en Canterbury y Central Otago.

Sudáfrica

Hasta hace poco tiempo sólo había un buen Pinot Noir sudafricano, el Hamilton Russell (de la región meridional de Walker Bay), que, a pesar de ser muy ligero, es característicamente borgoñón, con el fruto típicamente sedoso y dulce del Borgoña. El acceso a mejores clones, desde 1987, podría empezar a generar pronto un serio rival.

Francia

No se puede decir que el vino de la Côte Chalonnaise sea una alternativa al Borgoña, ya que en realidad es Borgoña, pero de la región más bien infravalorada al sur de la Côte d'Or, donde los pueblos de Givry, Mercurey y Rully producen un vino de alta calidad muy afrutado, aunque con menos concentración que el estilo clásico. Están mucho más cerca en espíritu (y también geográficamente) de la Côte d'Or que los Pinot Noir de Sancerre y de Alsacia: el tinto de Sancerre (y un vecino suyo menos fascinante, el Menetou-Salon) y el de Alsacia son, en general, más pálidos, más ligeros y más magros que el Borgoña. Beaujolais también es, técnicamente, parte de Borgoña, pero sus vinos, hechos a partir de la cepa de Gamay y con un proceso peculiar de producción (la «maceración carbónica», *véase* pág. 89), son bastante diferentes (a excepción del Moulin-à-Vent, el más potente de los vinos de Beaujolais que, si hay una buena cosecha, puede llegar a adquirir un carácter más borgoñón a partir de unos cinco años.

Otros

Alemania nunca llegará a ser un gran país productor de vino tinto, pero un reducido grupo de productores de nueva hornada está demostrando que el Pinot Noir (llamado allí Spätburgunder), especialmente cuando contiene poco roble, no tiene por qué ser pálido e insípido.

En España, Torres en el Penedès y Raimat en Costers del Segre son los dos únicos productores que han tenido éxito con el Pinot Noir (aunque le han dado un carácter a especias y a roble característicamente español), pero son pocos los que lo han intentado.

(Superior) **El pueblo de Vosne-Romanée, en el corazón de la Côte de Nuits, en Borgoña, es famoso por sus viñedos de Grand Cru –Romanée-Conti, La Tâche y Richebourg, entre otros–, que producen los Borgoña tintos más aromáticos, exquisitos y aterciopelados.**

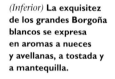

Borgoña blanco

El magnífico Borgoña blanco no se da en un solo estilo. Ni siquiera se da en sólo dos –el vino de cada pueblo tiene sus matices característicos– pero, de todas formas, podemos establecer una distinción entre dos estilos diferentes: los de Chablis y los de la Côte d'Or. La región de Chablis, la zona de Borgoña más fría y susceptible de sufrir heladas, produce un vino mineral, acerado, perfeccionado y extremadamente seco. Tiene poco que ver con el Borgoña blanco más «normativo» del extremo meridional, aparte de la complejidad apetitosa, difícil de definir y casi vegetal que ambos adquieren con la edad. El Chablis es un estilo de Borgoña blanco que ha prescindido casi totalmente del resto del mundo (la razón parece ser el peculiar tipo de suelo de Chablis). En cambio, el estilo de la Côte d'Or –compendiado en los vinos de Meursault, ricos, grasientos, mantecosos, con sabor a nueces y canela, y el Puligny-Montrachet, que también tiene mucho cuerpo, pero con un carácter algo más tieso, firme y fugazmente ahumado– ha demostrado ser mucho más promiscuo, aunque la calidad de sus máximos ejemplares todavía no ha sido igualada.

La causa de ello es el Chardonnay. Éste, a partir del cual están hechos casi todos los Borgoña blancos y, sin lugar a dudas, todos los que son magníficos, en realidad no tiene mucha personalidad, a pesar de que es apreciado por sus vinos con mucho cuerpo y por el sabor que origina. Su ventaja consiste en esta falta de carácter. Se puede moldear bastante bien a voluntad,

(Inferior) **La exquisitez de los grandes Borgoña blancos se expresa en aromas a nueces y avellanas, a tostada y a mantequilla.**

lo que significa que los vinicultores del Nuevo Mundo pueden renunciar, si lo desean, a sus sabores de fruta tropical poco adecuados al Borgoña y reforzar

los sabores a mantequilla, nueces y tostadas que dan un carácter borgoñón.

La maleabilidad del Chardonnay significa que en muchas ocasiones los estilos regionales pueden verse incluso más desdibujados que en el caso de otras variedades: por ello, un estilo dado puede no ser tanto un reflejo del *terroir* como un indicativo de los recursos financieros del productor y del mercado al cual pretende llegar. Para lograr los sabores cremosos y anogalados del Borgoña fino, por ejemplo, el vinicultor debe elaborar el vino con sus lías en parte, o en su totalidad, en barriles de roble nuevo francés, que cuestan alrededor de sesenta mil pesetas ($ 460) cada uno; también tiene que dejarlo fermentar en estos mismos barriles, mejor que en tanques de acero inoxidable, inmensos y fáciles de manejar y mantener. Hay otras maneras, pero tienden a dejar sabores simples y lisos a corto plazo, en lugar de la profundidad, la textura, la complejidad y la longevidad del buen Borgoña. Para lograr estas características no hay forma de ahorrar tiempo, esfuerzo y gastos.

Estados Unidos

Las características fundamentales del estilo del Chardonnay californiano son muy parecidas a las del Cabernet: fruta madura, potencia y roble. Los mejores Chardonnay, que llegan de las regiones más nuevas y frescas al sur de San Francisco, así como de las áreas tradicionales de alta calidad del valle de Napa, Sonoma y Carneros, no tienen la sobrecarga alcohólica que solían tener hace diez o quince años (ni se trata tampoco de las aberraciones magras y ascéticas que aparecieron a mediados de los años ochenta, cuando la tendencia osciló demasiado, por fortuna durante un breve tiempo, hacia el extremo opuesto). Sus sabores afrutados, incluso en el caso de los viñedos más fríos, tienden a ser siempre más maduros y ligeramente más exóticos que el Borgoña; el sabor a mantequilla y a vainilla que da el roble casi siempre está más acentuado (aunque en el Borgoña fino se utiliza más para dar estructura y potencial de envejecimiento que sabores específicos); la acidez es más baja, y el Chardonnay californiano está hecho para ser bebido en pocos años. No obstante, esto no impide que los mejores vinos desarrollen una cierta complejidad. Los menos buenos están demasiado filtrados, limpios hasta relumbrar, con fruta, roble y nada más (todos los demás sabores han sido exterminados por el exceso de celo de la nueva tecnología en las bodegas), y el Chardonnay californiano barato suele tener un punto dulzón que muy pronto se vuelve empalagoso.

Entre los otros estados que cultivan el Chardonnay, Nueva York –Long Island, con su clima apacible y marítimo, mejor que los lagos Finger– supone una gran promesa: ya existen algunos vinos con una riqueza anogalada, aunque elegante, que recuerdan más que fugazmente a la del Puligny-Montrachet. El estado de Washington todavía está buscando su lugar en un estilo que se halla entre el californiano y el carácter más bien austero y agudo del vecino Oregón. Y Texas, por extraño que parezca, es un territorio a tener en cuenta, aunque el Chardonnay se encuentra allí todavía en su primera juventud.

Australia

En Australia no se producen Chardonnay del tipo del Chablis, u otros que sean ligeros, aromáticos y florales como los del Alto Adigio, en Italia, pero se pueden encontrar la mayoría de los otros sucedáneos. Las áreas cálidas, como el valle de Barossa y, sobre todo, el valle del Hunter, producen la mayor parte –con piña madura y una exquisitez de pastel de mantequilla. Las regiones más frías, como Padthaway, el valle de Yarra, la región de río Margaret (en Australia Occidental) y Tasmania pueden producir Chardonnay mucho más relacionados con el estilo europeo –concentrados y picantes, con algunos aspectos cítricos bien definidos. Sin embargo, la industria vinícola australiana es la que está más dispuesta a producir cualquier estilo de vino que exija el comprador, por lo cual se trata irremediablemente de estilos duros y rápidos.

Las mezclas de Sémillon y Chardonnay pueden recordar, por su sabor a cera y a cítricos, al Chardonnay australiano, pero no es probable que recuerden al Borgoña. Curiosamente, sin embargo, el Sémillon del valle del Hunter desarrolla en la madurez, sin ningún tipo de envejecimiento en roble, un carácter tostado y meloso que hace de él algo más que un pequeño Borgoña.

Nueva Zelanda

En cinco años, Nueva Zelanda se ha catapultado a la primera línea del mundo del Chardonnay. El clima fresco, particularmente el del área de Gisborne, puede hacer madurar el Chardonnay hasta la perfección, dándole sabores frutales de gran claridad y concentración, pero no el carácter salado a fruto tropical de los países cálidos. Cuando la alta acidez natural y el alcohol se ven complementados con una exquisitez entumecedora y mantecosa y con un sabor a roble tostado, los resultados pueden ser imprevisiblemente parecidos al Meursault.

Sudamérica

El Chardonnay chileno no está en su promedio a la par con el californiano, el australiano o el neozelandés, e incluso es más dudoso que se le tome por Borgoña. En la actualidad hay producciones generalmente más baratas, con sabrosa fruta madura, medio cuerpo y una cierta cantidad de roble para dar un sabor inmediato en lugar de estructura y complejidad, pero se va mejorando con cada cosecha.

Sudáfrica

El Chardonnay empezó a arraigar aquí sólo en la segunda mitad de los años ochenta, con la disponibili-

(Superior e inferior) **Los Chardonnay del Nuevo Mundo suelen ser mucho más fuertemente afrutados que el Borgoña blanco.**

dad de mejores clones (es decir, hace poco tiempo). Su carácter envolvente no parece destinado a ser exaltadamente afrutado, siguiendo más al estilo europeo que al californiano o al australiano, pero muchos productores todavía tienen que moderarse con el roble.

Francia

Como en el caso del Borgoña tinto, las áreas meridionales menos conocidas de la propia Borgoña son un buen punto de partida –el Mâconnais para Chardonnay ligeros, cremosos y amanzanados, y los pueblos de la Côte Chalonnaise para otros con algo más de cuerpo. El Chardonnay de l'Ardèche, mucho más al sur, al estar hecho por el borgoñón Louis Latour, también es convincentemente borgoñón, con un estilo cremoso y apetitoso. Otros Chardonnay tienden a caer en una de las dos categorías principales: frágil, afrutado, floral y sin roble (Haut-Poitou, Vin de Pays du Jardin de la France y Saboya), un estilo que mantiene escaso parecido con ningún Borgoña, aparte –tal vez– de tener la misma fragilidad del Chablis; y los *vins de pays* del sur, maduros, afrutados, a menudo con roble (especialmente el Vin de Pays d'Oc), que tienen en ellos mucho del Nuevo Mundo, pero también algo de Borgoña.

Italia

Hay dos estilos de Chardonnay que mantienen un fuerte contraste: los vinos del extremo septentrional, bien establecidos pero totalmente aborígenes, ligeros, frágiles, aromáticos y afrutados (Alto Adigio y Friuli), para beber en un plazo de dos o tres años; y los vinos grandes, ricos y con roble (*vini da tavola*), hechos por nombres famosos en las zonas de vino tinto de Chianti, Brunello di Montalcino, Barolo y Barbaresco. Están diseñados para competir con los mejores del mundo, en la línea del Meursault, y la mayoría son muy contundentes, si bien en ocasiones con un cierto exceso de roble y muy caros.

España

El Chardonnay no ha penetrado en muchas partes de España, aunque la mayoría de los pocos que hay en el Penedès son buenos y uno, el Milmanda, que posee una complejidad realmente borgoñona, tiene una categoría superior. La finca de Raimat, en Costers del Segre, aporta versiones mantecosas, afrutadas, con roble o sin él y con sensibilidad más propia del Nuevo Mundo que francesa.

Otros

Bulgaria, Hungría, Portugal, Canadá, Israel, China, incluso la atractiva región alemana del Palatinado, han producido un Chardonnay digno de tener en cuenta. Y, sin lugar a dudas, más zonas van a subirse a este tren, cada vez más en boga. Los estilos todavía se están desarrollando pero, al ser desconocidos, en ocasiones pueden aportar grandes valores.

Sancerre y Pouilly-Fumé

Sauvignon Blanc, la única cepa de los vinos Sancerre y Pouilly-Fumé, en el Loira, es al mismo tiempo enérgica y no comprometida. En el 95 % de los casos, como mínimo, estos vinos tienen las manifestaciones clásicas para ser bebidos jóvenes, cuando se presentan intensamente aromáticos, incluso mordaces, apetitosamente crujientes y muy secos, con olores y sabores a hierba recién cortada, a uva espina, a hojas de grosella (en ocasiones a las mismas grosellas), y a menudo un carácter a pedernal, a piedra y ligeramente ahumado. Sin embargo, el Sauvignon es exigente con su clima. Si, como sucede periódicamente en el Loira, ve demasiado poco el sol, y sobre todo si esto se ve acentuado al dejar que las viñas produzcan en exceso, será desagradablemente agrio y magro. Por otra parte, si le toca un sol fuerte, como suele suceder en Australia y en Nueva Zelanda, o si se le deja que desarrolle demasiado follaje, va a dar lugar a un carácter desgarbadamente herbáceo, con sabores poco agradables a espárrago de lata y a judías verdes, en lugar de a herbacidad picante, fresca y jugosa. También es caprichoso con sus suelos, y se siente mejor en piedra caliza y en suelos de pedernal (como en el alto

(Inferior) **El Sancerre y el Pouilly-Fumé más genuinos tienen los aromas inconfundibles del Sauvignon a hierba recién cortada y a uva espina y un ligero carácter ahumado y a pedernal.**

(Superior) **El Sauvignon Blanc es mucho más difícil de satisfacer que el Chardonnay, pero tiene su propio hogar en el frío de Château de Nozet, en Pouilly-Fumé.**

Loira), y no tan bien en suelos ricos y fértiles (como muchos de los que se encuentran en California).

El Sauvignon no es más flexible en las bodegas, aunque el hecho de que existan pocas opciones hace que, por lo menos, la vida del vinicultor sea menos complicada, siempre y cuando esté especializado en estas escasas opciones. Por sí solo (es decir, sin Sémillon, su compañero tradicional en el Burdeos blanco) raramente va en roble, aunque los californianos, que han desarrollado su propio estilo Fumé con roble, no estarán de acuerdo. Los éxitos con el roble se suelen producir cuando el vino ha fermentado y madurado en barrica, y estos son los únicos vinos que poseen un potencial para desarrollarse con el tiempo.

Nueva Zelanda

Francia y Nueva Zelanda son los dos únicos países que producen un Sauvignon Blanc remarcable en buenas cantidades, pero en Nueva Zelanda, donde no empezó a producirse comercialmente hasta los años ochenta, es donde se da de modo más consistente, a causa de su clima. El estilo neozelandés, compendiado en la región de Marlborough, es explosivamente intenso y vibrante, muy herbáceo, con sabores a grosella crujiente y una sabrosa acidez (y sin roble), como en los Loira, excepto en el hecho de que no tiene aquella mordacidad mineral.

Estados Unidos

Hay un puñado de Sauvignon (o Fumé Blanc) californianos en los que los sabores afrutados son concentrados, acerados y frágiles, y el roble tiene una estructura y una profundidad adicionales, pero a la mayoría del resto les falta encanto, personalidad y acidez –y no tienen el apoyo de ningún azúcar residual. En parte se trata de una cuestión de sabor: a los americanos les gustan los Fumé así –es decir, poco parecidos al Sancerre y al Pouilly-Fumé; a los paladares europeos, en cambio, no.

Los Sauvignon más vivaces y clásicos provienen del estado de Washington, donde se dan las condiciones ideales en los valles fluviales al este de Cascades y, sorprendentemente aunque fuera previsible, de Texas, donde los viñedos están situados a cierta altura para que puedan aprovechar mejor el fresco nocturno.

Australia

El Sauvignon Blanc es una de las escasas variedades que no parecen poder manejar los viñedos diversificados y los eficaces vinicultores de Australia. Los buenos ejemplares de Sauvignon puro (en oposición a las mezclas entre Sémillon y Sauvignon, en un estilo totalmente distinto) son raros, y no parece que haya regiones esperanzadoras.

Sudamérica

En los últimos años, Chile ha comenzado a producir algunos Sauvignon con un estilo nuevo y con un carácter característicamente fresco y herbáceo. No tienen mucha concentración, ni la garra de un Sancerre o un Pouilly-Fumé, pero son alternativas al Sauvignon neozelandés prácticas y baratas, y están mejorando año tras año.

Sudáfrica

El estilo sudafricano del Sauvignon –simple, herbáceo y fresco– es parecido al chileno. Los precios también son similares.

Francia

Los elegantes Sancerre y Pouilly-Fumé tienen tres emuladores cercanos, pequeños y poco conocidos: el Menetou-Salon, el Quincy y el Reuilly. El Menetou-Salon es el más cercano en estilo y calidad, pero por fortuna con precios algo más asequibles. El Sauvignon de Touraine, de la zona más al sur del Loira, está menos concentrado, con un carácter algo más herbáceo, pero a precios razonables, y el Sauvignon del Haut-Poitou, una región situada justo al sur del Loira, suele ser más impresionante por su fruta jugosa y su acidez.

En Burdeos, el Sauvignon tiende a ser agresivamente herbáceo e incluso con sabor a caña, y la mayor parte está sabiamente mezclado con Sémillon, pero Bergerac y Côtes de Duras, al este del Dordoña, producen algunos Sauvignon interesantes, con sabor a uva espina. El Sauvignon de St-Bris es un caso especial del norte de Borgoña, que tiende a tener un estilo más pesado que el Sancerre o el Pouilly-Fumé, pero con algo de su mordacidad. Los viticultores de las regiones de *vin de pays*, al sur, también están empezando a aficionarse al Sauvignon: los resultados con esta cepa delicada son inevitablemente variados, pero vale la pena arriesgarse.

Italia

Hay unas cuantas bolsas de Sauvignon dispersas por Italia, pero no siguen mucho la línea de los estilos más coherentes (suele estar mezclado con otras variedades y/o envejecido en roble, al estilo del Burdeos). La excepción principal la constituyen los vinos de Collio, en Friuli, que poseen mucho más carácter y concentración que los del Alto Adigio, y tienen la intensidad penetrante del Sancerre y del Pouilly-Fumé, pero con fruta ligeramente más dulce. El nuevo vino toscano, el Poggio alla Gazze, todavía no ha alcanzado la intensidad acerada francesa, pero ya es muy impresionante.

España

Los vinos frágiles, de medio cuerpo y herbáceos de Rueda pueden contener Sauvignon Blanc, y son los ejemplares españoles más cercanos al apetitoso estilo francés –a excepción, claro está, del Fransola, una mezcla con Sauvignon del siempre innovador Torres, en el Penedès.

Otros

Sauvignon claros, afrutados, de corte limpio pero no especialmente enérgicos, están llegando en la actualidad de Hungría y Moldavia.

Riesling alemán

El vino de Riesling es tan poco comercial que los mayoristas británicos de vino suelen aconsejar a los productores australianos que abandonen la botella tradicional alta y delgada del Riesling para adoptar la forma del Borgoña o del Burdeos. Algunos productores van más allá y eliminan el nombre de «Riesling» para adoptar un amorfo «Blanco Seco». De todas maneras, la estrategia funciona, y se venden más botellas. Pero, por desgracia, dudo que esto ayude a restaurar la reputación de los estilos clásicos del Riesling alemán, que decayó ininterrumpidamente durante los años setenta y ochenta, a medida que se iba abusando de su nombre.

Paradójicamente, se abusó más de él en su territorio originario, al surgir la tendencia a los semidulces Liebfraumilch, Bereich Nierstein, Bernkastel, etc., todavía más suaves y más diluidos. Estos vinos estaban hechos con variedades de cepa cada vez menos finas, como la Müller-Thurgau y, por desgracia, los consumidores los asociaron erróneamente al Riesling. Padece intrusismos en otros lugares, muy especialmente en Europa, por parte del Welschriesling (llamado en ocasiones Laski Rizling, Olasz Rizling o Riesling Italico), pero también en California, por parte del Gray Riesling (o Pinot Gris) y del Emerald Riesling, en Australia por parte del Sémillon y en Nueva Zelanda por parte del «Riesling-Sylvaner» (Müller-Thurgau). De hecho,

(Superior) **Las abruptas colinas en el gélido clima nórdico de la región alemana de Rheingau son ideales para recoger lo mejor del sol.**

(Inferior) **Los sabores del Riesling alemán varían desde el de manzana verde crujiente en el Mosela hasta el de melocotones y albaricoques dulces en el más cálido Palatinado.**

los Riesling alemanes ocupan una amplia gama desde muy seco a extremadamente dulce, pero los estilos clásicos son los Kabinett, Spätlese y Auslese, de semisecos a semidulces (para más información sobre los vinos alemanes, *véase* «Alemania», págs. 110-111). Incluso entre éstos, los sabores afrutados van desde el más frágil y crujiente de manzanas con un ápice de limón (Mosela) hasta los sabores más maduros y ligeramente especiados del Palatinado y a albaricoques y melocotones melosos de los vinos dulces. Con la edad, el Riesling desarrolla un carácter peculiar a gasolina (o queroseno) y notas suaves de miel, pero para quien no le preocupen las notas de queroseno, uno de los grandes méritos de esta variedad es que el Riesling, a pesar de su longevidad, también es brillante en su juventud.

Australia

El Riesling y Australia han estado estrechamente vinculados desde que llegaron colonos alemanes con estacas al valle de Barossa. En la actualidad es una variedad de alta calidad e importante comercialmente en muchas regiones, pero los mejores vinos vienen del valle de Clare y del valle Eden (en las colinas de Adelaida). Se trata de vinos inevitablemente mayores y más alcohólicos que los Riesling alemanes, aunque sus sabores no son muy distintos. El carácter peculiar australiano consiste en un apetitoso sabor a lima, a menudo con un toque a fruta de la pasión o a guayaba. Con la edad, los mejores vinos desarrollan un carácter a miel y a tostada, y en ocasiones a gasolina, pero los australianos no notan tanto el carácter a gasolina.

Nueva Zelanda

Aunque la mayoría de los viticultores se han concentrado en el Sauvignon y el Chardonnay, los que han invertido algún esfuerzo en el Riesling han demostrado que el clima marítimo y fresco de Nueva Zelanda hace que valga la pena intentarlo. El estilo es más germánico que cualquier otro, frágil, fragante y afrutado, pero menos acerado y mineral. También hay algunos vinos dulces de cosecha tardía.

(Izquierda) **En Australia, especialmente en el valle de Clare, el Riesling surge con un delicioso sabor a lima.**

Estados Unidos

La Riesling no es una cepa que tenga un éxito abrumador en Estados Unidos. La inmensa mayoría de los Riesling californianos son vinos comerciales resecos y bastante suaves, aunque hay algunos que son extraordinarios, opulentos y dulces. El estado de Washington y Oregón son climáticamente los más idóneos, y Washington en particular produce algunos buenos vinos en todos los estilos, desde secos hasta empalagosamente dulces. No obstante, tal vez los mejores Riesling americanos –y, ciertamente, los más germánicos– son los de los lagos Finger, en el estado de Nueva York.

Francia

Alsacia, antaño anexionada a Alemania, es la única región de Francia que cultiva esta variedad alemana, y los vinos en su conjunto son mayores, más secos y con un estilo más alcohólico que sus correspondientes alemanes. Sus mejores ejemplares (de cosechas limitadas) tienen sabores fantásticos y ligeramente especiados a manzana y notas minerales características que requieren tiempo para mostrarse a partir de una austeridad inicial, pero las versiones más baratas también suelen tener un carácter, menos maduro, a cañas y a pepitas y piel de manzana. En buenas cosechas, algunas viñas son vendimiadas al final del otoño (cuando ya están muy maduras) para hacer estilos *vendange tardive* y *sélection des grains nobles*. Se trata de estilos exquisitos, maduros y concentrados, aunque en el caso del *vendange tardive* no necesariamente muy dulces, y también son mayores y más alcohólicos que sus correspondientes alemanes, recogidos tardíamente y afectados de botritis.

Austria

Los Riesling austríacos son uno de los últimos grandes secretos del mundo del vino, tal vez porque los austríacos se encargan personalmente de consumirlos todos. Si tiene la oportunidad, arriésguese a catar los vinos de alta calidad, gloriosamente afrutados y aromáticos, situados entre Alsacia y Alemania tanto en estilo como en peso.

Italia

No hay mucho Riesling auténtico en Italia (la mayoría se trata de Riesling Italico, inferior y sin relación alguna), y lo que se encuentra suele ser más bien neutro.

Champaña

Los productores de champaña todavía están convencidos –o por lo menos así lo afirman– de que para hacer un vino espumoso equivalente no basta con plantar simplemente las mismas variedades de cepa (Chardonnay, Pinot Noir y Pinot Meunier) en un clima comparablemente frío (suponiendo que exista) y reproducir el método del champaña (en el cual se produce una segunda fermentación y maduración con las lías dentro de la botella). En cuanto al estilo, los nuevos vinos espumosos tienden a ser abiertamente afrutados, con una acidez más suave y menos estructura que el champaña, lo cual permite beberlos más pronto, pero también les da una vida más corta. La tendencia es, ciertamente, hacia una mayor elegancia, pero la mayor parte de los espumosos todavía se rinden ante el champaña en cuanto a complejidad, intensidad subyacente (en oposición al sabor superficial) y extensión del sabor. Hay, además, tres facetas peculiares del carácter del champaña que se revelan difíciles de reproducir, o al menos de combinar: los sabores, sutiles pero ricos, a galleta, pan y levadura que desarrolla al envejecer en sus lías (al seguir el proceso denominado «autolisis de la levadura»); el carácter tostado y a nuez que proviene no del roble, sino simplemente del Chardonnay al madurar, y el excelente sabor a frambuesa de los buenos champaña basados en Pinot Noir.

Otros vinos espumosos no se pueden comparar al champaña, según los champañeses, porque no provienen del mismo tipo de suelo de creta. Y es bien cierto que hay muy poca creta o suelo calcáreo en los viñedos del Nuevo Mundo. Sin embargo, los viticultores del Nuevo Mundo replican que no son las propiedades químicas de la creta y el suelo calcáreo lo significativo, sino sus propiedades físicas –un drenaje correcto que también retenga la humedad en profundidad, sin llegar a anegar–, y estas propiedades físicas no son, desde luego, patrimonio exclusivo de la creta y del suelo calcáreo franceses.

Aparte de lo ciertas que puedan ser

tanto la réplica como la contrarréplica, desde el punto de vista de la delicadeza y la complejidad absolutas, los mejores champaña todavía tienen, sin lugar a dudas, la primacía sobre cualquier otro; y es lógico que sea así, puesto que cuestan mucho más a los consumidores. No obstante, es igualmente innegable que los mejores vinos espumosos australianos, neozelandeses y californianos (la mayoría de los cuales, irónicamente, son producidos por empresas de la champaña, en su totalidad o bajo la fórmula de empresas mixtas) son superiores a los peores champaña, que se venden en gran parte al mismo precio. Además, aunque la calidad de los champaña más pobres debería estar ahora empezando a mejorar como resultado de leyes de producción más rigurosas intro-

(Superior) **El Aube, la más meridional de las subdivisiones de la Champaña, se ha especializado en las cepas tintas de Pinot Meunier y Pinot Noir.**

(Inferior) **El carácter exquisito a galletas y a avellanas del champaña es el aspecto que más cuesta reproducir –dignamente– en otras partes.**

ducidas en 1992, los niveles de los vinos espumosos del Nuevo Mundo mejoran con cada cosecha, puesto que los vinicultores van dominando los procesos, la calidad de las cepas va aumentando con viñas cada vez más maduras, y los volúmenes de los vinos de «reserva» más viejos, que son fundamentales para el champaña, también van aumentando.

Estados Unidos

En California hay actualmente nueve empresas de champaña que producen vino espumoso, ya sea por su cuenta o en participación con empresas locales, y los resultados oscilan entre los bastante buenos y los que son realmente muy buenos, cuando se mezclan sabores de frutas más magras con una profundidad cremosa. Aunque regiones más frías como el valle de Anderson y Carneros están ganando terreno, existen resultados impresionantes del más cálido valle de Napa. También hay vinos particularmente buenos que surgen de algunos de los productores californianos que no tienen conexiones con la Champaña –aunque, sólo por una cuestión de confusionismo, suelen estar etiquetados como «Champagne» en Estados Unidos, donde no existe una protección del nombre.

Recientemente también se han dirigido muchas miradas hacia el estado más frío de Oregón, donde ha invertido la empresa de champaña de Laurent-Perrier, pero llegaremos al final del siglo antes de que alguno de sus nuevos espumosos se dé a conocer.

Australia

Junto a masas de vinos espumosos admirablemente baratos, despreocupadamente limpios, blandos y afrutados, que no tienen mucho que ver con el champaña, Australia ofrece un número creciente de mezclas de primera clase de Chardonnay y Pinot Noir en las áreas más frías, como las colinas de Adelaida, el sur de Victoria e incluso la ventosa Tasmania. Estos vinos suelen tener un sabor ligeramente más afrutado (a manzana, cítricos y melón) y algo menos de profundidad cremosa que el champaña, pero dan motivos de intranquilidad a los champañeses. (Al igual que en California, si visita Australia vaya con cuidado con el uso fraudulento del nombre «Champagne»).

Nueva Zelanda

Con los vinos espumosos, como con los vinos blancos no espumosos, Nueva Zelanda ha impresionado al mundo. Todavía es pronto, pero la calidad ya es excelente y, por lo menos en un caso (hecho por el champañés expatriado Daniel le Brun en la región de Marlborough), los resultados han llegado más cerca del champaña que cualquier otro vino espumoso. Los champañeses deberían andar con cuidado.

Francia

La aproximación francesa más cercana al champaña es el Crémant de Bourgogne, pero no es tan parecido como se dice. Aunque está hecho de las mismas cepas, es más burdo; tiene carácter de mantequilla, pero también de repollo.

El Blanquette de Limoux, del sur, ha mejorado en los últimos años, pero es difícil confundir su sabor amanzanado y ligeramente terroso con el del champaña. Igualmente, el Saumur y el Vouvray, del Loira, hechos de la cepa de Chenin Blanc, presentan un estilo diferente. Tienden a ser bastante ácidos, y en años mediocres tienen un cierto sabor a caña, pero en las buenas cosechas el Vouvray en concreto puede tener un carácter entrañable a fruta dulce y a nuez tostada. El Crémant d'Alsace posee un estilo afrutado más floral que el champaña, como es también el caso del vino espumoso de Savoie en sus mejores momentos.

España

España produce un mar de cava o vino espumoso, y los productores han hecho un gran esfuerzo para mejorar la calidad, pero el problema básico consiste en las cepas locales más neutras que se utilizan. Tan sólo los encomiables Chardonnay de las empresas Codorníu y Raimat mantienen algún ligero parecido con el champaña.

Italia

Italia, igualmente, produce vastas cantidades de vinos espumosos, muchos de ellos según el *metodo classico* (método del champaña), pero la mayoría no se parecen mucho al champaña. Las excepciones, sobre todo el de Franciacorta, en el norte, varían en estilo desde los que son mucho más frágiles y magros que el champaña hasta los que son mucho más ricos y grasos (y, en ocasiones, impresionantemente tostados).

Reino Unido

Los productores de vino ingleses y galeses han descubierto que los vinos espumosos son un producto adecuado para su clima marítimo frío. La mayoría de ellos todavía están en sus primeros momentos, pero se están produciendo vinos frágiles, secos y elegantemente afrutados, aunque no muy asequibles.

India

La marca Omar Khayyam de vino espumoso es una prueba de que se puede hacer mucho si se tiene decisión. Los viñedos están situados en las alturas de las colinas al sudeste de Bombay, y el propietario indio ha aprendido el método en la Champaña. La calidad ha sido un poco oscilante en los ocho años transcurridos desde que surgieron las primeras botellas, pero cuando sale bien es perfectamente confundible con el champaña.

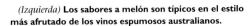

(Izquierda) **Los sabores a melón son típicos en el estilo más afrutado de los vinos espumosos australianos.**

Sauternes

Aunque la mayoría de países tienen la tradición de elaborar vinos dulces, no hay muchas copias fidedignas del Sauternes, este glorioso vino dulce de Burdeos, dorado y dulce por naturaleza, pero esto tal vez no sea sorprendente, dado el modo en que está hecho y su historia reciente. El delicioso Sauternes, con su exquisito sabor a miel y a *crème brûlée*, compensado con sabores de albaricoque, melocotón y piña, y su textura de lanolina, es el producto de las cepas de Sémillon y Sauvignon Blanc que han sido cruelmente marchitadas y deshidratadas por un hongo (*Botrytis cinerea* o «podredumbre noble») que aparece únicamente en un clima particularmente cálido, en condiciones climáticas húmedas y otoñales. Algunos años no se produce, en cuyo caso, con suerte, se puede hacer un vino dulce muy bueno, pero sin la grandiosidad de su opulencia melosa, su maleabilidad y la longevidad de una cosecha clásica. Además, a causa de la deshidratación de las cepas, se necesita como mínimo el doble de uva para producir cada botella de vino de la que se ne-

cesitaría para producir un Burdeos tinto o blanco seco de una calidad comparable.

En cuanto a la historia, el Sauternes permaneció ignorado hasta los años ochenta. Al no estar de moda, no ser solicitado y verse despreciado, los precios cayeron hasta un nivel que no permitía elaborar un vino fino, por lo cual los productores no lo intentaron y los niveles se mantuvieron muy bajos. Por la misma razón, hubo pocos pioneros del Sauternes en otros lugares. El cambio de tendencia se produjo en 1983, con una excelente vendimia muy atrasada (seguida rápidamente por otras muy buenas en 1986, 1988, 1989 y 1990). Los consumidores de vino se dieron

(Superior) **La bruma matinal y el sol de la tarde son los ingredientes que las propiedades de Sauternes, como el Château Guiraud, esperan del otoño para que se produzca la «podredumbre noble».**

(Inferior) **Miel, albaricoques y piña son algunos de los sabores que dan al soberbio Sauternes su exquisitez y su intensidad.**

cuenta de repente de lo que se habían estado perdiendo. El Sauternes se puso de moda, se encareció, saltó a la fama y fue seguido tímidamente por algunos vinicultores en otras áreas.

Estados Unidos

En California, como en Australia, la mayoría de los vinos afectados de botritis están hechos de Riesling, pero incluso esos, a causa de su estilo más potente, son en ocasiones del tipo del Sauternes tanto como germánicos. También hay algunos vinos excelentes de Sémillon-Sauvignon con botritis hechos al modo clásico –aunque es más habitual inocular artificialmente la botritis, ya sea en los viñedos o después de la vendimia. La clave en la mayoría de los vinos dulces es la descripción «cosecha tardía» (*late harvest*).

Australia y Nueva Zelanda

A pesar de la cantidad de Sémillon cultivado y elaborado como vino blanco seco, el Sémillon con botritis al estilo del Sauternes es raro en Oceanía. El primer vino de este tipo lo hizo De Bortoli en 1982, en la región de Murrumbidgee, productora de vino para el mercado masivo, en Nueva Gales del Sur. Causó sensación, pero aún así no se ha producido ninguna corriente posterior. Sin embargo, hay más Riesling con botritis. Los que están etiquetados como «Beerenauslese», «Trockenbeerenauslese» o «Late Harvest» están hechos en un estilo alemán; son dulces, concentrados y fragantemente afrutados; también son más bajos en alcohol y tienen mucha menos grasa que el Sauternes.

Francia

Cérons, Premières Côtes de Bordeaux, Ste-Croix-du-Mont, Loupiac y Cadillac son denominaciones de Burdeos bastante parecidas al Sauternes y que pueden producir vinos del mismo modo, pero en un estilo más ligero. Por desgracia, los niveles en general no son altos, pero cuando los productores lo intentan, los resultados suelen ser alternativas atractivas y asequibles. Se puede decir prácticamente lo mismo del Monbazillac, en la región de Bergerac, al este, aunque aquí, además, la situación es todavía más decepcionante, porque el Monbazillac se contaba antaño en la misma categoría que el Sauternes.

En el norte, la botritis afecta a veces a las cepas

(Izquierda) **La naranja y la mermelada de naranja están entre los sabores que hacen que los Tokay húngaros sean vinos tan característicos.**

de Chenin Blanc en el valle del Loira, y da a vinos como el Côteaux du Layon, el Bonnezeaux, el Quarts de Chaume, el Vouvray y el Montlouis un fantástico sabor profundo a fruta melosa (albaricoque, manzana, nectarina, etc.) y un sabor a mazapán de almendra, siempre apuntalado por la alta acidez de la cepa de Chenin. Nunca tienen la opulencia ni el grosor del Sauternes, pero cuentan con tanta intensidad que pueden durar un tiempo extraordinariamente largo. El Vouvray y el Montlouis también pueden ser vinos secos o medio secos (así como espumosos), por lo que hay que buscar la palabra *moelleux* (dulce) o alguna indicación de una *cuvée* (o selección) especial.

En Alsacia, cuando se produce la podredumbre noble, los productores hacen vinos con *sélection des grains nobles*. De las cepas de Gewürztraminer (muy peculiares, aromáticas y especiadas, que comparten con el Sémillon un carácter aceitoso), los vinos pueden tener un peso y una textura sorprendentemente similares al Sauternes.

Alemania

No tendría sentido marginar a los soberbios Beerenauslese y Trockenbeerenauslese alemanes –hechos de uvas de cosechas excelentes con podredumbre noble–, pero son muy diferentes en estilo del Sauternes. Intensamente dulces, fragantes y melosos, tienen un gran potencial de envejecimiento a causa de su alta acidez, pero son mucho menos gruesos y alcohólicos que el Sauternes.

Hungría

Los vinos dulces históricos húngaros, el Tokay (o Tokaji), el Aszú y el Eszencia, no son como otros vinos, pero merecen igualmente un lugar aquí. Famosos por sus cualidades curativas y prolongadoras de la vida –así como por la duración de su propia vida, aparentemente indefinida–, están hechos con cepas afectadas de botritis, procesadas peculiarmente, y luego maduradas de un modo parecido al Jerez. El resultado es una mezcla de sabores a *pudding* navideño, mermelada de naranja, manzana al horno y caramelo blando, con un trasfondo oxidado y parecido al Jerez; raro, pero delicioso.

Austria

Los vinos austríacos de postre, la mayoría de ellos de Burgenland, se parecen más al estilo alemán que al Sauternes, pero en cierta medida están a medio camino entre uno y otro. Los mejores –que por fin están empezando a verse fuera de Austria– tienen una concentración y una armonía de aromas y sabores extraordinarios a frutas y botritis.

Jerez y Oporto,
los dos grandes vinos licorosos

Hace sólo dos o tres décadas, Estados Unidos, Sudáfrica, Australia y Nueva Zelanda eran grandes productores de vinos licorosos. De hecho, producían y bebían poca cosa más, pero cuando la edad de los vinos de mesa descendió en esos países, los vinos licorosos empezaron a perder popularidad, y por lo tanto bajó la producción. Cada vez se encuentran menos, y cada vez son menos exportados. Los mismos clásicos en que se basan esos vinos –el Jerez, sobre todo– también están pasando un mal momento en su relación con los consumidores actuales. Habrá que ir con cuidado para que estos grandes vinos de aperitivo y de sobremesa no salgan del repertorio de finales del siglo XX.

El Jerez, que proviene de la región española de Jerez, fue un aperitivo clásico en Gran Bretaña, pero empezó a perder preferencias alrededor de 1980, y el consumo ha caído en picado desde entonces –vergonzoso, porque los estilos pálidos y secos del Fino y del Manzanilla son realmente unos aperitivos perfectos–, y también son sorprendentemente versátiles con la comida (*véa-se* «Combinar comida y vino», págs. 30-39).

El problema consiste en que la sequedad de la mayoría de los vinos de Jerez es demasiado austera para los paladares acostumbrados a los vinos de hoy en día, típicamente maduros, suaves y afrutados. Por ello, el sabor del Jerez es actualmente algo que debe ser adquirido –exactamente como el propio vino–, pero, una vez adquirido, no se abandona jamás. El problema se agudiza por el hecho de que una buena parte del Jerez exportado a Gran Bretaña no es realmente el tipo adecuado. Está endulzado artificialmente para hacerlo más comercial, con el resultado de que la mayoría de la gente (que cree que el Amontillado es un Jerez medio y que el Oloroso es dulce) nunca experimenta los sabores auténticos: el Fino y el Manzanilla, apetitosamente frágiles y secos, con el sabor a levadura de la imprescindible levadura «flor» y, en el caso del Manzanilla, un frescor de sal marina; el Amontillado, igualmente muy seco, pero de color más oscuro, con mucho cuerpo y un carácter a nuez; y el Oloroso –también seco, pero más rico,

con más cuerpo, más cálido y anogalado, sin el sabor a levadura (*véase* «España», pág. 128).

Entre las imitaciones, los estilos australianos de Jerez son muy parecidos en cuanto a calidad y a carácter a sus modelos, con algunos Finos particularmente buenos; Sudáfrica todavía tiene una industria de vino licoroso consistente que produce tipos de Jerez razonablemente buenos, aunque nunca alcanzan la delicadeza de los mejores (Australia y Sudáfrica producen estilos de Jerez inoculando los vinos recién fermentados y licorosos con levadura «flor»), y los estilos estadounidenses de Jerez no son significativos, tal vez porque muy raramente eran buenos.

En Europa, Chipre sigue produciendo copias más bien burdas, mientras que Gran Bretaña sigue haciendo Jerez barato y con uvas concentradas, en lu-

(Inferior) **El suelo calizo de albariza, en Jerez, se adapta perfectamente a las cepas de Palomino.**

gar de uvas frescas (pero, a partir de finales de 1995, no se le va a permitir denominarse Jerez). El Montilla español es otra alternativa barata, muy similar al Jerez, pero no es licoroso y no cuenta con su profundidad de sabor.

Cuando el Jerez era el aperitivo clásico en el Reino Unido, el Oporto era el vino clásico para ser tomado al final de una comida, con Stilton, y saboreado hasta mucho después. Hecho de variedades de cepas indígenas que crecen en el valle del Duero, en Portugal, pero envejecido tradicionalmente en los alojamientos de los exportadores portuarios de Oporto, en el afluente del río, el Oporto es dulce, tinto, pesado y alcohólico –casi todo lo que no es el vino de mesa moderno.

A pesar de su imagen, muy peculiar, hay de hecho varios estilos de Oporto (incluido el Oporto blanco medio o seco, bebido como aperitivo), pero la diferenciación principal se hace entre el Oporto envejecido en botella, compendiado por el Oporto de cosecha, y el Oporto envejecido en madera. Son muy diferentes en carácter. El Oporto de cosecha, hecho sólo en los mejores años y raramente listo para ser bebido antes de diez, y a veces veinte años, tiene un color muy profundo, es intensamente afrutado (a menudo con reminiscencias a grosellas, ciruelas e higos secos), rico, muy dulce, con sabor a chocolate y, cuando es joven, extremadamente tánico. El Oporto de cosecha no suele tener sabor a madera. En cambio, el que se envejece en madera es mucho más pálido y marrón, y tiene un carácter meloso, a nuez, ligeramente amaderado y de fruto seco, derivado del contacto con el aire durante su larga maduración en toneles porosos de madera. Al contrario que el Oporto de cosecha, debe servirse ligeramente helado e incluso puede ser un buen aperitivo.

En teoría, tanto el Oporto de cosecha como el otro han sido copiados en los nuevos países productores de vino. En la práctica, los segundos predominan ampliamente, pero se tiende a buscar un compromiso entre los dos. En Sudáfrica, todavía más que en Australia, los envejecidos en madera tienden a ser mu-

cho más llenos, afrutados y potentes que el Oporto genuino. Los estilos de cosecha que han tenido más éxito se producen en escasas cantidades en Australia, y suelen basarse en la cepa de Shiraz (Syrah), que da un vino más aromático y habitualmente más dulce.

En Europa, los vinos licorosos dulces se producen en el sur de Francia, en Rivesaltes y Banyuls. Más bajos en alcohol que el Oporto, están hechos de la cepa de Garnacha y envejecidos en madera para obtener un estilo más ligero, más especiado y más maderado.

La respuesta italiana al Oporto es el característicamente dulce Recioto della Valpolicella. No se trata de un vino licoroso, pero es más alcohólico que el vino de mesa normal porque las cepas vendimiadas se han dejado secar (se deshidratan y se vuelven más concentradas) antes de la fermentación. Si el vino detiene su fermentación antes de que todo el azúcar se haya convertido en alcohol, el resultado es un vino intenso y dulce, con carácter a cerezas amargas y sabores ricos, herbáceos y, en ocasiones, a caza. (Si el vino fermenta hasta tornarse seco, el resultado es el Recioto della Valpolicella Amarone.)

(Superior) **Recolectar los viñedos de Oporto, en el valle del Duero, en terrazas o en laderas inclinadas, es una tarea dura por la posición de la espalda y por el fuerte sol.**

(Inferior) **Los estilos más completos del Jerez, el Amontillado y el Oloroso, comparten con el Oporto un carácter a nuez. La cosecha de Oporto es intensamente rica y afrutada, con sabores a grosellas y a ciruelas, así como a frutos secos.**

Hermitage y Côte Rôtie

A pesar del hecho de que el Hermitage y el Côte Rôtie eran valorados al mismo nivel que los mejores Burdeos y Borgoña en el siglo pasado, estos grandes vinos tintos de Syrah del Ródano septentrional, con sus inmensos color, cuerpo, sabor y longevidad, no han sido muy copiados. Su popularidad vuelve a crecer actualmente, pero durante mucho tiempo la corriente parecía ir contra los vinos con un color, un cuerpo y un tanino tan compactos –contra un vino en particular, el Hermitage, el más compacto y famoso de los dos, que se tomaba su tiempo antes de mostrar sus atractivos aromas a bayas y su rica complejidad de carne de caza tras una máscara de taninos a menudo alquitranados y correosos. Incluso Australia, con mucha más cepa de Syrah (bajo el nombre de Shiraz) que Francia y su estupendo vino, llamado Grange Hermitage (aunque la parte de Hermitage ha sido eliminada en Europa), en realidad no produce muchos vinos parecidos al Hermitage. De hecho, el creador del Grange, en los años cincuenta, se inspiró en el Burdeos, y nunca había estado en el valle del Ródano. La mayoría de los Shiraz, con un sabor a bayas y un carácter mentolado típicamente australianos (aunque esto es más evidente en una mezcla con Cabernet), son más suaves,

(Superior) **Las lomas de la colina de Hermitage, en el margen oriental del Ródano, son difíciles de trabajar, pero vale la pena el esfuerzo a causa de su exposición favorable al sol y su suelo granítico.**

(Inferior) **La cepa de Syrah da a los vinos del Ródano septentrional aromas tentadores a bayas y una gran potencia.**

más flexibles y de vida más corta que los Syrah del Ródano. Incluso las impresionantes excepciones, pesadas y de una edad respetable, que son básicamente pequeñas producciones de las viñas muy viejas de Barossa, son accesibles mucho más jóvenes.

California tiene sus venerados Rhône Ranger –un nombre poco serio para vinos hechos a partir de las variedades de uva del Ródano (Syrah, Garnacha, Viognier, etc.) y de sus vinicultores innegablemente serios. Algunos Syrah son remarcables, más bien en el estilo ligeramente más perfumado y más elegante del Côte Rôtie que el más burdo del Hermitage, pero están hechos en cantidades escasas y se encuentran a un precio inevitablemente alto.

Los *vins de pays* de Syrah del sur de Francia son una raza nueva y en expansión. No tienen el peso, la profundidad, la complejidad o el tanino de los Ródano septentrionales, pero suelen tener la frutosidad típica del Syrah, así como su especia pimentada, su suculencia y su textura.

Otros

Los vinos mencionados no son, en absoluto, los únicos estilos clásicos y tradicionales que han llegado a ser internacionales, al intentar imitarlos productores de países lejanos. Para más información acerca de estilos ampliamente reconocidos, pero menos extendidos, vuelva al capítulo sobre las cepas (págs. 50-59) y busque las referencias a:

Gamay (para el Beaujolais)
Nebbiolo (para el Barolo)
Sangiovese (para el Chianti)
Tempranillo (para el Rioja)
Gewürztraminer (para el Gewürztraminer alsaciano)
Moscatel (para el Beaumes-de-Venise y los licores de Moscatel australianos)
Sémillon y Sauvignon Blanc (para los Burdeos blancos secos)
Melon de Bourgogne (para el Muscadet)

Más adelante podrá encontrar más detalles en los capítulos referentes a las regiones.

Los viñedos:
dónde y por qué

Las cepas constituyen, ciertamente, la influencia principal en el estilo y en la calidad de un vino, pero sólo son el punto de partida; además, como han descubierto los viticultores del Nuevo Mundo en el último cuarto de siglo, no son necesariamente el mejor punto de partida.

En contraste con Francia, donde cualquier vino que aspire a una categoría por encima del *vin de table* (vino corriente) debe estar hecho de variedades autorizadas específicamente por la región o denominación afectadas, el *modus operandi* de los nuevos productores pioneros era adquirir un lote de terreno en la soleada California, en Australia o en cualquier otro lugar, y elegir la variedad, o las variedades, según su antojo y/o las aspiraciones comerciales. Al fin y al cabo, las viñas crecen en cualquier clima y florecen con mucho calor, agua y espacio; por lo tanto, ¿para qué preocuparse por el tipo de suelo, la topo-grafía o los matices del clima, todos estos factores (y más) que los franceses combinan bajo el nombre de *terroir* y en el que creen con un fervor casi religioso?

¿Por qué? Porque las viñas florecientes no son necesariamente la clave para un vino fantástico o incluso bueno. Tienden, en cambio, a producir grandes cantidades de uva diluida e insípida que produce, naturalmente, vino diluido e insípido –el equivalente vinícola de las manzanas mediterráneas, que tienen una textura lanosa. Es discutible que las viñas tengan que «sufrir» para producir uvas con la calidad potencial para hacer un buen vino, como dice la tradición europea occidental, pero no hay duda de que, con pocas excepciones (Coonawarra es una de ellas), para lograr vinos con alguna pretensión de calidad y estilo, tienen que ser plantadas en suelos donde puedan arraigar profunda y ampliamente. Y no lo hacen si lo tienen todo demasiado fácil (el riego, los fertilizantes, un sol abundante, etc.) a un nivel más o menos superficial. Simplemente, siguen un proceso automático según el cual producen excesivo follaje y uvas mediocres.

(Superior) **Regar las vides con un aspersor es, por extraño que parezca, un modo efectivo de prevenir los daños de las heladas en Chablis.**

(Inferior) **Por asombroso que parezca, estas piedras de Domaine de la Solitude no sólo son características de Châteauneuf-du-Pape, sino que tienen sus ventajas: la principal es que siguen irradiando calor por la noche.**

Suelo

Si buscamos las condiciones ideales para el cultivo de las vides –suponiendo que exista este ideal–, no es una casualidad que los viñedos europeos establecidos desde hace mucho tiempo estén en tierras donde crece poca cosa más. A las vides parecen gustarles los suelos pobres, pero no es tan sencillo como esto. Tanto si los viticultores del pasado identificaron los factores relevantes como si no, la experiencia centenaria europea nos demuestra que los mejores suelos son los que favorecen la penetración de las raíces, están bien drenados y, al mismo tiempo, pueden almacenar el agua sin quedar encharcados. La piedra caliza, como la que se encuentra en Borgoña y en Champaña pero, por fortuna, muy poco en el Nuevo Mundo, se adecúa perfectamente a esta descripción; también es el caso de otros suelos rocosos y con grava, como los de los viñedos de los Burdeos más finos del Haut-Médoc. Los suelos pedregosos (a veces increíblemente pedregosos, como en Châteauneuf-du-Pape) son, de hecho, los que mejor se adaptan a una amplia gama de climas, ya que tienen la ventaja de calentarse muy fácilmente y la capacidad de seguir irradiando calor por la noche a través de sus piedras; no son muy fértiles y no permiten una rápida erosión. Además, los suelos pedregosos se encuentran sobre todo al pie de las colinas, que suelen tener otras ventajas climáticas, como un buen drenaje de aire y una buena exposición al sol.

Además de las propiedades físicas de un suelo, también es un punto de discordia el hecho de si la composición química (mineral y microbiológica) tiene o no influencia en el sabor del vino que produce. Básicamente, los franceses creen que sí; el Nuevo Mundo no lo cree, o no mucho. Aunque no hay una evidencia científica que apoye el punto de vista francés, no se puede negar que algunos suelos están asociados a variedades peculiares y, por encima de todo, a estilos y sabores de vino peculiares. Muchos catadores especializados encuentran un sabor pizarroso en muchos Mosela, un sabor terroso en el Graves tinto y un carácter a pedernal y duro en el Chablis, y todos estos sabores son atribuibles al suelo.

Clima

Aunque para los franceses, con su noción de *terroir*, las influencias del clima y las del suelo están inseparablemente vinculadas, el papel del clima se ve en la actualidad más claro. Para explicarlo llanamente, los viticultores del Viejo Mundo suelen estar muy cerca de los límites de un cultivo satisfactorio de la viña, por lo cual viven con la perspectiva anual de poco sol y demasiada lluvia para producir una cosecha perfectamente madura y con sabores abundantes. También tienen mucha más variación en calidad y en estilo de vendimia a vendimia. Mucha gente en el Nuevo Mundo vive con la perspectiva de calor excesivo y (aunque no les va a importar regar, para escándalo de los europeos) poca lluvia para producir uvas con bastante sutileza y con equilibrio de fruto, ácido, alcohol y tanino. De todas formas, consiguen resultados más consistentes.

La consecuencia de todo esto es que, hasta la fecha, los mejores vinos del mundo provienen de los años más calurosos en los mejores viñedos europeos, puesto que Europa, según parece, tiene un mayor potencial de calidad pero, paradójicamente, menos posibilidades de que se llegue a producir.

No obstante, los viticultores del Nuevo Mundo van a la zaga. Cada vez más, en California, Australia y Sudáfrica, se pone el énfasis en el microclima, el clima localizado con un tiempo atmosférico que refleje la configuración del terreno: el rincón al abrigo del viento dominante o las lomas que reciben las brisas marítimas frescas, las nieblas, una hora más de sol o temperaturas nocturnas más frías. No nos puede extrañar que los microclimas «perfectos» que se buscan estén esencialmente más cerca en espíritu a las condiciones climáticas más frías de sus modelos europeos (aun así, especialmente en Australia, el riego está empezando a ser esencial). Los resultados ya se traducen en algunos vinos excelentes –sutiles y complejos– pero, como en Europa, hay menos seguridad de que puedan ser producidos cada año.

(Inferior) **La niebla refrescante, llegada del Pacífico, es un fenómeno habitual –y apreciado– en los días calurosos del valle de Napa.**

Opciones en el viñedo:
el cuidado de las viñas

Por desgracia, tener variedades apropiadas en un suelo adecuado bajo un clima favorable no garantiza lograr un buen vino –y no se trata sólo de que se precise un buen vinicultor. Mucho antes de llegar a la bodega, hay que tratar con sumo cuidado a las viñas –ponerles alambres, conducirlas, podarlas, tratarlas para prevenir las enfermedades y el tiempo inclemente y recolectarlas en el mejor momento.

Una de las grandes lecciones que los productores del Nuevo Mundo empezaron a aprender a finales de los años ochenta es la importancia de una actividad agrícola meticulosa. Hasta entonces concentraban casi todos sus esfuerzos en lo que sucedía en la bodega y consideraban que bastaba con la ciencia y la tecnología para garantizar un buen vino. Se encontraron, por supuesto, con que conseguían un vino sólido y técnicamente correcto, pero, como les hubiera podido decir cualquier cocinero, el resultado final sólo puede ser tan bueno como los ingredientes. Actualmente la tendencia se ha orientado de manera firme hacia los viñedos.

Poda y conducción

Si nos fijamos en las líneas perfectas de las viñas conducidas en muchos viñedos modernos, tal vez sea difícil percibir cómo, si las dejáramos solas, muchas viñas se convertirían en masas enmarañadas de ramas, retoños y hojas que treparían por cualquier árbol que estuviera al alcance. Cuanto más exuberantes sean, más ocultos estarán los racimos de uva a la sombra de la esencial luz solar, y su crecimiento será más irregular. Esta es la visión tradicional que justifica la

(Inferior) **Algunos productores del Nuevo Mundo han empezado a replantearse la validez de la ardua poda invernal, pero en el Viejo Mundo, como aquí, en Champaña, se trata de una fase clave en el ciclo anual del viñedo.**

norma abrumadora de la tan difícil poda, ya sea a mano o con máquinas, durante el período de letargo invernal de la viña.

Sin embargo, desde hace pocos años esta tradición (como tantas otras) ha sido desafiada en el Nuevo Mundo, especialmente en Australia, donde algunos viticultores han abandonado del todo la costosa práctica de la poda invernal (realizan una pequeña poda estival), y parece ser que han descubierto que, a pesar de la evidencia anterior, las viñas sin podar dan muestras de una autodisciplina considerable: no detienen el crecimiento de su vegetación, sino que producen racimos fuera de la sombra, donde hay una mayor exposición al sol. Los partidarios de esta «poda mínima» afirman que, aunque se incrementa la cosecha, también lo hace la calidad. La mayoría de los vinicultores todavía tienen que convencerse, y está claro que la poda va a seguir siendo un control primario de calidad durante los próximos tiempos.

Otro tópico profundamente arraigado, vinculado al anterior pero menos controvertido, es el «control de la cubierta vegetal». El objetivo de esta práctica es simplemente facilitar a las hojas y a los frutos la mejor exposición posible usando una combinación de técnicas, entre ellas nuevos sistemas de conducción, reducción de brotes, poda en verde y eliminación de hojas.

Producción

Todas las prácticas mencionadas afectan a la producción de la uva, y la producción afecta a la calidad del vino –las grandes producciones afectan negativamente–, lo que explica que el sistema francés de la *appellation contrôlée* (*véase* «Francia», pág. 96), y los sistemas de muchas otras denominaciones basados en él especifiquen el máximo de producciones y prohíban el riego. Sin embargo, la relación no es tan sencilla como parece. Aunque no se puede negar que existe un nivel de cosecha por encima del cual la calidad se deteriora (básicamente, todos los sabores se diluyen), hay todo tipo de variables a tener en cuenta.

La variedad de uva es la más evidente: la calidad de las cepas de Pinot Noir empieza a padecer con cosechas más bajas que la Chardonnay, por ejemplo. Otra variable es el lugar: un clima severo va a producir, evidentemente, cosechas más bajas que otro más moderado. La densidad de plantación es otra, y particularmente engañosa: las cosechas se suelen medir en volumen por hectárea, pero el número de viñas plantadas por hectárea varía enormemente; es mucho más bajo, por ejemplo, en el Nuevo Mundo, donde las vendimiadoras mecánicas se utilizan ampliamente (y necesitan espacio para moverse por las hileras), que en regiones como Borgoña, donde la mecanización es muy limitada. En general, un espacio amplio se considera como más negativo para la calidad, ya que las raíces de las viñas tienden a extenderse perezosamente en sentido horizontal, en lugar de hacia abajo, por estratos de suelo que contienen diferentes nutrien-

Las plagas modernas

Existen dos plagas* modernas de la viña. Una de ellas, la eutipiosis, es nueva, pero la otra, la filoxera, es una nueva versión de una gran catástrofe vitícola del siglo XIX. La filoxera llegó a Europa en estacas provenientes de América alrededor de 1860, y en dos décadas arrasó la mayoría de los viñedos de Francia y gran parte del resto de los cultivos de vid europeos y californianos. En la actualidad, su área de destrucción está muy limitada a California, dado que es allí donde las viñas tienen el tipo de raíces donde vive y se alimenta el diminuto parásito Phylloxera vastatrix**. Muchas otras regiones vitícolas han sido injertadas, a partir de la devastación del siglo XIX, con un tipo de patrón americano en el que la filoxera no se da bien; o hay barreras naturales, como en Chile (montañas, mar o desierto), a la penetración de la filoxera. Por desgracia, los viticultores cali-fornianos eligieron un patrón que resultó no ser resistente a la filoxera. La consecuencia es «una pesadilla de mil millones de dólares», como aseguraba la revista Wine Spectator, ya que ha sido necesaria una replantación masiva durante esta década. El consuelo es que se trata de una oportunidad para replantar con mejores viñas y según los últimos avances.

La eutipiosis, o más gráficamente la «enfermedad del brazo agonizante» o el SIDA del mundo vitícola, es un hongo que apareció en Francia a principios de los años ochenta, en un primer momento en las viñas de Ugni Blanc, en Cognac, pero actualmente y, cada vez más, en otras áreas y en todo tipo de variedades de vid. Las de Cabernet Sauvignon y Sauvignon Blanc están entre las más propicias, pero ninguna es totalmente inmune. Tiene un período de incubación tan largo (de cinco a diez años) que la investigación de su prevención y remedio se hace lenta. De momento no hay remedio posible, sólo algunas medidas preventivas.

* *Nota del revisor: El término «plaga» se limita a la acción de los animales (insectos, ácaros, etc.) y cuando los que intervienen son hongos, virus y bacterias, se habla de «enfermedad». Así, en el texto, habría que hablar de una plaga (filoxera) y de una enfermedad (eutipiosis).*

** *Nota del revisor: En realidad, esas raíces son «sensibles» a la filoxera, mientras que las utilizadas en otras regiones son «resistentes», pero la filoxera se encuentra en ambos lugares.*

(*Inferior*) **La conducción tradicional de la pérgola con soportes de granito local, en Galicia; una resonancia lejana del «control de la cubierta vegetal» del Nuevo Mundo.**

tes.* Por último está el hecho poco argumentado, pero de igual modo irrefutable, de que en Burdeos y en la Champaña las mejores cosechas desde 1982 han sido las más abundantes.

No existe una fórmula clara. En último término, la responsabilidad recae no tanto en la ley como en la acción individual para producir la cosecha que se considere apropiada para la calidad del vino que se pretende obtener (al fin y al cabo, no todo el mundo aspira a lo mejor). Esto se puede lograr con una combinación de podas (invernal, primaveral y estival), un «aclareo de racimos» (extirpación de los racimos sobrantes en verano) y con el uso apropiado de fertilizantes y otros tratamientos. Y esto nos conduce directamente a otro tema de gran controversia: los productos empleados en los viñedos.

Hacia la ecología

De hecho, esto no es tan controvertido como llegó a serlo hace sólo cinco años, como demostró ampliamente el Simposio Internacional de *Masters* del Vino de 1992: lo que era considerado como el gran debate sobre «la alimentación contra la naturaleza» finalizó con un gran consenso. Desde los viticultores hasta los académicos, los consumidores y los vendedores, la tendencia fue abrumadoramente ecológica, y la consigna fue evitar fertilizantes químicos, aplicar los orgánicos juiciosamente, reducir al mínimo los tratamientos contra hongos, virus y pestes en los viñedos y, en la medida de lo posible, usar sólo los «naturales», como el sulfato de cobre y los depredadores naturales. Las cosechas serán menores, pero esto puede ser considerado como un efecto positivo. En muchos casos, la misma idea contra los aditivos se extiende a los procesos en la bodega, aunque hay una resistencia remarcable a todo lo que sea sumergirse en el campo orgánico, con sus normas inflexibles y su imagen anárquica residual.

Maduración y recolección

Uno puede pensar que decidir cuándo recolectar es la decisión más fácil; se recolecta, probablemente, tan pronto como las uvas están maduras. Bien, sí y no. La uva es un fruto bastante complejo, y decidir cuándo ha alcanzado el punto óptimo de madurez para el estilo de vino que se pretende obtener puede ser angustioso (incluso sin llegar a preocuparnos por temas como los impedimentos meteorológicos). Si se retrasa, la acidez empezará a bajar y dará como resultado unos vinos cada vez más sosos y de corta vida, especialmente los blancos. Si se recolecta demasiado pronto y la dulzura del fruto se ve transformada, y probablemente dominada por el ácido, dará un sabor agrio (particularmente a los blancos), que otorga a los vinos tintos un sabor y una sensación secos y tal vez amargos.

* Notá del revisor: En realidad se debe a que la fisiología de la cepa es más favorable a la calidad al tener un menor vigor unitario.

(Superior) **La biodinámica, practicada aquí, en Coulée de Serrant, en el Loira, requiere métodos de cultivo rigurosamente tradicionales.**

La dificultad se ve aumentada por el hecho de que la madurez fisiológica y química pueden perder su sincronía. En Burdeos, en 1989 –teóricamente una cosecha excelente–, se encontraron algunas cepas Merlot que habían madurado en todos los aspectos excepto en sus taninos. Cuando los viticultores esperaron a que los taninos maduraran, los niveles de ácido empezaron a caer de forma alarmante.

En conjunto, sin embargo, el arte y la ciencia de vendimiar en el mejor momento ha mejorado en la última década, aproximadamente, en gran parte a causa de los avances en la producción vinícola. Para dar sólo un ejemplo, puesto que la producción vinícola es el tema del próximo capítulo, las cepas tintas de Burdeos se recogen ahora habitualmente más tarde y más maduras que antes de que se hubiera generalizado el control de las temperaturas de fermentación, dado que, con este tipo de control, unos niveles de azúcar más altos en las uvas no pueden provocar una fermentación a una temperatura excesiva y detenerse demasiado pronto. Las uvas más maduras conllevan

sabores de fruta más dulces y exquisitos, así como taninos más atractivos.

La otra decisión crítica, aunque raramente se trata de una decisión del último minuto, es si la recolección se lleva a cabo a mano o de forma mecánica. En algunas regiones, en la Champaña y en Jerez, por ejemplo, las vendimiadoras mecánicas están proscritas, y en otras, como en Burdeos y en Borgoña, están permitidas pero se utilizan muy poco, al menos por parte de los principales propietarios. La recolección a mano es más delicada y selectiva, según afirman sus partidarios, pero en el Nuevo Mundo, donde prevalecen las vendimiadoras mecánicas, sus defensores aseguran que las máquinas modernas son lo bastante delicadas y tienen las ventajas de ser mucho más rápidas que las personas, además de que pueden trabajar a cualquier hora, incluso por la noche.

(Derecha) **Las vendimiadoras mecánicas no son habituales en Borgoña, donde las posesiones suelen ser reducidas; las hileras de vendimiadores agazapados constituyen un paisaje mucho más común.**

El
papel del vinicultor

Desde cierto punto de vista, la elaboración del vino es la parte fácil. Si la naturaleza y el cultivo han producido uvas maduras y sanas, no hay excusa para un vino pobre, dado que el proceso por el cual los azúcares de la uva se convierten en alcohol y en dióxido de carbono durante la fermentación sigue siendo tan simple y natural como lo ha sido siempre. De hecho, el vino se hace solo, siempre y cuando la temperatura sea razonablemente cálida y las levaduras naturales, que surgen de la piel de la uva, no hayan sido aniquiladas por tratamientos químicos en los viñedos. Probablemente fue así como empezó todo el proceso.

Sería estúpido, sin embargo, deducir que los vinicultores son, de algún modo, superfluos. El vino, una vez se deja solo, se echaría a perder por acción de las bacterias en la mayoría de los casos –y se convertiría en vinagre–, puesto que, una vez ha terminado de fermentar, necesita estar protegido del oxígeno. Sin embargo, a medida que la tendencia a la hora de determinar la calidad se ha ido decantando cada vez más hacia el viticultor en el viñedo, se ha ido abandonando la idea del vinicultor como brujo intervencionista, un papel que alcanzó su apogeo en algunas de las grandes bodegas de California y Australia en los años setenta y ochenta.

Los vinos y las cepas están descritos con más detalle en la sección final del libro –«Dónde se hacen los mejores vinos» (págs. (94-157)– y en «La importancia de las cepas»(págs. 50-59).

Elaboración de vino tinto

Estrujado

Una vez recolectadas, el objetivo es llevar todas las uvas a la bodega tan pronto y suavemente como sea posible –de forma ideal, aunque esto suele ser más importante con las uvas blancas, transportadas en cajas de plástico, y no en una gran masa encima de un amplio camión, donde los racimos del fondo van a quedar aplastados por los de arriba. En la bodega, la inmensa mayoría de las uvas tintas se ponen en una «estrujadora» para romper los hollejos y sacar suavemente el jugo listo para la fermentación y, según la variedad de la cepa y la región, para eliminar todo o parte de los raspones amargos y tánicos (en el Borgoña se dejan algunos, pero se eliminan casi siempre en el Burdeos).

Las excepciones a la norma del estrujado son las uvas tintas para los vinos espumosos –que fermentan usando el método del Beaujolais, consistente en una fermentación de la uva entera (lo que da un vino ligero, afrutado, aromático y bajo en tanino)– y las mejores uvas tintas del Duero, las que están destinadas al Oporto de larga vida.* Muchos productores de Oporto que han intentado alternativas mecánicas han vuelto al pisado tradicional –con pies humanos cálidos y delicados–, aunque hay gente que cree que los pies son aún más efectivos si las uvas han estado sometidas a un rápido estrujado previo a máquina.

Fermentación

Después del estrujado, el «mosto» –la pulpa, los hollejos y el jugo– se deja reposar en grandes tinajas de fermentación que varían desde las vasijas tradicionales abiertas por

* Nota del revisor: No son esas las únicas excepciones; la elaboración de uva entera ha sido una práctica secular en las pequeñas y tradicionales elaboraciones en Rioja.

arriba hasta el cemento vitrificado y la fibra de vidrio (ninguno de ellos suele estar asociado con los vinos de más alta calidad) y a tanques gigantes y cerrados, de acero inoxidable. Se puede añadir una pequeña cantidad de dióxido de carbono como protección contra la oxidación y como antiséptico (también se puede añadir en la fase de estrujado), pero esto es más específicamente necesario para los vinos blancos. En los climas más fríos, como las principales regiones vinícolas francesas, se puede añadir azúcar tanto a tintos como a blancos (en un proceso denominado *chaptalización*) para hacer aumentar el alcohol potencial hasta un nivel razonable. Y en muchas regiones, especialmente en las cálidas del Nuevo Mundo, se puede añadir ácido, aunque, igualmente, este ajuste del equilibrio se aplica más habitualmente a los vinos blancos.

Para hacer que la fermentación empiece inmediatamente, un vinicultor tiene muchas opciones. En los climas fríos, puede calentar el mosto y usar activadores de levadura y/o, especialmente en el Nuevo Mundo, levaduras cultivadas. Son mucho más dignos de

Maceración carbónica

Se trata de una técnica, adoptada de manera variada en todo el planeta, que se utiliza para hacer vinos tintos muy afrutados y fáciles de beber para ser consumidos pronto. El Beaujolais es el ejemplo clásico, pero también se utiliza mucho en el sur de Francia, en muchos Côtes du Rhône y vins de pays, así como más lejos, en lugares como Australia. En vez de estrujadas, las uvas son fermentadas en racimos enteros bajo una capa de dióxido de carbono protector. La fermentación empieza, de hecho, dentro de las uvas enteras, hasta que revientan y toda la masa empieza a fermentar y hervir de la forma habitual. El proceso saca el color de las pieles rápidamente, además de un aromático carácter afrutado, pero, irremediablemente, poco tanino.

Proceso de elaboración del vino tinto

1 PISADO El pisado, el método tradicional, para el Oporto, no es sólo una costumbre pintoresca realizada para el disfrute de los turistas, sino también la mejor manera de romper las uvas para extraer su jugo, su color y el tanino de sus pieles.

2 FERMENTACIÓN Se puede producir en depósitos cerrados o descubiertos. Las temperaturas se pueden controlar cuidadosamente o no. Cualquiera que sea el procedimiento, esta es la fase en la que las levaduras convierten el azúcar de la uva en alcohol y, por lo tanto, el jugo en vino.

3 SUMERGIR LOS HOLLEJOS Durante la fermentación, una capa de hollejos sube a la superficie de la masa burbujeante y tiene que ser sumergida regularmente en el fondo, ya sea mecánicamente o empujándola con una vara, para asegurarse de que dejan el color dentro del líquido.

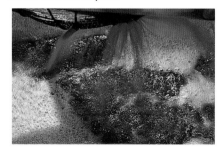

4 PRENSADO Las uvas de vino tinto se estrujan antes de la fermentación, pero al final se lleva a cabo un prensado. La masa sobrante de pulpa de uva se pone en una prensa para conseguir el tánico «vino de prensa», que puede ser mezclado para mejorar el vino final.

5 MADURACIÓN De hecho, pocos vinos tintos están fermentados en barricas, pero la mayoría de los mejores –especialmente los que se pretende que mejoren con la edad– están, como mínimo, parcialmente envejecidos en barricas nuevas de roble para darles profundidad y complejidad.

6 TRASIEGO A medida que maduran, los vinos tintos dejan un sedimento; por ello son movidos en un proceso llamado «trasiego», según el cual el vino se desplaza delicadamente de una barrica a otra limpia. El traslado final es a la línea de embotellado.

confianza que los recursos tradicionales, pero el argumento contra ellos es que, al prescindir de las levaduras del país en favor de otras cultivadas en laboratorios, se pierde parte de la individualidad regional del vino (se da el caso especialmente con la maleable cepa de Chardonnay, para la cual hay algunas levaduras cultivadas de tipo borgoñón muy populares –en el Nuevo Mundo– que dan exquisitos y mantecosos sabores adicionales).

Cuando la fermentación está en marcha, es esencial evitar que la temperatura se eleve demasiado. Los mostos sobrecalentados producen vinos bastos y con sabor estofado y, si se pierde por completo el control de la temperatura, las levaduras morirán antes de que hayan terminado de convertir el azúcar en alcohol. La mayoría de los tintos, por lo tanto, son fermentados en un punto entre los 21 y los 28 °C. El otro factor esencial durante la fermentación del vino tinto es mantener los hollejos sumergidos para que el color (la pulpa de la mayoría de las uvas tintas es tan incolora como la de las uvas blancas), el tanino y los sabores se diluyan en el líquido. El dióxido de carbono que sueltan las levaduras empuja continuamente a los hollejos hacia la superficie, por lo cual tienen que ser sumergidos de nuevo regularmente con una vara o mantenidos en el fondo mecánicamente.

La fermentación puede durar únicamente unos cuantos días pero, en este caso, los resultados serán tintos ligeros para un rápido consumo. Los tintos más serios es más probable que tarden dos semanas, cuando no tres o cuatro. En cualquier caso, hay que sacar los hollejos del vino (aunque esto se puede haber hecho en parte durante la fermentación para conseguir un vino menos tánico) y prensarlos. El vinicultor puede añadir entonces parte, o todo, de este «vino de prensa», robusto y tánico, para dar al vino original más cuerpo, o puede aplazar la decisión hasta la primavera.

Maloláctica

La fase final de la fermentación para todos los tintos (pero sólo para algunos blancos) es la «fermentación maloláctica», es decir, la conversión del ácido málico, astringente, en ácido láctico, más suave. Actualmente esto se realiza (con la adición de la bacteria adecuada) justo después de la fermentación alcohólica, pero algunos vinicultores tradicionales y no intervencionistas permiten que suceda por un proceso propio cuando las temperaturas empiezan a subir, en primavera.

En teoría, el vino está ahora listo para ser bebido. En la práctica, la mayoría de los vinos tintos necesitan tiempo para suavizarse, pero los que se pretende que puedan ser bebidos inmediatamente –vinos del tipo del Beaujolais, frescos y afrutados– tienen que ser clarificados y filtrados para eliminar el sedimento y cualquier otro cuerpo extraño antes del embotellado.

Roble

La mayoría de los vinos tintos serios están envejecidos en pequeñas barricas de roble nuevo (de unos 225 litros de capacidad) durante un período de entre cuatro y veinticuatro meses para desarrollar un atributo tan difícil de encontrar como es la comple-

Tanino

Hay un gran debate en el mundo vinícola acerca de si los grandes tintos de hoy –el Burdeos, el Borgoña, el Ródano, el Barolo, o el Rioja– van a durar tanto como sus predecesores, y la madurez o blandura de los taninos está en el centro del debate. El tanino, esa sustancia seca, ligeramente amarga y entumecedora que puede hacer que el té frío resulte desagradable, es esencial para el vino, especialmente el tinto, que tenga que ser envejecido (los blancos otorgan más importancia a la acidez), pero desde los años ochenta los vinicultores han estado buscando vinos no tan agresivamente tánicos –sencillamente, vinos que sean más flexibles y estén listos para ser bebidos más pronto. Lo han logrado recolectando las uvas más tarde, con lo cual los taninos de los hollejos, los raspones y las semillas están más maduros; eliminando los raspones, que contienen taninos más amargos que los de los hollejos, y prensando suavemente, de manera que las semillas, que contienen los taninos más ásperos, no se aplasten. Y si se envejece el vino en madera, que es otra fuente de tanino, se aseguran de comprar buenas barricas, hechas de roble bien sazonado y debidamente tostado, y se preocupan de no dejar el vino en ellas demasiado tiempo. Sin embargo, nada de esto responde a la pregunta fundamental de si los clásicos contemporáneos van a durar tanto como sus predecesores. Los vinicultores dicen que sí porque los taninos todavía están ahí, aunque de forma diferente, pero esto es lo que se supone que tienen que decir. En todo caso, sólo el tiempo lo dirá.

jidad. Y el roble tiene que ser preferentemente francés, ya que Francia, además de todas sus ventajas, también posee el roble más fino, de bosques como los de Allier, Nevers y Limousin. El roble da sabor (especialmente a vainilla) y tanino, y al ser poroso, permite una interacción benéfica limitada, pero significativa, entre el vino y el aire.

La edad de la barrica es fundamental: cuanto más nueva sea, más aporta al vino, por lo cual después de tres o cuatro años le queda poco que dar. Otra variable importante es su chamuscado o «tostado»: cuanto más profundo sea el tostado, más intenso será el sabor.

Comparado con el roble francés, el roble americano tiende a dar un sabor más sutil y acerbo a serrín y especias, y también es éste el caso del esloveno. El roble báltico, en cambio, tiene fibras tan condensadas que aporta poco sabor. Otras maderas, como la del castaño, en Italia, tienden a ser más bien enérgicas. Es más común, sobre todo en los vinos australianos de media categoría (e ilegalmente en España y en el sur de Francia) un tratamiento barato con astillas de roble*, por el cual se ponen las astillas en grandes tanques de vino (normalmente en bolsas de mallas) para dar una nota rápida de roble. No da mucha sutileza, pero aporta un sabor simple a roble tostado a los vinos que deben ser consumidos pronto.

Fases finales

Durante el envejecimiento en madera, el vinicultor todavía tiene unas cuantas tareas cruciales. La mayoría de los barriles aún deben ser rellenados periódicamente para compensar la evaporación, y el vino tiene que ser «trasegado». Esto implica trasladar el vino de una barrica a otra limpia para dejar el sedimento que se ha ido depositando (el número de trasiegos depende de la duración del envejecimiento y del tipo de vino). Algunos vinos también necesitan ser mezclados. Esto puede ser porque están hechos con más de una variedad de uva (el Burdeos, por ejemplo) o porque el productor ha mantenido separados vinos de diferentes viñedos. Antes de ser embotellado, el vino debe clarificarse para eliminar impurezas, con clara de huevo, o con un agente clarificador comercial como bentonita. La mayoría de los vinos también se filtran para asegurar todavía más su estabilidad, aunque los principales elaboradores tienden a prescindir de la filtración, ya que se considera que despoja a los vinos de su carácter.

* Nota del revisor: En verdad, no es más común, por lo menos en España, donde las bodegas disponen de la mayor capacidad de barricas de roble del mundo.

Elaboración de vino blanco

La producción de vino blanco sigue esencialmente el mismo proceso del vino tinto, sin los hollejos de las uvas. Éstas (que pueden ser blancas, tintas o ambas) se estrujan, se les quita el raspón y se prensan antes de que fermenten, aunque pocos vinicultores realizan el «contacto con el hollejo», un período de preprensado de unas horas en que el mosto se deja con los hollejos para conseguir de ellos aromas y sabores adicionales. Antes de la fermentación, el mosto tiene que ser aclarado, ya sea permitiendo que se asiente por frío natural, por filtración o por centrifugado, aunque estos dos últimos métodos son muy rudos y se llevan algo más que los residuos de hollejos, semillas y raspones.

Tanto la duración como la temperatura de la fermentación varían considerablemente, pero están vinculadas entre sí. Los vinos modernos, de poco cuerpo y aromáticos, se suelen fermentar muy lentamente durante un período de hasta cuatro semanas en tanques de acero inoxidable, a temperaturas de hasta 10 °C, para mantener toda la frescura de la uva. La mayoría, más adelante, serán trasegados, filtrados, estabilizados en frío (con lo cual, si vuelven a estar sometidos al frío en algún momento de sus vidas, no se enturbiarán en la botella) y embotellados en tres o cuatro meses a partir de la vendimia. Los blancos tradicionales europeos y los que tienen mucho cuerpo tienden a fermentar con mucha más rapidez a temperaturas más altas –hasta 20 °C, o incluso 25 °C– en la barrica, para dar sabores mejores y más ricos. Los vinos pueden tener una fermentación maloláctica, si así lo decide el vinicultor. La mayoría de los Borgoña y los champaña la tienen, lo cual les añade complejidad, pero en climas más cálidos, donde la acidez es baja por naturaleza, se suele prevenir con dióxido de sulfuro adicional o con filtración.

Algunos vinos son envejecidos luego en roble nuevo; a algunos se les aplica una dosis rápida y económica de astillas de roble, y los blancos más finos con mucho cuerpo, especialmente los Chardonnay y los Sauternes, ya han sido fermentados en barricas de roble nuevo, porque esto les da una profundidad y una complejidad todavía mayores (los estilos ligero y aromático raramente son fermentados en roble). Además, los posos (residuos muertos de levadura) pueden quedar en la barrica para ser removidos regularmente durante varios meses con el objeto de que den sabores y texturas más cremosos. Luego, los blancos envejecidos en roble son habitualmente trasegados, filtrados (aunque no siempre) y embotellados en un período entre cuatro y veinte meses.

Rosado

Producir rosado es un proceso más o menos a mitad de camino entre el del vino blanco y el del tinto. En muy pocos casos, la ley permite producir vino rosado simplemente mezclando vino blanco y tinto –por ejemplo, en el champaña rosa–, pero el color de la mayoría de los vinos rosados no espumosos proviene directamente de los hollejos de uvas tintas. Esto puede darse antes de la fermentación, al aplastar las uvas y dejarlas macerar por un período de hasta treinta y seis horas, o prensando con mucho cuidado los racimos enteros para exprimir delicadamente el mosto tintado, o con una breve fermentación con los hollejos. Cualquiera que sea el método, después de la fermentación el rosado sigue en gran parte el mismo tratamiento que los vinos blancos.

Proceso de elaboración del vino blanco

I LLEGADA AL LAGAR Las uvas perfectas, especialmente las blancas, pueden estropearse a fuerza de retrasos y con un duro traslado entre el viñedo y el lagar, por lo cual la rapidez es esencial: la vendimia, el transporte y el prensado deben llevarse a cabo de forma rápida y cuidadosa.

2 PRENSAR Después de estrujarlas –o incluso, hoy en día, sin estrujarlas– las uvas blancas son prensadas para extraer todo su jugo. Es importante prensar antes de la fermentación para que el contacto entre el jugo y los hollejos, las semillas y los raspones sea mínimo.

3 FERMENTACIÓN El rostro de la industria vinícola ultramoderna: los depósitos de acero inoxidable están bien para la fermentación del vino blanco en la medida en que consiguen el control suficiente de temperatura y, por lo tanto, el control sobre la actividad de la levadura y el estilo del vino ultimado.

4 FILTRAR EL MOSTO Hay que tratarlo de nuevo, antes de la fermentación, para aclarar el mosto y asegurarse de que el vino sea claro y estable. Algunos afirman que ello priva al vino de sabor, pero los partidarios de este proceso aseguran que los mejores filtros (*inferior*) son bastante delicados.

5 ¿PARA QUÉ SE FILTRA? Antes y después; dos vasos del mismo Chardonnay: el de la izquierda no está filtrado, y el de la derecha ha pasado por el filtro de vacío que vemos sobre estas líneas.

6 MADURACIÓN Los vinos blancos con mucho cuerpo suelen ser envejecidos más adelante en barricas nuevas de roble para darles riqueza de sabor y textura (los mejores vinos también pueden ser fermentados en las barricas). El embotellado se puede hacer desde el depósito o desde la barrica.

Espumoso

Si se añade levadura y azúcar al vino finalizado, la fermentación va a empezar de nuevo, y si el dióxido de carbono aportado no puede escapar, va a quedar atrapado en forma de burbujas en el líquido; esto produce el vino espumoso. La calidad y el estilo del vino de base son fundamentales: los más finos, especialmente los que hacen el champaña, son muy puros pero magros, ácidos y más bien neutros –resultado de uvas escasamente maduras, recogidas a mano y prensadas muy cuidadosamente en racimos enteros. No es menos importante la naturaleza del recipiente en que se produce la segunda fermentación. Los mejores resultados –los más complejos y sutiles– se obtienen cuando se produce en la botella original y el vino se deja allí durante algún tiempo (un mínimo de quince meses en el caso del champaña) con sus posos: las levaduras muertas se van desintegrando para dar el típico carácter cremoso, a pan y a bollo, del champaña fino. Éste es el método «tradicional» y no hay ninguna combinación posible, pero es un proceso caro y lento; no hay que olvidar tampoco la eliminación del sedimento fangoso de levadura, antes de que el vino pueda ser rellenado con una dosis de licor y azúcar (*liqueur d'expédition*) y quede listo para salir a la calle y ser vendido.

Una forma más fácil de enfrentarse al sedimento –usada con frecuencia en el Nuevo Mundo– consiste en transferir lo que ya es vino espumoso a otra botella, dejando atrás los posos usados, pero nunca se obtiene esa delicadeza y esas burbujas perdurables (un indicativo de este método es una etiqueta que consigne «fermentado en la botella», en lugar de «...en esta botella»). Aun menos bueno, pero más barato, es el método de *cuve close* o tanque según el cual se produce una segunda fermentación en un gran tanque. Por último, para conseguir la categoría más baja de espuma, existe la carbonatación o gasificación que consiste en añadir de forma sencilla y económica dióxido de carbono a un vino no espumoso.

Dulce

Con la exclusión de los vinos licorosos, la inmensa mayoría de los vinos dulces son blancos, y su dulzura se debe al azúcar natural de la uva –de uvas extraordinariamente dulces y maduras–, que no se ha convertido en alcohol o que, como en el caso de los vinos alemanes, ha sido intensificado con la adición de concentrado de uva dulce (*Süssreserve*). A niveles altos de azúcar, las levaduras tienen un duro trabajo y pueden dar un 8 % o 9 % de alcohol (como en los grandes vinos alemanes), o pueden luchar duramente hasta la muerte a 15 % o 16 %. Con más frecuencia, los mismos vinicultores detienen la fermentación (con dióxido de sulfuro, refrigeración, trasiego o centrifugado) en el punto en que consideran que los niveles de azúcar, alcohol e, igualmente importante, de ácido, están equilibrados.

Las uvas para los vinos dulces, recogidas al final del otoño, están básicamente deshidratadas (en mayor o menor grado), y de ahí los altos niveles de azúcar y acidez. De hecho, se pueden pasificar –«convertirlas en pasas»– en la viña, como sucede en Jurançon, al sudoeste de Francia, en los mejores años; se pueden recoger y secar (pasificar) en esteras, o colgarlas para que se sequen, como en el caso de los vinos italianos Passito y Recioto; o, sobre todo, se pueden pasificar en la viña por un hongo gris llamado «podredumbre noble» (*Botrytis cinerea*). En ciertas condiciones climáticas cálidas y húmedas, este hongo, antiestético pero benéfico, aparece en Sauternes, en Alemania, en el Loira, en Alsacia, en Tokay y en Austria, y es el responsable de los principales vinos dulces. En condiciones menos favorables, en el Nuevo Mundo, la podredumbre noble se puede aplicar artificialmente en las cepas de los viñedos o incluso en las bodegas.

Otra forma de producir vinos dulces muy concentrados es extraer el agua por congelación. En Alemania, las uvas se dejan en las viñas –a veces hasta Nochevieja– para hacer Eiswein. En las regiones vinícolas más nuevas, el «vino helado» se hace artificialmente helando las uvas vendimiadas; una técnica similar se ha aplicado en alguna ocasión en Sauternes cuando las uvas se han hinchado –y diluido– por la acción de la lluvia antes o durante la vendimia.

(Izquierda) **El removido es el proceso crítico de la inclinación y el giro graduales de las botellas de champaña que están madurando, de modo que el sedimento se deslice hacia el cuello de la botella.**

Licorosos

Los vinos que han sido alcoholizados (normalmente con alcohol etílico) también suelen ser dulces, dado que se añade alcohol al vino en fermentación antes de que todo el azúcar se haya convertido. El Oporto es el ejemplo clásico; entre otros casos se encuentra el Moscatel de Beaumes-de-Venise y otros *vins doux naturels* del sur de Francia, los licores de Moscatel australianos y los Madeira Bual y Malmsey. También se puede añadir el alcohol al final de la fermentación para producir un vino licoroso seco, como el Jerez (los estilos dulces se endulzan más tarde, como sucede con el Madeira Verdelho).

Gran parte del carácter y la calidad de los principales vinos licorosos –el Oporto, el Jerez y el Madeira– provienen de los largos años invertidos en una maduración sosegada en botella o en madera, sobre la cual se dan más detalles en el capítulo sobre estilos (*véanse* págs. 79-80) y en los capítulos sobre España y Portugal (*véase* pág. 128 y págs. 132-133, respectivamente).

Elaboración ecológica de vino

La elaboración ecológica de vino, el corolario natural a la viticultura orgánica, llegó a su momento estelar, ayudada por escándalos vinícolas intermitentes, durante los años ochenta y, por fin, en enero de 1993, la Comunidad Europea estableció un acta y dio una definición (típicamente ambigua) y un estatuto legal al vino ecológico, orgánico o biológico. Para ser justos con los burócratas, obtener un consenso sobre lo que constituye con precisión un vino producido ecológicamente no es fácil –como lo demuestran las numerosas asociaciones ecológicas europeas que todavía no se pueden poner de acuerdo en modelos comunes, ni siquiera ahora que tienen que ajustarse a los de la Comunidad Europea. La teoría, por supuesto, es que, como en los viñedos ecológicos, sólo se pueden usar en la producción de vino productos «naturales», y no químicos o sintéticos. Entre éstos se encuentra habitualmente el dióxido de sulfuro antioxidante y antiséptico, en dosis tan pequeñas como sea posible, y las claras de huevo, por ejemplo, se recomiendan universalmente para refinar. Aun así, existe una tendencia a reducir el componente químico en los viñedos y las bodegas, y poca gente podría oponerse a esto.

(Izquierda) **En Italia se producen vinos empalagosamente dulces de uvas que se han dejado secar –se han «convertido en pasas»– en locales aireados, sobre esteras de paja.**

Dónde se hacen

los mejores vinos

3

El mapa del mundo vinícola ha cambiado en el último cuarto de siglo hasta quedar prácticamente irreconocible. Países, e incluso continentes enteros, se han lanzado a producir vinos excitantes y de alta calidad. En el Viejo Mundo –que al principio respondió con lentitud al desafío del Nuevo Mundo–, viñedos en decadencia están siendo actualmente revitalizados; regiones y vinos nuevos se han desarrollado y vinos que jamás habían viajado más allá de sus bares y restaurantes locales se venden hoy en día en ciudades situadas a miles de kilómetros.

Francia

Italia produce más vino que Francia, Australia lo produce más seguro y barato, Bulgaria más barato –y aun así, durante siglos, Francia ha sido vista como la fuente de la alta calidad *par excellence*. Incluso hoy, con los mejores productores del Nuevo Mundo desafiando a Francia en todo momento, el desafío se hace todavía esencialmente en términos franceses. Si Francia no existiera, los vinos de casi todos los demás países del mundo serían enormemente diferentes.

Son los climas característicamente poco prometedores de las regiones vitícolas de Francia los que constituyen, paradójicamente, la clave de la calidad, puesto que, aunque el vino se puede elaborar en cualquier lugar con un clima lo suficientemente cálido para madurar las uvas, el mejor vino se hace en los márgenes, donde sólo hace calor de forma moderada y, en años pobres, no hace ni siquiera algo de calor; Champaña, Borgoña, el Loira e incluso Burdeos conocen bien este tipo de clima.

El otro secreto de Francia son sus suelos. Son tan variados que permiten casi cualquier tipo de variedad de uva de casi cualquier calidad –lo cual significa que, aunque la reputación del país recaiga inevitablemente en los mejores vinos, también produce vino corriente para satisfacer a los bolsillos más limitados. Y actualmente, con las mejoras en la producción de vino que se abren camino en las regiones más apartadas, los vinos de *appellation contrôlée* ya no tienen el monopolio de la calidad ni de la emoción.

Los vinos de *appellation contrôlée* (AC) o Denominación de Origen son el vértice de la pirámide, pero es importante tener en cuenta que el estatuto de Denominación de Origen no garantiza, de hecho, la calidad. Al regular las variedades de vid, las cosechas, los niveles mínimos de alcohol y los períodos de envejecimiento, lo que garantiza es el origen y el estilo, pero, como norma general, cuanto más estricta sea la especificación de la región, mejor será el vino. Entre la *appellation contrôlée* y el *vin de pays* existe el *vin délimité de qualité supérieure*: un pequeño grupo con normas parecidas pero menos estrictas, y con tendencia a ser ascendidos a *appellation contrôlée*.

Los *vins de pays* (literalmente, «vinos del campo»), de los cuales se cuentan más de cien, también provie-

(Derecha) **Con sus nuevos vinos varietales, el Languedoc ha sido apodado el «Nuevo Mundo» de Europa, pero es igualmente una región donde a la tradición le cuesta morir, y los vinos tradicionales de viñas viejas y pequeñas cosechas pueden ser sensacionales.**

nen de áreas y variedades de cepas específicas, pero en realidad se pueden hacer clasificaciones amplias. Los conjuntos regionales de los *vins de pays* son: du Jardin de la France (a lo largo del Loira), du Comté Tolosan (Midi-Pyrenées), des Collines Rhodaniennes (Ródano-Alpes) y, los más importantes con gran diferencia, Vin de Pays d'Oc (Languedoc-Rosellón), que producen cerca de una décima parte del vino de todo el mundo en una amplia gama de estilos. En estas cuatro clasificaciones hay muchos más *vins de pays* más discretos con estilos locales definidos con mucho más rigor.

Alsacia

Al contrario de la mayoría de áreas francesas, la región cálida, seca y soleada de Alsacia, al nordeste, identifica sus vinos blancos aromáticos (y una cantidad limitada de tintos) sobre todo por la variedad de la cepa –incluso el pequeño porcentaje de producción que proviene de 50 viñedos individuales, designado en la actualidad como Grand Cru. Los vinos Grand Cru, que sólo se pueden hacer de las cuatro mejores variedades blancas de la región (Riesling, Tokay-Pinot

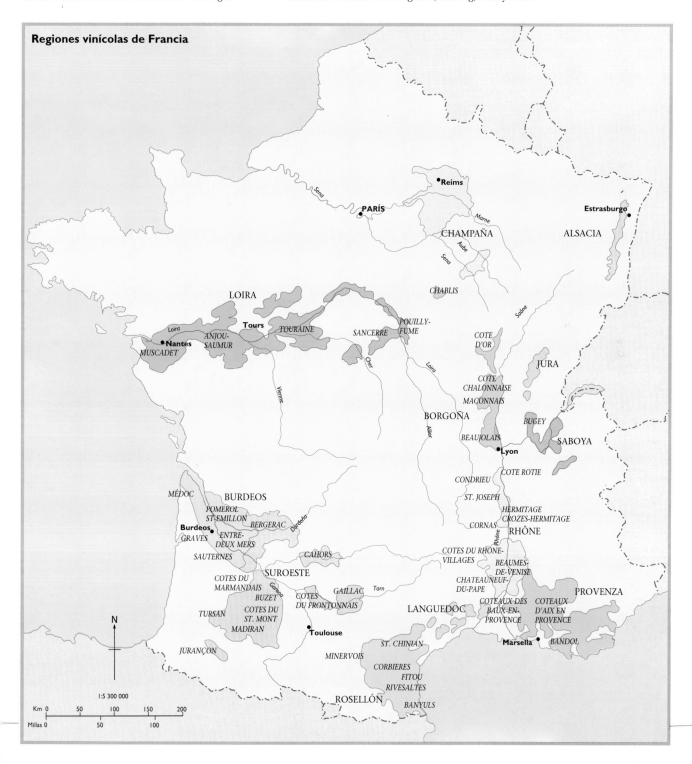

Regiones vinícolas de Francia

Escala 1:5 300 000

Km 0   50   100   150   200
Millas 0   50   100

(Derecha) **Riquewihr, la Alsacia de postal, con sus calles empedradas y sus casas medio enmaderadas, y los vinos alsacianos de manual, especialmente el Riesling.**

Gris, Gewürztraminer y Moscatel) tienen más profundidad y más capacidad de envejecimiento.

Con el objetivo de aportar más botellas a los coleccionistas, algunos productores tienen también las etiquetas de *prestige*, que enriquecen varios nombres con los añadidos *Réserve* o *Cuvée*. Aunque estas palabras indican una calidad mayor que la del promedio de productores individuales, no hay ninguna regla que permita comparar el *Cuvée* de un productor con el *Réserve* de otro.

Las otras indicaciones en las que conviene fijarse en las etiquetas son *vendange tardive* o *sélection des grains nobles*. Se trata de vinos de alta calidad y concentrados, hechos con uvas recogidas tarde y ricas en azúcar, de buenas cosechas. Los vinos de *vendange tardive* son desde semidulces a dulces, según el año. Los de *sélection des grains nobles*, hechos únicamente de las cuatro mejores variedades, son más dulces y más exquisitos, dado que están elaborados a partir de las cepas afectadas de botritis.

Vinos

Crémant d'Alsace

El método del champaña (que próximamente será denominado *méthode traditionnelle*) del vino espumoso alsaciano puede ser algo muy valioso. Suele estar hecho de Pinot Blanc, a veces con un poco de Riesling, y es mejor si se bebe joven.

Edelzwicker

Con frecuencia vendido hoy en día sencillamente como Alsacia, el Edelzwicker es el blanco corriente económico y atractivo, mezcla de Sylvaner, Pinot Blanc y Chasselas.

Gewürztraminer

El Gewürztraminer, que no se cultiva en ningún otro lugar de Francia, da vinos con mucho cuerpo y con fragancias exóticas, a menudo con una ligera oleosidad. Los mejores vinos de vendimia tardía se beben en Alsacia para acompañar al *foie gras*.

Moscatel

Poco cultivado, pero delicioso. El vino joven de Moscatel, con su frescura seca de pétalo de rosa, es un aperitivo excelente.

Pinot Blanc

Perfumado, pero más ligero y menos especiado que el Tokay-Pinot Gris, el Pinot Blanc suele ser sencillo, con sabores refrescantes, fragantes y afrutados de manzana.

Pinot Noir

La única cepa tinta de Alsacia apenas es más que una sombra de su homólogo borgoñón, pero en años maduros puede tener mucho color y un buen sabor. Servido joven y fresco, resulta un tinto de verano muy bueno.

Riesling

En Alsacia, el clásico Riesling de Alemania da vinos con más cuerpo y madurez. Los Grand Cru y las etiquetas especiales de los productores pueden ser austeros y para ser bebidos pronto, pero suelen vivir durante años; las versiones más ligeras son mejores cuanto más jóvenes.

Sylvaner

Vino simple, seco y amanzanado, usado sobre todo para mezclas.

Tokay-Pinot Gris

Así es como se conoce al Pinot Gris en Alsacia. Produce vinos grasos, especiados, a veces melosos y con sabor a nuez, incluidos algunos dulces soberbios.

Cosechas de Alsacia

1992	8	★
1991	6	★
1990	9	★
1989	9	★
1988	8	★
1987	6	▲
1986	7	▲
1985	9	▲

Clave

0-10 nivel de calidad (10 = vino excelente)

▲ hay que beberlo

★ se puede beber, pero sin prisas

▼ hay que guardarlo

(Véase también «Cuándo beber», págs. 44-47)

Burdeos

Burdeos, en el sudoeste de Francia, es la región de vino fino más grande del mundo, y el Burdeos tinto ha dominado siempre el mercado internacional del vino. Los sesenta o setenta mejores vinos, la mayoría de ellos estipulados en la famosa clasificación de 1855, pueden tardar diez, quince o a veces veinte años en madurar, y luego permanecen en la cúspide durante años. Sin embargo, hay mucho más que nombres ilustres (y precios fenomenales) en el Burdeos. Esta gran región alberga más de trece mil bodegas (*châteaux* grandes y humildes, y cooperativas) y no menos de cincuenta y cuatro denominaciones, que van desde los globalizadores Bordeaux y Bordeaux Supérieur (este último tiene normas de producción ligeramente más estrictas y medio grado más de alcohol) a los municipios individuales, como Pauillac y Pomerol, que ostentan los nombres más importantes y, por supuesto, los precios más altos. También hay vinos blancos, secos y dulces, algún *crémant* (espumoso) e incluso algún rosado y algún *clairet* (tinto ligero, del cual deriva la denominación de «clarete»)*.

Clasificaciones, posiciones y categorías

Los vinos han sido clasificados y jerarquizados en varias zonas de la región de Burdeos desde el siglo pasado, y actualmente existen varias clasificaciones (*véase* Graves, St-Emilion y Sauternes), pero la primera y la principal sigue siendo la clasificación del Médoc de 1855. Aquí se clasificaron los 59 *châteaux* principales como *crus classés*, en cinco clases de menor a mayor, desde Cinquièmes Crus hasta Premiers Crus, simplemente según los precios que tenían fijados. Los Premiers Crus eran los *châteaux* Lafite, Latour, Haut-Brion (actualmente en los Graves) y Margaux. El Mouton-Rothschild tuvo que esperar ciento dieciocho años para adquirir esta categoría, y su promoción es el único cambio que se ha producido en la clasificación. Nadie duda, sin embargo, que en caso de ser revisada hoy, habría cambios: el internacionalmente apreciado Lynch-Bages, por ejemplo, podría ascender desde su actual Cinquième Cru hasta probablemente el segundo.

Un grupo de 200 propiedades del Médoc que se autodenominan *crus bourgeois* también se podrían encontrar, en virtud de sus excelentes viñedos y sus métodos de producción de vino, que no reparan en gastos, elevados a *crus classés*, pero la mayoría son propiedades con escasas aspiraciones. Pretenden obtener vinos con calidad por encima de la media con el potencial, en buenas cosechas, de mejorar tras unos años en la bodega. Los Crus Grands Bourgeois y los Crus Grands Bourgeois Exceptionnels son subdivisiones superiores pero, por desgracia para el consumidor, no pueden ser identificados como tales en las etiquetas.

Por debajo de los *crus bourgeois* existe un sinfín de propiedades sin clasificar. Denominados *petits châteaux*, se trata de tintos corrientes que, por lo general, se pueden beber en un año o dieciocho meses a partir de la cosecha y raramente mejoran si se guardan mucho más de tres o cuatro años.

También hay marcas, la más famosa de las cuales es Mouton-Cadet. Los comerciantes y las cooperativas

* Nota del revisor: La autora se refiere a la palabra «*claret*», con la que en Gran Bretaña denominan al Burdeos tinto.

En general, las etiquetas francesas son razonablemente sucintas y lógicas. *De superior a inferior*: **Château La Dominique** es el nombre de la propiedad (dibujada); la etiqueta nos dice después (dos veces) que su Denominación de Origen (*appellation contrôlée*) es **St-Emilion**, y su clasificación oficial en esta AC es **Grand Cru Classé**; la cosecha es de 1986 (es decir, que está hecho de uvas de la vendimia de 1986); el propietario y el viticultor de las cepas (*propriétaire récoltant*) es **C. Fayat**; el vino fue embotellado en la finca (*mis en bouteille au château*); el alcohol que contiene es un típico (en el Burdeos) 12,5 %; es una botella de un tamaño normalizado (75 cl) y la etiqueta nos dice incluso de qué país estamos hablando.

(Izquierda) **No todas las tierras de Francia son territorio de cultivo del vino:** la arena de **Las Landas** no es ideal para los vinos, aunque en algunos lugares del mundo, como en las **Sables du Golfe du Lion,** en el sur de Francia, las viñas que crecen en la arena tienen la ventaja de estar a salvo de la filoxera.

Cosechas de Burdeos (tinto)		
Médoc y Graves		
1992	6	▼
1991	5	▼
1990	9	▼
1989	9	▼
1988	8	▼
1987	6	▲
1986	8	▼
1985	9	★
1984	4	▲
1983	8	★
1982	9	★
1981	7	▲
St-Emilion y Pomerol		
1992	5	▼
1991	4	▼
1990	9	▼
1989	9	▼
1988	8	▼
1987	6	▲
1986	7	★
1985	9	★
1984	3	▲
1983	8	★
1982	8	★
1981	7	▲

(*Véase* pág. 98 para la clave de los símbolos)

de Burdeos que hacen la mayor parte de estos vinos buscan un sabor consistente y una calidad que mejore año tras año, por lo cual los vinos suelen ser mezclas de cualquier parte de la región de Burdeos y pueden no ser de cosecha (sin una fecha de cosecha), por tratarse de una mezcla de diferentes años. Los vinos genéricos –los que se llaman simplemente Médoc, St-Emilion, etc.– son mezclas regionales más específicas, y a veces pueden provenir de una propiedad renombrada.

Las llamadas segundas etiquetas se encuentran en una clasificación distinta. Se trata de los vinos de *châteaux* importantes que han sido rechazados por no ser suficientemente buenos para llevar la etiqueta principal del *château*, y embotellados bajo un nombre diferente, pero a menudo relacionado de forma reconocible (por ejemplo, Carruades de Lafite, Les Forts de Latour, etc.) y vendidos más baratos. Mientras no le infundan un excesivo respeto las cosechas pobres, estos vinos pueden ofrecerle un sabor de pronta maduración del estilo del *château* a un precio considerablemente más asequible.

Cepas

Prácticamente todo el tinto de Burdeos es una mezcla de variedades: predominan la de Cabernet Sauvignon (la más famosa) y la de Merlot (la más extendida y líder en los Burdeos más sencillos y para beber más pronto), junto con la de Cabernet Franc y, a veces, alguna Petit Verdot y Malbec. Los blancos, tanto dulces como secos, se basan en el Sémillon y en el Sauvignon Blanc, a veces con algo del aromático Muscadelle.

Vinos y regiones

Graves
El clima ligeramente más cálido y los suelos de grava característicos de la región de Graves, al sur del Médoc y de la ciudad de Burdeos, producen los mejores blancos secos de Burdeos y tintos con un sabor a especias y a tabaco, e incluso a tierra. Todos los *crus classés* (el Graves fue clasificado en los años cincuenta) se hallan en el tercio septentrional, que actualmente tiene su propia AC –Pessac-Léognan–, pero la denominación de Graves esconde grandes cosas. También existe una AC poco usada para los blancos dulces: Graves Supérieures.

Médoc
Los viñedos del Médoc se extienden por una franja larga y estrecha a lo largo de la orilla izquierda del Gironda, al norte de la ciudad de Burdeos y hacia la costa. El Bas-Médoc, más cercano al mar, es un área de menor calidad, mientras que los suelos más ligeros y con grava del Haut-Médoc, al sur, albergan algunos de los mejores *châteaux* de vino tinto, incluidos, por supuesto, los *crus classés*. Éstos se extienden por cinco municipios que tienen sus propias denominaciones:

Margaux, St-Julien, St-Estèphe, Pauillac, Moulis y Listrac.

Pomerol
Pomerol es una pequeña región de pequeñas propiedades con reputaciones desmesuradas que ostentan precios desmesurados: su famoso Château Pétrus produce uno de los vinos más caros del mundo. La denominación se extiende por la orilla derecha del Dordoña, donde los suelos calcáreos fríos y que retienen el agua se adecúan más al Merlot que al Cabernet Sauvignon. El alto contenido en Merlot da un vino que es más carnoso y voluptuoso que el típico del Médoc, pero no es menos concentrado ni longevo. Los vinos de la denominación de Lalande de Pomerol, justo al norte, son menos caros, sin llegar a ser baratos. (No existe ningún Pomerol blanco.)

St-Emilion y satélites
Esta denominación compacta al sur de Pomerol produce vinos tintos basados en Merlot que, en general, son más blandos y maduran antes que los del Médoc, y a menudo tienen una calidad notablemente especiada. Los mejores vinos son clasificados como Premier Grand Cru Classé, seguido del Grand Cru Classé, la única clasificación del Burdeos que se revisa regularmente. También hay cinco pueblos «satélites» que pueden añadir el nombre de St-Emilion al suyo: St-Georges, Montagne, Puisseguin, Lussac y Parsac.

Sauternes y satélites
El excelente Sauternes, producido con cepas de Sémillon y Sauvignon Blanc afectadas de botritis, al sur de la región de Burdeos, es uno de los vinos blancos dulces más opulentos del mundo, y en una buena cosecha puede durar dos décadas o más. En años con poca botritis o sin ella es más ligero y menos perdurable. Hay 25 *châteaux* clasificados, con sólo un Premier Grand Cru (el famoso Château d'Yquem), y el resto está dividido bastante equitativamente entre Premiers Crus y Deuxièmes Crus. El Sauternes se elabora en cinco pueblos, pero uno de ellos, Barsac, tienen su propia *appellation contrôlée*, lo que significa que el vino puede ser etiquetado, paradójicamente, como Barsac o como Sauternes. Entre los satélites, Cérons produce los vinos menos interesantes, mientras que Loupiac y Ste-Croix-du-Mont, al otro lado del Garona, producen algunas alternativas atractivas al Sauternes, con menos cuerpo y mucho más baratas.

Otras regiones
Entre-Deux-Mers (entre los ríos Dordoña y Garona) es la región más grande y una de las más bellas de Burdeos. La AC es sólo para blancos secos y, aunque los mejores son limpios y frágiles, se trata de vinos básicamente modestos y económicos. Los tintos de la región, vendidos como Bordeaux o Bordeaux Supérieur (en raras ocasiones, y de modo desconcertante, como Graves de Vayres), son igualmente vinos básicos

y simples para ser bebidos jóvenes. Las adyacentes Premières Côtes de Bordeaux, que se extienden a lo largo de la orilla oriental del Garona, tienen un potencial mayor y están empezando a satisfacerlo: vale la pena probar los tintos, tanto los que contienen roble como los que no, así como los blancos secos (aunque sólo los vinculados a las *appellations contrôlées* de Bordeaux Blanc o Bordeaux Supérieur), y los vinos dulces bajo la AC de Cadillac. Las Côtes de Castillon y Côtes des Francs, al este, están cerca de St-Emilion tanto geográficamente como en estilo, mientras que Fronsac y Canon-Fronsac, justo al este de Pomerol, producen sobre todo tintos basados en Merlot, a menudo de buena calidad. Las regiones más extensas de Bourg y Blaye, al norte, también tienen vinos tintos dignos de confianza, con algún blanco en Blaye; los mejores vinos de Blaye se venden bajo el nombre de Premières Côtes de Blaye.

Cosechas de Burdeos (blanco)		
Sauternes		
1992	4	▼
1991	3	★
1990	9	▼
1989	9	▼
1988	8	▼
1987	4	▲
1986	8	★
1985	6	▲
1984	5	▲
1983	9	★
1982	5	▲
Blancos secos		
1993	8	▼
1992	6	★
1991	4	▲
1990	9	★
1989	9	★
1988	8	★
1987	6	▲
1986	7	▲
1985	6	▲
1984	3	▲
1983	8	▲

(Izquierda) **St-Emilion, al norte del río Dordoña, es bastante diferente al Médoc en las sensaciones que provoca y en sus vinos: las propiedades son mucho más pequeñas, los suelos son más calizos y arenosos y el Merlot predomina sobre el Cabernet.**

Borgoña

Comparado con las denominaciones de Borgoña, incluso el «pequeño» Pomerol bordelés parece grandioso. Borgoña, extendida al este de Francia entre Chablis y Lyon, ocupa una extensión equivalente a una quinta parte de Burdeos, y sus clasificaciones, su estructura de conjunto y su mentalidad son distintas. A pesar de su área mucho más pequeña, posee muchas más denominaciones que Burdeos, con parcelas de pocas hectáreas (que podrían caber multiplicadas por varias veces en un solo *château* de Burdeos) y con su propio estatuto de *appellation contrôlée*, con cada una de ellas dividida entre muchos viticultores. No hay *châteaux* en el sentido bordelés –sólo viticultores y *négociants* (comerciantes que compran vinos o uvas, los mezclan, los maduran, los embotellan y venden el resultado bajo su propia etiqueta). Los últimos solían ser más importantes, pero ha aumentado el interés y la atención hacia los vinos más individuales de viticultores. Los comerciantes, en consecuencia, han tenido que prescindir de sus fuertes «estilos caseros» y dejar que salieran a la luz las características de los diferentes viñedos y pueblos.

Clasificaciones

En la cúspide de la pirámide hay una treintena de Grands Crus, viñedos individuales con sus propias denominaciones (Le Montrachet y Bâtard-Montrachet, por ejemplo); los siguientes en calidad, los Premiers Crus, también son viñedos individuales, pero añaden el nombre de su población a su propio nombre (como es el caso de Puligny-Montrachet-Les Pu-

celles). Por debajo de este nivel, los vinos se venden bajo los nombres de sus poblaciones (por ejemplo, Puligny-Montrachet) o sencillamente como Bourgogne.

Variedades

Borgoña no sólo se diferencia de Burdeos en sus variedades de vid, sino también en la forma en que las usa: el Borgoña casi nunca es un vino mezclado. Los mejores tintos están hechos con Pinot Noir, los grandes blancos con Chardonnay y Beaujolais, y gran parte del Mâcon tinto está hecho con Gamay; los restantes son el Sauvignon Blanc para el VDQS Sauvignon de St-Bris y el Aligoté para el Bourgogne Aligoté. Passe-Tout-Grains, una mezcla de las cepas de Gamay y Pinot Noir, es la excepción que confirma la regla.

Vinos y regiones

Beaujolais

El área más meridional de Borgoña produce los vinos tintos frescos, jugosos y afrutados de Beaujolais. Los dos más simples son el Nouveau, comercializado pocas semanas después de la vendimia, cada noviembre, y el Beaujolais básico (a menudo se trata del mismo vino comercializado más tarde). El Beaujolais-Villages, de los 39 mejores pueblos, debe tener algo más de cuerpo y durar un par de años, y los Beaujolais de los 10 mejores pueblos, los *crus*, deben ser más carnosos y capaces de llegar a una edad de tres años como mínimo. Los *crus* son Brouilly, Chénas, Chiroubles, Côte de Brouilly, Fleurie, Juliénas, Morgon, Moulin-à-Vent (el más grandioso y el que tiene una vida más larga),

Cosechas de Borgoña (blanco)		
1992	7	▼
1991	5	★
1990	8	★
1989	9	★
1988	8	★
1987	6	▲
1986	9	★
1985	8	★
1984	5	▲
1983	7	▲

Cosechas de Borgoña (tinto)		
Côte d'Or		
1992	7	▼
1991	6	★
1990	9	▼
1989	8	★
1988	9	★
1987	7	▲
1986	7	★
1985	9	★
1984	4	▲
1983	6	▲

Beaujolais Crus		
1992	6	▲
1991	9	★
1990	7	▲
1989	9	▲
1988	7	▲

(*Véase* pág. 98 para la clave de los símbolos)

(*Izquierda*) **Corton, el Grand Cru de Aloxe-Corton, en la Côte de Beaune, produce Borgoña, tanto tintos como blancos, de gran potencia y riqueza.**

Régnié y St-Amour. Los blancos se venden como Beaujolais Blanc o como St-Véran.

Chablis

Más famoso que el Beaujolais, el Chablis es el blanco frágil y seco de suelo de piedra caliza, al norte de la región. Tradicionalmente tiene una bocanada de olor a pedernal, aunque en la actualidad una gran parte se envejece en barricas de roble, lo que lo hace más graso y con sabor a nuez. Existen siete Grands Crus y 17 Premiers Crus; el Petit Chablis proviene de otros lugares y generalmente es inferior al Chablis normal.

Côte Chalonnaise

Los cuatro pueblos del extremo sur de la Côte d'Or –Mercurey, Givry (ambos producen casi exclusivamente vino tinto), Rully (tinto y blanco) y Montagny (exclusivamente blanco)– son AC por derecho propio, pero también están bajo la AC de Bourgogne Côte Chalonnaise. Tanto los tintos como los blancos pueden ser vinos estupendos «mini Côte d'Or» a un precio mucho menor. El pueblo de Bouzeron tiene su propia AC para el Aligoté, en reconocimiento a sus condiciones óptimas para cultivar esta variedad de uva ligeramente agria, pero seca y sabrosa.

Côte d'Or

La Côte d'Or, una hilera de colinas extendidas de norte a sur y dividida entre la Côte de Nuits, al norte, y la Côte de Beaune, al sur, es el corazón de Borgoña: por sus colinas se esparcen los nombres famosos –Vougeot, Vosne-Romanée, Volnay, Beaune, Pommard, etc. La Côte de Nuits produce sobre todo vinos tintos, mejores y más sustanciosos que los de la Côte de Beaune, que produce blancos como los famosos Meursault y Montrachet, así como tintos. Es interesante echar un vistazo a los vinos de la Côte de Beaune-Villages, de la Côte de Nuits-Villages y de Hautes-Côtes de buenas cosechas, pero lo más parecido que ofrece Borgoña a una ganga es, probablemente, un Borgoña genérico y básico de un buen viticultor.

Crémant de Bourgogne

Este vino espumoso borgoñón de Chardonnay y Pinot Noir, elaborado según el método champañés, puede ser un sustituto práctico y económico de champaña, pero no intente envejecerlo.

Mâconnais

De esta zona, en el sur de Borgoña, provienen tintos y blancos generalmente dignos de confianza, pero en realidad poco sugestivos (y no muy baratos). El Mâcon Supérieur tiene un grado más de alcohol; el Mâcon-Villages es una *appellation contrôlée* sólo para vinos blancos. Tanto tintos como blancos pueden llevar añadido el nombre de uno de los 43 pueblos principales, como Lugny o Viré. St-Véran, Pouilly-Fuissé y Pouilly-Vinzelles son AC para vinos blancos.

(Superior) **De las suaves pendientes de Grand Cru Grands Echézeaux, en la Côte de Nuits, provienen algunos de los Borgoña tintos más elegantes y longevos.**

Champaña

El champaña sólo proviene de un lugar, una región a unos 120 kilómetros de París, con Reims y Epernay como centros principales. El suelo de creta y el clima glacial se combinan para conseguir las condiciones ideales que hacen que el Chardonnay, el Pinot Noir y el Pinot Meunier alcancen el grado de madurez necesario para producir el vino básico ácido no espumoso, blanco o rosado, que se va a convertir en un vino fino espumoso.

Estilos y calidad

De hecho, el clima es tan marginal que la mayoría del champaña no es de una cosecha: en lugar de ser el producto de un solo año, que puede tener perfectamente un sabor magro y agudo, está mezclado con algún champaña más viejo para redondearlo. En buenos años, de todas formas, se hace champaña de una sola cosecha: se mantiene durante más tiempo después de la vendimia (un mínimo de tres años, en lugar de quince meses), y tendrá más profundidad y el potencial de envejecimiento durante muchos años, incluso una década o más. La mayoría, pero no todos, de los denominados *cuvées* de prestigio, el tipo de champaña de primera calidad que hay que vender bajo un pomposo nombre a un pomposo precio (el Dom Pérignon, por ejemplo), son de una sola cosecha.

El Blanc de Blancs está hecho únicamente con cepas blancas (Chardonnay); se trata de un estilo elegante y cada vez más de moda. El Blanc de Noirs, mucho menos habitual, es champaña blanco hecho con cepas tintas, y suele tener mucho cuerpo. El champaña rosado puede estar hecho con una gran proporción o con nada de Chardonnay, por lo cual puede presentar un estilo bastante delicado o uno lleno y afrutado, sobre todo si tiene Pinot . El *Brut*, el estilo más conocido en muchos países, es muy seco; el extraseco, paradójicamente, lo es ligeramente menos. Un champaña que está clasificado como «recientemente degollado» (*récemment dégorgé*) ha sido envejecido por un tiempo extraordinariamente largo y sólo recientemente se han sacado sus posos (*véase* pág. 92); dado que el envejecimiento es una de las claves de la calidad del champaña, los vinos degollados recientemente (que son muy caros) tienen más complejidad y profundidad y más frescura, dado que han permanecido más tiempo con sus posos. (Bollinger ha registrado sabiamente las iniciales RD como una de sus propias marcas registradas, dejando a todos los demás que se las entiendan con el incómodo título de «plena duración».)

Tener escrito Grand Cru y Premier Cru en las etiquetas no garantiza la calidad que cabría esperar: Grand Cru conlleva que las cepas usadas son las más caras de la región, que provienen sólo de 17 pueblos; Premier Cru se aplica a los 40 pueblos siguientes, y sus cepas son, por lo tanto, las siguientes más caras. No obstante, el hecho único de tener las mejores cepas no garantiza un buen champaña, y las clasificaciones de Grand y Premier Cru no imponen normas de producción. Los dos términos se vinculan con más frecuencia a champaña a pequeña escala hechos por viticultores (en lugar de a casas como Moët & Chandon, que compran la mayor parte de sus uvas o el vino no espumoso a varias fuentes, o a cooperativas), y su calidad oscila entre los que son soberbios y los horrendos. Por fortuna, suelen ser relativamente baratos, lo cual supone un incentivo adicional para correr el riesgo. Las letras pequeñas RM, de *récoltant manipulant*, en la etiqueta hacen referencia a uno de estos viticultores.

Si no quiere arriesgarse, las etiquetas propias de los supermercados suelen ser productos de cooperativas dignos de confianza, cuando no se trata de vinos sensacionales. Las marcas de grandes casas (los nombres famosos) son más caras, pero deben tener una alta calidad, consistente, cada una en su estilo peculiar. La mayoría la tienen, pero existe una minoría que da mala fama.

Cosechas de champaña		
1992	6	▼
1991	7	▼
1990	10	▼
1989	9	▼
1988	8	★
1987	5	▲
1986	7	▲
1985	8	★
1984	2	▲
1983	8	★
1982	9	★

(*Véase* pág. 98 para la clave de los símbolos)

Loira

Tendemos a pensar en el Loira como una zona de vino blanco, pero de hecho produce una enorme variedad de vinos: al mismo tiempo que blancos en todas las fases de dulzura y sequedad, hay rosados, tintos y también vinos espumosos. Lo único que los vincula a todos, aparte del tortuoso río Loira, es que su situación, bastante septentrional, conlleva que en general tengan poco cuerpo; la excepción son los vinos muy dulces.

Muscadet

Este blanco seco y ligero de la fría costa atlántica del Loira es la antítesis de los vinos del Nuevo Mundo, gruesos y con mucho sabor, pero el Muscadet tiene su razón de existir, siempre que esté bien hecho y se venda a un precio razonable (y no siempre están garantizadas ni una ni otra condición). La mejor área es Muscadet de Sèvre-et-Maine, que por fortuna cuenta con la mayor parte de la producción, pero lo que da carácter y frescura al Muscadet es el método *sur lie* –según el cual se deja que el vino repose en sus lías (*véase* pág. 91) hasta que esté embotellado. Este término aparece en las etiquetas, pero tenga en cuenta que las grandes compañías comerciales abusan de él; los vinos embotellados en las fincas representan la apuesta más segura. Gros Plant, el pariente VDQS del Muscadet, es todavía más ligero, seco y agudo, y generalmente sabe mejor en su patria chica, sobre todo con ostras.

Anjou-Saumur

La principal cepa blanca de Anjou-Saumur, río arriba desde Muscadet, es la Chenin Blanc. Sus mejores vinos son el Savennières, mineral, seco y con nervio, y el Coteaux du Layons, dulce y con podredumbre noble (e inmensamente longevo). Este último comprende los distinguidos *crus* de Bonnezeaux y Quarts de Chaume.

Las principales cepas tintas, Cabernet Franc y Cabernet Sauvignon, producen los tintos y rosados de Anjou y Saumur. El mejor es el Saumur-Champigny, suave, con perfume a frambuesa y ligeramente terroso; el más habitual es el Rosé d'Anjou, habitualmente poco atractivo y dulzón, una mezcla de Cabernet y otras variedades.

Touraine

El Cabernet Franc, fresco y con aroma a frambuesa, es la estrella de esta mitad oriental del Loira central. Los mejores tintos son el Chinon, el Bourgueil y el St-Nicolas-de-Bourgueil –están mejor si se beben jóvenes y frescos, excepto en el caso de las cosechas más maduras, que pueden mejorar durante un período de hasta cinco años. Los otros grandes vinos de Touraine son el Vouvray y el Montlouis, que están hechos de cepas de Chenin Blanc y pueden ser secos (*sec*), semisecos (*demi-sec*) o muy dulces (*moelleux*), según la cosecha (y no siempre lo dice la etiqueta); también pueden ser espumosos.

Sancerre, Pouilly-Fumé y el Alto Loira

Río arriba, en la Francia profunda, las cepas del Loira se convierten en Sauvignon Blanc en las famosas AC del Pouilly-Fumé y del Sancerre, así como sus satélites más baratos, pero en ocasiones buenos, Menetou-Salon, Quincy y Reuilly. Los Sauvignon VDQS del Haut-Poitou (un área de buen Gamay, e igualmente de Chardonnay) son más ligeros, pero a menudo delicio-

Cosechas del Loira		
Coteaux du Layon		
1992	6	★
1991	4	▲
1990	10	★
1989	9	★
1988	8	★
1987	4	▲
1986	8	★
Sancerre		
1992	7	▲
1991	6	▲
1990	8	▲
1989	8	▲
1988	8	▲
Vinos tintos		
1992	6	★
1991	5	▲
1990	9	★
1989	9	★
1988	8	★
1987	5	▲

(Izquierda) **Al seguir su curso por la mayor parte de los 800 kilómetros desde el centro de Francia a Bretaña, el Loira produce una serie de vinos diferentes: Saumur es famoso por sus vinos espumosos, pero los tintos pueden ser deliciosos.**

(Superior) **Châteauneuf-du-Pape no sólo ha dado al mundo un famoso vino tinto; sus regulaciones vinícolas, diseñadas en 1923 por el barón Le Roy del Château Fortia (superior), significaron las bases de todo el sistema francés de *appellation contrôlée*, en 1936.**

sos. El Sancerre tinto y el rosado, hechos de Pinot Noir, pueden ser estupendos en cosechas maduras, pero son caros. El Menetou-Salon tinto es un sustituto válido.

Vinos espumosos

El vino espumoso elaborado con método de champaña se hace a todo lo largo del Loira (pero no en Muscadet). Puede ser bueno y nervioso, y está hecho sobre todo de Chenin Blanc. La *appellation contrôlée* más general es el Crémant de Loire, pero el Saumur es el que se ve con más frecuencia. El Vouvray y el Montlouis pueden resultar atractivamente suaves, afrutados y con sabor a nuez.

Otras AC

El Loira tiene abundantes AC que se presentan por sí mismas, como el Gamay de Touraine (tan bueno y barato como gran parte del Beaujolais), el Cabernet d'Anjou y el Cabernet de Saumur (entre los mejores rosados). También hay vinos menos conocidos: el Cheverny (tinto y blanco) y el Cour-Cheverny (sólo blanco); vale la pena probarlos.

Ródano

El Ródano, como el Loira, alberga una multitud de tipos diferentes de vino –tinto, blanco y rosado, espumoso, seco y dulce– pero, si la tendencia del Loira se decanta hacia lo ligero y blanco, en el Ródano, mucho más cálido y meridional, dominan los tintos grandes, magistrales y añejos. Para la viticultura, el Ródano empieza al sur de Lyon y sigue su curso hasta Aviñón, pero al hacerlo crea una división en dos áreas. En el norte, lleno de colinas y rocas, donde los viñedos cuelgan en terrazas cinceladas en granito casi vertical, sólo crece una cepa para vinos tintos: la Syrah. En el sur, donde el río y la tierra se ensanchan, la gama de vides hace lo mismo: a la Syrah se le suma la Garnacha (que es la que está más ampliamente difundida), la Carignan, la Cinsaut, la Mourvèdre y muchas más. Y a las cepas blancas del norte –Marsanne, Roussanne y Viognier–, el sur añade la Garnacha Blanc, la Ugni Blanc, la Clairette y la Moscatel.

(Izquierda) **Mientras que el Ródano septentrional es famoso por sus laderas escarpadas y por su única cepa tinta, Châteauneuf-du-Pape, buque insignia del sur, es más expansivo en todos los sentidos, con no menos de trece variedades de vid en unos viñedos mucho más llanos y cuajados de cantos rodados.**

Ródano septentrional

Los tintos oscuros, fuertes y tánicos del Ródano septentrional suelen necesitar cinco y hasta diez años para ablandarse y desarrollar sus sabores fascinantemente complejos –su extraordinaria combinación de riqueza de carne de caza, de cuero y de alquitrán con fragancia y con sabor a bayas maduras. Las dos estrellas son el Côte Rôtie, el más perfumado, y el Hermitage, el más majestuoso. El Crozes-Hermitage es un primo mejorado del Hermitage, más ligero y pensado para ser bebido más pronto. El St-Joseph es igualmente menos longevo, pero tiene un sabor seductor y terso a grosella que se puede disfrutar desde su juventud hasta los seis años; el Cornas es más grande, negro y alquitranado, pero si concedemos diez años a un vino de un buen productor, se desarrollará adecuadamente y podrá rivalizar con el Hermitage más caro.

Los Hermitage blancos tradicionales viven durante décadas, con su carácter austero, herbáceo y casi medicinal que al madurar da sabores a nuez y pajizos; el estilo moderno –afrutado y perfumado– se puede beber joven, como es el caso de los blancos de St-Joseph y de Crozes-Hermitage. El raro y costoso Condrieu, hecho de Viognier, tiene un *bouquet* extraordinariamente embriagador y un paladar voluptuoso y sedoso, aunque seco.

Ródano meridional

Una gran denominación que produce grandes cantidades tiene como consecuencia una calidad variable para el Châteauneuf-du-Pape: el vino tinto (el grueso de la producción de la región) es invariablemente cálido, especiado, maduro y alcohólico, pero sólo las mejores propiedades alcanzan la intensidad y el equilibrio necesarios para elaborar un vino que dure seis años o más. En cambio, las denominaciones adyacentes de Gigondas, Vacqueyras y Lirac producen vinos tintos ricamente afrutados, robustos y especiados, que no sólo son más baratos, sino también más fidedignos.

Los progresos en las denominaciones generales de Côtes du Rhône y Côtes du Rhône-Villages (este último comprende los 16 mejores pueblos) en los últimos años significan que existe una posibilidad mucho mayor de lograr un Côtes du Rhône apimentado y pastoso, o un vino de Villages ligeramente más lleno. Los tintos ligeros y afrutados de Coteaux de Tricastin y los de Côtes du Ventoux, a menudo más llenos, son vinos en que también vale la pena fijarse.

Con la excepción de unos cuantos Châteauneuf caros, los blancos del sur solían ser flojos y alcohólicos: los niveles han subido y los vinos son mucho más frescos, pero es difícil entusiasmarse con ellos, a menos que limitemos mucho nuestras opciones.

Vinos rosados, espumosos y dulces

Entre los mejores rosados se encuentran los de Tavel, con mucho cuerpo, potentes y especiados, mientras que los de Lirac son algo más ligeros; ambos pueden ser muy buenos, siempre y cuando se beban jóvenes.

El vino espumoso más delicioso del Ródano es el peculiar Clairette de Die, un vino fragante, con sabor a uva y delicadamente gaseoso, basado en el Moscatel, refrescante y bajo en alcohol. El Crémant de Die *Brut* es mucho menos interesante, y tampoco puedo aportar mucho entusiasmo por el más bien poco refinado St-Péray.

Beaumes-de-Venise es uno de los pueblos productores de vino tinto en las Côtes du Rhône, pero es famoso por su Moscatel dorado, vigoroso y con sabor a uva y a azúcar cande, que tiene su propia *appellation contrôlée*.

Cosechas del Ródano (tinto)		
Norte		
1992	6	▼
1991	7	▼
1990	9	▼
1989	8	▼
1988	9	★
1987	6	▲
1986	6	★
1985	9	★
1984	5	▲
1983	9	★
Sur		
1992	6	★
1991	5	▲
1990	9	★
1989	9	★
1988	8	★
1987	4	▲
1986	6	▲
1985	8	★
1984	5	▲
1983	8	▲

(Véase pág. 98 para la clave de los símbolos)

El sudoeste

El sudoeste abarca un área grande y variada situada entre Burdeos, el macizo central y los Pirineos, en la cual los vinos se dividen en dos tradiciones distintas: los del estilo del Burdeos –tinto, blanco seco y dulce–, basados en las variedades de uva de Burdeos, y una serie de vinos a menudo poco conocidos pero potencialmente más emocionantes, hechos con cepas locales poco habituales como Manseng (tanto Petit como Gros), Fer-Servadou, Tannat y Négrette.

Bergerac, básicamente una prolongación de St-Emilion en el Dordoña, muestra la faceta bordelesa de la región. Produce una gran cantidad de vinos, la mayoría para ser bebidos pronto y muy fidedignos, pero existen unas cuantas fincas que producen algunos vinos más serios y envejecidos en roble. Entre otros nombres dignos de mención están el Côtes de Buzet, el Côtes du Marmandais y el Pécharmant para tintos, el Montravel para blancos secos y el Côtes de Duras y el Côtes de St-Mont para ambos tipos. Monbazillac es un enclave de vino dulce en Bergerac; la calidad es oscilante, lo cual es una lástima, puesto que los mejores son muy buenos.

Cahors, en el valle del Lot, al sur del Dordoña, representa el lado más indómito del sudoeste. Hoy en día ya no existe el legendario vino tánico y negro, pero la cepa Auxerrois (o Malbec) todavía hace de él un vino más fornido y austero que el Burdeos o el Bergerac. Normalmente necesita tres o cuatro años para que salga a relucir su fruto ligeramente especiado, con sabor a mantequilla y grosella, y los mejores tardan muchos años. El Madiran, basado en el Tannat, es otro vino grande y correoso que se ha beneficiado de los esfuerzos de los productores para generar sabores afrutados sin perder su personalidad esencial.

Entre otros vinos locales característicos se encuentran el Gaillac, el Béarn y el Côtes de Frontonnais entre los tintos, el Gaillac también entre los blancos, y el Jurançon, un blanco característico y vibrante que oscila entre seco y muy dulce, pero que puede ser excelente en cualquier forma. Sin embargo, entre todos los vinos del sudoeste, ha sido un simple *vin de pays*, el Vin de Pays des Côtes de Gascogne, el que ha alcanzado más éxito en los años recientes. El vino básico de la región de Armañac se ha hecho un nombre como la fuente de un vino francés asequible y jocosamente afrutado, ligero, herbáceo y seco.

El sur

El sur de Francia ha pasado a ser visto como la «nueva California» a causa de su voluntad de experimentación y de la asombrosa transformación cualitativa que ha tenido como resultado. El Languedoc-Rosellón, la región que se extiende desde la frontera española hasta Nîmes, que hace sólo diez años todavía producía pocos vinos, que se encontraban además entre los más pobres (lo cual hizo que su nombre no figurara en ninguna parte excepto en el lago vinícola de la Comunidad Europea), se ha convertido en una de las más dinámicas del mundo.

Las cepas tintas que están ampliamente extendidas en esta región, la Carignan y la Cinsaut, tienden a ser apagadas y sin sabor afrutado, pero regenerar las viejas viñas, reducir las cosechas y aplicar una elaboración vinícola moderna pueden hacer maravillas, especialmente cuando se mezclan con variedades mejores como Mourvèdre, Cabernet Sauvignon y Syrah. Las AC de Corbières, Minervois y Fitou producen algunos tintos estupendos –racheados, herbáceos, especiados y llenos de fruta–, y los mejores (especialmente el Corbières, envejecido en roble) se pueden mantener en bodega. Los niveles también se han elevado en las AC generales de Coteaux du Languedoc, Côtes du Roussillon y Côtes du Roussillon-Villages; un buen Côteaux du Languedoc es como un Corbières, mientras que los

CÓMO LEER LAS ETIQUETAS FRANCESAS DE VINO

De superior a inferior: **la cosecha es de 1992, y el nombre de la propiedad es Domaine de Lissac; no se especifica ninguna variedad de uva, pero se sugiere el Blanc Fumé por su asociación con el Pouilly-Fumé, un vino blanco seco basado en Sauvignon Blanc; la clasificación según la ley francesa del vino es *vin de pays*, y se trata de un Vin de Pays d'Oc; no se ha embotellado en la propiedad, sino en alguna otra parte, que suele ser una cooperativa, o también puede hacer referencia a un *négociant* (en este caso, HDR son las iniciales del «productor ambulante de vinos» Hugh Ryman, que trabaja con varias cooperativas).**

(Izquierda) **En el Rosellón, cercano a la costa mediterránea y a la frontera española, las viejas viñas nudosas de Garnacha producen los vinos característicos de Banyuls, la respuesta francesa al Oporto.**

vinos del Rosellón tienden a ser algo más ligeros y jugosos.

El otro triunfo del Languedoc-Rosellón son sus *vins de pays*, que actualmente constituyen unos de los vinos más valiosos –tintos, blancos y rosados– de Francia. Esta categoría congrega desde vinos a pequeña escala de fincas dinámicas que elaboran discretos pero numerosos *vins de pays* (Coteaux de Murviel, por nombrar un ejemplo) hasta las variedades modernas con y sin roble –especialmente la Chardonnay, la Sauvignon Blanc, la Cabernet Sauvignon, la Merlot y la Syrah– en el globalizador Vin de Pays d'Oc. Estos vinos, que a menudo provienen de cooperativas hasta ahora dispersas, compiten duramente con vinos australianos y del resto del Nuevo Mundo, y no es ninguna casualidad que muchos de sus productores de vino sean australianos o estén formados en Australia.

La situación en Provenza era diferente. La calidad raramente era mala, pero se trataba básicamente de una mediocridad que no justificaba los precios basados en la proximidad de las instalaciones mediterráneas de moda. Los vinos nunca llegarán a ser baratos, pero los rosados son actualmente más frescos y afrutados, y hay algunos tintos impresionantes. Los de Bandol son especialmente buenos –profundos, especiados, herbáceos, con sabor a uva y con el potencial suficiente para envejecer una década (los Bandol rosados también son atractivos, pero caros). En orden ascendente de calidad, las AC de Côtes de Provence, Coteaux d'Aix-en-Provence y Coteaux des Baux-en-Provence producen tintos cada vez más herbáceos y con más sabor a grosella (a veces con el añadido de un poco de Cabernet) y rosados bien estructurados, casi cremosos; los blancos son generalmente limpios, pero sin aliciente. Tanto los Costières de Nîmes –tintos robustos y especiados y rosados suavemente afrutados– como los Côtes du Lubéron –tintos, blancos y rosados simples y frescos– son alternativas prácticas y más baratas.

Vinos espumosos y olorosos

El Crémant de Limoux demuestra que, con la acidez de la cepa de Mauzac y el método del champaña, el cálido sur puede llegar a hacer un vino espumoso muy loable. El sur es también la patria chica de los *vins doux naturels* –vinos dulces hechos de jugo de uva semifermentado y enriquecido con alcohol. Pueden estar hechos con Moscatel (como en Beaumes-de-Venise) o producidos para consumirlos jóvenes y frescos, como el Moscatel de Frontignan, el Moscatel de Rivesaltes y el Moscatel de Lunel, o pueden basarse en Garnacha y envejecer en barrica para que desarrollen un peculiar carácter rancio, oxidado y amaderado, como es el caso del Banyuls, el Maury y el Rivesaltes.

Saboya y el Jura

Los vinos blancos frágiles, picantes e intensos de la región alpina de Saboya, al este de Francia, encuentran generalmente su propia salida hacia las instalaciones locales de esquí, pero merece mucho la pena probarlos. Están hechos sobre todo de la variedad Roussette, pero los que se basan en Jacquère y en Chardonnay también están bien. El Roussette de Savoie, el Vin de Savoie –más extendido–, el Apremont, el Seyssel (especialmente el espumoso) y el Bugey son interesantes.

Las principales variedades de la región del Jura son la acomodaticia y siempre popular Chardonnay (utilizada para buenos vinos espumosos y no espumosos) y la extraña, con sabor a nuez y resinosa Savagnin; entre los tintos se encuentra el Pinot Noir y el excéntrico Trousseau; las principales denominaciones son las de Côtes du Jura y Arbois. La especialidad de la región es el Vin Jaune, intenso, seco y del tipo de Jerez, hecho de Savagnin y criado en barrica bajo una fina película de levadura «flor» durante seis años como mínimo.

(Izquierda) **Los viñedos alpinos de la región de Saboya, cerca de Grenoble y del lago de Ginebra, producen vinos blancos exquisitos y fragantes.**

Alemania

El vino alemán no se parece a ningún otro. Aunque las variedades de vid no son exclusivas del país, los vinos tienen una mezcla peculiar de fragilidad y fuerza, de delicadeza y concentración, que los diferencian de la imperante tendencia general al Cabernet Sauvignon y al Chardonnay.

El vino alemán está condicionado por su clima. Esta observación puede parecer obvia, pero en ninguna otra parte (excepto en Austria, donde se utiliza un sistema similar) la ley vinícola se basa en la simple premisa de que una uva madura produce mejor vino que una que no lo esté. Hay designaciones territoriales, por supuesto. Tal como estipula la ley vigente en la actualidad, el país está dividido en 13 regiones, subdivididas en *Bereiche*, las cuales, a su vez, se subdividen en *Grosslagen* o grandes espacios (aunque éstos no están tan bien considerados), que, igualmente, se dividen en *Einzellagen*, o espacios sencillos (es decir, viñedos individuales, que también pueden ser descritos como *Gutsabfüllung*, si sus vinos se embotellan en la propiedad, en lugar de en una cooperativa). La etiqueta incluye siempre el origen geográfico del vino, con frecuencia con detalles minuciosos, pero la madurez de la uva sigue siendo la cuestión fundamental.

Al final de la escala se encuentra el *Tafelwein*, habitualmente con el 2 % de la producción, como máximo. Se trata de un vino de mesa muy básico, invariablemente chaptalizado (*véase* pág. 89) y mezclado. El *Landwein*, una categoría más alta, está considerado como el equivalente del *vin de pays* francés, pero nunca ha atraído la atención ni ha generado el interés de la misma forma que aquéllos, y su producción es insignificante. El grueso del vino alemán suele pertenecer –aunque depende de la cosecha– a la categoría siguiente: la *Qualitätswein bestimmter Anbaugebiete*, o QbA; se trata de «vino de calidad» que proviene de una de las 13 regiones.

Es así de sencillo. No obstante, para llegar a esta categoría (normalmente muy básica), un vino no tiene que provenir de un terreno de una categoría elevada, sino que debe estar hecho con una uva adecuadamente madura, o incluso con uvas sobremaduradas. Esto se considera el indicativo principal en un país cuyos viñedos más septentrionales apenas pueden madurar lo más mínimo en un verano frío.

Qualitätswein mit Prädikat (QmP) es el término que se da a cualquier vino situado por encima de los QbA, y su producción suele ser menor, aunque en 1990, por ejemplo, los QmP representaron el 60 % de la cosecha. *Qualitätswein mit Prädikat* significa «vino de calidad con atributos especiales», y consta de seis categorías, ninguna de las cuales puede ser chaptalizada.

El Kabinett es el más ligero; por encima de él se encuentra el Spätlese, que significa «de cosecha tardía». El Auslese está hecho con racimos de uvas especialmente seleccionados; el Beerenauslese está hecho con granos de uva seleccionados individualmente, con frecuencia afectados de podredumbre noble. El Trockenbeerenauslese está hecho con granos seleccionados que han sido resecados por la podredumbre noble en la viña, por lo cual dan un vino más intensamente dulce. El Eiswein, hecho con uvas congeladas en la viña durante los glaciales inviernos alemanes, también es muy dulce, y bastante raro de encontrar. El Beerenauslese también es dulce, aunque menos que el Auslese, y el Spätlese puede encontrarse en cualquier punto desde seco hasta semidulce.

Los vinos alemanes secos (la etiqueta debe incluir la palabra *Trocken*) están de moda entre los productores que mejor conocen la calidad de los vinos alemanes. Si los vinos tienen la madurez suficiente para equilibrar su acidez, pueden combinar muy bien con la comida, pero la mayoría son demasiado ácidos para los

(Inferior) **El Rheingau, en el corazón de Alemania, tiene una reputación de Riesling de larga duración y de fincas aristocráticas. Se cree que Schloss Vollrads, perteneciente al conde Matuschka-Greiffenclau, es la empresa familiar vinícola más antigua del mundo.**

Regiones vinícolas de Alemania

paladares no alemanes. Un estilo de compromiso es el semiseco (o *Halbtrocken*). El Spätlesen, en particular, puede tener mucho éxito en un estilo u otro. Muchos vinos, sin embargo, están suavizados con *Süssreserve* (*véase* pág. 92), y en su mejor momento mantienen una tensión fascinante entre el sabor a uva y una acidez firme y elegante. Pueden requerir un largo envejecimiento en botella y dar, al madurar, unos vinos de una complejidad inmensa, o pueden estar hechos para ser bebidos en un par de años. De cualquier modo, un vino que provenga de uno de los mejores viticultores puede estar a años luz del Liebfraumilch que podemos encontrar en un supermercado.

Al mismo tiempo que las clasificaciones legales del vino, hay muchos grupos de productores que establecen sus propias clasificaciones de alto nivel, y puede valer la pena fijarse en las marcas de identificación que se hallen en las botellas: las dos más importantes son Charta y VDP. Charta es una organización de viticultores de Rheingau que se han planteado el propósito de promover los vinos *Halbtrocken* de alta calidad de Riesling de Rheingau; los viñedos se clasifican con el término *Erst Lager* (primer lugar), y las botellas ostentan el símbolo de una ventana doble realzada. Las letras VDP significan *Verband Deutscher Prädikats- und Qualitätsweinguter eV*, un grupo de ámbito nacional que reúne las principales propiedades (admirablemente sensibilizadas por la ecología, por cierto).

Variedades

La Riesling es la mejor cepa de Alemania aunque, de hecho, en las regiones más cálidas la familia del Pinot puede producir vinos mejores. La Müller-Thurgau, de calidad inferior, es la variedad que se cultiva más extensamente. Los mejores tintos provienen de Spätburgunder o de Pinot Noir, pero son pocos los viticultores que disponen del clima adecuado y dedican el tiempo suficiente para producir unas vendimias limitadas que permitan recoger lo mejor de la cepa, y los vinos tintos sólo representan un pequeño porcentaje de la producción alemana. Cada una de las 13 regiones cultiva una amplia gama de cepas: las más importantes de las no mencionadas son el Silvaner, la Ruländer (o Pinot Gris), la Scheurebe, la Kerner, la Weissburgunder (o Pinot Blanc) y la Dornfelder tinta. La floral Morio-Muskat se utiliza con mucha frecuencia para perfumar vinos más económicos.

Vinos y regiones

Ahr

Esta fría región septentrional, la segunda más pequeña de las 13 alemanas, está dedicada casi exclusivamente a la producción de vinos tintos, de las cepas de Spätburgunder y Portugieser. Son claros, ligeros y habitualmente endulzados, y raramente se exportan. Entre los blancos, los mejores son los Riesling cultivados en suelo de pizarra.

Baden

La región de Baden tiene dos cosas que son mejores que las del resto de Alemania: una son los vinos tintos, dado que Baden está en el sur y es notablemente más cálida; la otra son los vinos secos. Está situada frente a Alsacia, al otro lado de las montañas de los Vosgos, y goza de un clima tan balsámico como esa región francesa; también como Alsacia, está especializada en la familia de cepas del Pinot, conocido aquí como Weissburgunder (Pinot Blanc), Ruländer (Pinot Gris) y Spätburgunder (Pinot Noir). Los suelos son muy variados, y las colinas, más onduladas que escarpadas. La mayoría de los vinos son producidos por cooperativas locales, que tienen un buen nivel y hacen vinos dignos de confianza.

Franconia

El Silvaner seco es la especialidad de esta región, embotellado en la rechoncha botella *Bocksbeutel*, con forma de frasco. Tienen un característico sabor terroso que puede resultar extremadamente atractivo. La Müller-Thurgau* es la variedad más extensamente cultivada, aunque Franconia se ha volcado con entusiasmo en los cruzamientos de vides más nuevos que los investigadores alemanes han producido en las últimas décadas.

* Nota del revisor: También la variedad Müller-Thurgau fue obtenida por el Profesor del mismo nombre y se cree que es un cruzamiento de Riesling y Sylvaner.

Sobreviven a los rígidos inviernos de Franconia, pero raramente producen los mejores vinos. Los sedientos bávaros consumen la mayor parte de los vinos de Franconia, por lo cual los precios son bastante altos.

Hessiche Bergstrasse

Una diminuta región que produce un atractivo Müller-Thurgau y un buen Riesling, que en el mejor de los casos es comparable al Riesling de Rheingau. Apenas se exporta.

Liebfraumilch

Siempre mezclado, siempre dulzón, normalmente muy suave y uno de los más baratos de las ofertas alemanas, el Liebfraumilch ha conquistado los mercados de la exportación y ha contribuido a afectar la re-

putación del vino alemán. (¿Podría alguien señalar la diferencia entre este vino, el Piesporter Michelsberg y el Niersteiner Gutes Domtal que están expuestos a su lado en la estantería del supermercado? Yo tampoco podría). Proviene de las regiones del Hesse Renano, Palatinado, Nahe y Rheingau, y el grueso de la mezcla está hecho con Riesling, Müller-Thurgau, Silvaner y Kerner.

Mittelrhein

Otra región cuyos vinos apenas se ven en el exterior. Produce un buen Riesling, pero la viticultura se encuentra aquí en declive.

Mosela-Saar-Ruwer

Ésta es una de las regiones más famosas de Alemania,

y hay un buen motivo para ello: un vino de Mosela-Saar-Ruwer de uno de los principales productores es ligero y delicado, pero contiene un punto de acero; su alta acidez se combina con un sabor ahumado y afrutado a melocotón, y puede vivir muchos años. La Riesling es la cepa adecuada para estos vinos, y los mejo-

CÓMO LEER LAS ETIQUETAS ALEMANAS

No se puede pretender que las etiquetas alemanas sean comprensibles de forma inmediata, pero si se leen paso a paso, pueden mostrar gradualmente la mayor parte de la información vital. *De izquierda a derecha y de superior a inferior: Qualitätswein mit Prädikat* es la categoría amplia de calidad; la específica (*Spätlese*) viene después; el número de AP es el número de prueba oficial de este vino en particular (todos los vinos de calidad tienen uno); el vino está en una botella de dimensiones regulares, de 750 ml (o 75 cl); tiene un 9 % de alcohol, y proviene de Mosela-Saar-Ruwer, una de las 13 regiones de Alemania. Ahora (por fin) llegamos a la información más específica: la cosecha; la población, es decir, la palabra que termina en «*er*», en este caso Graacher; seguida inmediatamente por el viñedo, en este caso Himmelreich. Por desgracia, no siempre es tan sencillo como parece, porque, mientras sigan existiendo los *Grosslagen*, el viñedo puede ser un *Einzellage*, como Himmelreich, o, de modo mucho más general, un *Grosslage* (nótese también que, en lugar de una población, puede estar la palabra *Bereich*, que indica una mezcla de un área mucho más extensa). Acto seguido tenemos la variedad de uva (Riesling) y el importantísimo nivel de madurez (*Spätlese*). Por último, nos dicen que el vino ha sido embotellado en la propiedad –*Erzeugerabfüllung* (sustituido desde la cosecha de 1990 por *Gutsabfüllung*), y que el productor es Reichsgraf von Kesselstatt, de Tréveris.

(Izquierda) Los viñedos del Mosela són unos de los más escarpados del mundo, pero esta inclinación les proporciona una buena exposición al sol.

res han crecido en las precipitadas laderas de pizarra de los bancos fluviales. Los ríos Saar y Ruwer son tributarios del Mosela, y producen vinos que son bastante magros y duros, aunque se ablandan y se abren en los buenos años (Mosela-Saar-Ruwer raramente produce algo más exquisito que el Spätlese). Estos vinos nunca son baratos, pero vale la pena pagar un precio alto por un vino de un viticultor particular de pueblos como Brauneberg, Bernkastel, Graach o Urzig, antes que escoger algo menos fascinante. Reconocer los que son realmente aprovechables no es fácil, pero el precio puede ser un indicativo, así como la palabra *Winzergenossenschaft*, que significa «cooperativa».

Nahe

Hay Riesling espléndidos en esta región, especialmente en los pueblos de Bad Kreuznach y Schlossböckelheim. Este último es tanto el nombre de la finca más famosa de la población, como del pueblo mismo; es también el nombre de un *Bereich* que ocupa la mitad del Nahe, y se supone que los vinos de *Bereich* son menos interesantes que los del pueblo o los de la finca. Los vinos llamados Nahe en general tienen un estilo situado entre la ligereza del Mosela y el peso del Rheingau.

Palatinado

Hasta 1993 esta región era conocida como Renania-Palatinado. Se divide en dos partes muy distintas: la septentrional es el área de las grandes fincas, e incluye el Mittelhaardt, con pueblos tan renombrados como Deidesheim, Forst y Bad Dürkheim; la parte meridional es una región mixta de granjas y unos cuantos nombres conocidos pero, aunque los niveles han aumentado vertiginosamente en el Palatinado en su conjunto en los últimos años, es en el sur donde se

han observado en general la mayoría de los cambios.

El estilo de vino del Palatinado meridional era rico y graso, con tendencia a ser flojo en los años cálidos. Actualmente no es así; tanto las normas de la elegancia como los vinos se han vuelto más secos, más magros y más estructurados. No nos puede sorprender que sean vistos como la competencia de los del Rheingau para obtener el título de los mejores de Alemania. El Riesling del Palatinado es lleno y especiado, en ocasiones casi tropical, y el Scheurebe también es excelente, en especial con los vinos dulces.

Rheingau

Rheingau es una región reconocida desde hace mucho tiempo por producir el vino más fino de Alemania, aunque actualmente el Palatinado está planteándole un serio desafío. La reputación de Rheingau se apoya en su Riesling, que, cultivada en sus escarpadas orillas y con una inmensa variedad de suelos, da vinos con peso, madurez, equilibrio y profundidad. Hace más calor aquí que en el Mosela, por lo cual las uvas maduran con más rapidez, y en buenos años pueden alcanzar niveles de Trockenbeerenauslesen; el Auslesen es relativamente habitual. La región también se caracteriza por su proliferación de aristócratas. Entre las poblaciones que producen el mejor vino se encuentran Hochheim (que da su nombre al término inglés para todos los vinos del Rin, *hock*), Eltville, Erbach, Hattenheim, Johannisberg y Rüdesheim. Assmannshausen se ha especializado en vinos tintos de las cepas de Spätburgunder (Pinot Noir).

Rheinhessen (Hesse Renano)

Hay aquí buenos vinicultores –sobre todo en el área de Rheinterrasse, una franja de pueblos fluviales alrededor de Nierstein–, pero el grueso del Hesse Renano es suave, agradable... y monótono. Es una de las fuentes principales del vino de Liebfraumilch. El nombre de Nierstein no sólo se utiliza para indicar la población (que tiene algunos viñedos espléndidos), sino también el *Bereich* de Nierstein Gutes Domtal, cuyo vino es barato y no siempre entusiasmante. Aparte del propio Nierstein, los pueblos con los mejores vinos son Oppenheim, Bodenheim y Nackenheim. Las letras «RS» (Reinhessen Silvaner *Trocken*) aparecen en las etiquetas negras y anaranjadas de unos ochenta viticultores comprometidos en resucitar las cualidades de este vino tradicional del Hesse Renano, y vale la pena tenerlas en cuenta.

Saale-Unstrut

Aquí se producen vinos ligeros, sobre todo de Müller-Thurgau, en suelo cretoso, pero dado que se encuentra en lo que fue Alemania Oriental, los problemas económicos son serios.

Sajonia

Se trata de la región más oriental de Alemania, y formaba parte de la República Democrática Alemana. Con

(*Derecha*) **Assmannshausen es atípico en Rheingau por haberse especializado en Spätburgunder para producir vinos tintos.**

altos costes de producción, viñedos en decadencia (la viña más importante es Müller-Thurgau) y todos los problemas de adaptación a los procesos occidentales, todavía no parece probable que los vinos salten con mucho ímpetu a los mercados de la exportación.

Sekt
Es el término alemán para el vino espumoso. El Deutscher Sekt está hecho con cepas alemanas; el Deutscher Sekt bA proviene de una de las 13 regiones vinícolas.

Los mejores están hechos de Riesling. El método del champaña es raro en Alemania; la mayoría de Sekt están hechos con el método de fermentación en tanque (*véase* pág. 92).

Wurtemberg
La mitad del vino de esta región es tinto, de las cepas de Trollinger, Müllerrebe, Limberger, Portugieser y Spätburgunder. Ni éstos ni los vinos blancos se ven con mucha frecuencia en el exterior.

(Superior) **Al disfrutar de más sol y calor que las regiones del Rin, al norte, el Palatinado produce vinos más llenos, más maduros y a menudo más especiados, algunos de los que combinan mejor con la comida en toda Alemania.**

Italia

Italia es un país unido desde hace menos de ciento cincuenta años, por lo cual no puede sorprendernos que aún hoy gran parte de su mentalidad continúe siendo regional, y que sus vinos se hayan desarrollado para mercados estrictamente locales. Los efectos positivos de este regionalismo son que cada zona de Italia ha desarrollado sus propios sabores y tradiciones, con el apoyo de una vasta gama de variedades indígenas características, pero también ha justificado que muchos vinos todavía sean poco conocidos fuera de sus localidades.

Con estas cantidades y unas tradiciones tan variadas, es inevitable que los niveles varíen en gran manera, pero no se puede negar que hay vinos tintos, especialmente los del frío norte, que se parangonan con cualquier otro de cualquier lugar del mundo. Hasta cierto punto, Italia mantiene una reputación ligeramente deslucida. Esto es una herencia de los años setenta, cuando los productores de algunos de los vinos más famosos, los estilos similares al Soave y al Chianti, enturbiaron la fama adquirida al poner todo su esfuerzo en la cantidad, a expensas de la calidad. Estos elevados niveles de exportación merecían la mala fama que se ganaron, pero la maldición se está prolongando más de lo que debiera, puesto que en los años ochenta el discurso –y la acción– volvieron a dirigirse a la calidad. Los viñedos particulares, los microclimas y las bajas cosechas se convirtieron en las palabras más en boga. También llegaron al país las variedades internacionales, y hoy en día el Cabernet Sauvignon cuenta con algunos de sus mejores vinos en el Piamonte y en Toscana.

Ninguna de estas evoluciones está comprendida en la ley vinícola italiana (que se basa vagamente en el sistema francés de *appellation contrôlée* o AC). Esta ley reconoce unos doscientos cuarenta vinos con DOC (*denominazione di origine controllata*) que, sin embargo, sólo suponen el 10 % de la producción. En los años ochenta, algunos de estos vinos fueron ascendidos a una nueva clasificación más alta, la DOCG (*denominazione di origine controllata e garantita*), la cual, en teo-

(Derecha) **Las colinas toscanas son famosas por sus grandes vinos tintos, pero los viñedos que rodean el pueblo medieval de San Gimignano, encaramado en una colina, ofrecen algo diferente: un blanco moderno de la cepa Vernaccia.**

ría, garantiza la calidad del vino, así como su origen y las variedades de sus cepas. Por debajo de la DOC estaban los *vini da tavola*, la clasificación usada normalmente por los principales productores, especialmente en Toscana, cuyos experimentos con variedades de vid y de barricas de roble francés tuvieron como consecuencia que sus vinos quedaran excluidos de la DOC, o que se considerase que todo el sistema de DOC se había quedado obsoleto.

En teoría, esta situación, con una DOC (e incluso una DOCG) que da la bendición oficial a vinos que son con demasiada frecuencia inferiores, mientras los productores que están más de moda ignoran la ley e imponen precios astronómicos a sus *vini da tavola*, está cambiando. Se ha aprobado una nueva ley, y se espe-

ra que se ponga en práctica a tiempo para la vendimia de 1994. Reconoce las categorías actuales, pero introduce algunos cambios significativos.

En primer lugar, elimina a unas cincuenta DOC virtualmente extinguidas; aún más importante es que reconoce la individualidad y superioridad de áreas y parcelas de tierra concretas y les permite que incluyan la DOC y la DOCG en sus etiquetas, y acoge (como DOC) a todos los *vini da tavola* con carácter e internacionalmente famosos (el Sassicaia, el Tignanello, el Ornellaia, el Darmagi, el Grifi, etc.). Además, introduce la IGT (*indicazione geografica tipica*), una categoría nueva entre los *vini da tavola* y la DOC que se pretende sea una versión italiana del *vin de pays*. Se espera que el 60 % de los vinos italianos sea clasificado como IGT, DOC o DOCG.

Regiones vinícolas de Italia

Otras clasificaciones y designaciones que puede ser práctico conocer son la Riserva, que indica un vino con DOC o DOCG de una buena cosecha que ha sido envejecido más tiempo de lo normal antes de su comercialización; el Classico, que indica el corazón o la mejor parte de una DOC o una DOCG; el Superiore, que normalmente indica un nivel más alto de alcohol, pero que también puede significar una subregión superior; o el Vigna o Vigneto, que indica un viñedo o *cru* especial.

Variedades

En cuanto a las variedades de vid, Italia tiene un repertorio de millares, y muchas son originales fascinantes, como la Arneis, la Favorita, la Fiano, la Picolit y la Schioppettino, capaces de alcanzar una alta calidad, pero totalmente limitadas geográficamente. Otras, como la Sangiovese tinta, han llegado con éxito a muchas partes, aunque la patria del Sangiovese sigue siendo Toscana. La Trebbiano blanca también está bien extendida, aunque en todas partes se podría haber prescindido algo de ella: conocida como Ugni Blanc fuera de Italia, es una de las cepas más insípidas del mundo. El feudo de la Nebbiolo se halla en el noroeste, pero allí no está sola; comparte su territorio con la Barbera y la Dolcetto, parecidas, y con variedades más oscuras como la Freisa, la Grignolino, la Ruchè y la Brachetto. Al nordeste se encuentra un número inusual de variedades, como la Verduzzo y la Vespaiolo (blancas) y la Refosco, la Raboso y la Lagrein (tintas), que compiten con las cepas francesas de primera clase, bien asentadas.

Vinos y regiones

Aglianico del Vulture

Hecho con cepas de Aglianico, en Basilicata, en el extremo sur, puede que se trate de uno de los tintos más finos y más complejos de Italia. Su color profundo, su perfume ahumado a grosella y su tanino le dan un admirable potencial de envejecimiento. En Taurasi (Campania), el Aglianico cuenta actualmente con su propio estatuto de DOCG.

Alto Adigio

Este rincón frío y montañoso de Italia perteneció a Austria. Sus habitantes todavía son aficionados a los deportes de nieve y, con preferencia, hablan alemán (llaman a su región *Südtirol*). Sus 19 variedades de vid, la mayor parte blancas, son elaboradas como varietales y resultan ligeras, vibrantes y aromáticas. La Chardonnay, la Pinot Bianco, la Traminer y la Rhine Riesling son notables, así como, para el tinto, la Lagrein Dunkel, oscura y afrutada, con un final a chocolate amargo. También es digno de atención el tinto Teroldego Rotaliano.

Arneis

La cepa de Arneis, con sus sabores a nueces, hierbas y peras, produce los blancos secos más característicos del Piamonte y algunos de los más característicos de Italia.

Asti

Tiene muy mala fama, pero este vino espumoso del Piamonte, económico y dulce, de la cepa Moscatel, es bajo en alcohol, tiene un perfume delicado a uva y se bebe en su mejor momento bien frío en un día de verano, siempre y cuando sea muy joven y fresco. Lo mismo se puede decir del Moscato d'Asti, muy similar (nótese que el *spumante* –que no significa otra cosa que espumoso– ha sido eliminado de las etiquetas del Asti).

Barbaresco y Barolo

La cepa del Nebbiolo produce en las regiones colindantes de Barolo y Barbaresco vinos que tradicionalmente son casi imbebibles mientras permanecen jóvenes –llenos de tanino y con el fruto oculto–, pero que al envejecer (después de cuatro años, como mínimo) se convierten en unos tintos seductoramente perfumados, complejos y flexibles, aunque siempre tienen mucho cuerpo. El Barolo es el más masivo –se describe como el rey del Piamonte, y el Barbaresco sería la reina–, pero en ambas regiones la tendencia más fuerte es hacia los vinos más abordables, con más fruto y taninos más maduros.

Entre los vinos de Nebbiolo que son más suaves al paladar y al bolsillo se encuentran el Carema, el Gattinara (actualmente DOCG), el Ghemme (mez-

(Izquierda) **La cepa tánica de Nebbiolo, que alcanza su apogeo en el Barolo y en el Barbaresco, produce vinos de una potencia y una longevidad extraordinarias.**

(Derecha) **Una inconfundible vista toscana, pero aquí, en Montalcino, al sur de Siena, un clon poco habitual de Sangiovese, llamado Brunello, da un vino con más cuerpo y más fuerte que en Chianti.**

clado con otras cepas), el Nebbiolo del Piamonte, el Nebbiolo d'Alba y el Nebbiolo della Langhe (todos del Piamonte), y mezclas con otras variedades en Lombardía y en Valtellina.

Barbera d'Alba

Después de la prestigiosa Nebbiolo, la Barbera es la principal cepa tinta del Piamonte (y la segunda variedad más plantada de Italia). Tiene un carácter herbáceo y afrutado, con un nivel de ácido relativamente alto y bajo en tanino, y puede estar hecho para ser bebido joven o en un estilo más longevo, envejecido en roble y dejado en la botella para que mejore durante unos cuantos años, de algún modo parecido al Barolo. Alba produce el Barbera más lleno, seguido de cerca por el Barbera d'Asti, habitualmente algo más suave y afrutado.

Bardolino

Hecho de cepas similares a las del Valpolicella, pero en suelos diferentes, alrededor del lago Garda, en el Véneto, el Bardolino es un vino tinto mucho más ligero, y también es un rosado. Tanto el tinto como el rosado se deben beber muy jóvenes, mientras mantienen todavía la frescura y el sabor a cereza y a piedra, y ambos pueden servirse frescos.

Bianco di Custoza

En los márgenes meridionales del Bardolino y al oeste del Soave, el Bianco di Custoza DOC da blancos delicados y afrutados, de modo muy parecido al Soave, pero a menudo mejores y con más carácter.

Brunello di Montalcino

Brunello es el nombre toscano de una buena casta de Sangiovese cultivada en el área de Montalcino, al sur de Siena (y al sur de Chianti). Produce un vino tinto rico, oscuro y concentrado (con más cuerpo y más tánico que el Chianti), que es envejecido durante mucho tiempo –a menudo demasiado– en barricas, y que puede permanecer todavía entre cinco y diez años en la botella. A pesar de su estatuto de DOCG, ha vivido demasiado tiempo de su reputación (o de la de su finca más famosa, Biondi Santi), y pocos vinos son lo bastante emocionantes como para justificar los elevados precios. El Rosso di Montalcino, la versión suave, pastosa y más joven, es más barato y normalmente puede ser una mejor inversión.

Carmignano

La pequeña DOCG de Carmignano es un enclave de Chianti al oeste de Florencia que produce un tinto basado en Sangiovese; es excepcionalmente bueno y siempre ha contenido un poco de Cabernet Sauvignon. Los vinos son del estilo del Chianti, pero con más elegancia y más potencial de envejecimiento (los Riserva necesitan diez años, y los que no lo son, de cinco a diez). También hay un atractivo *rosato* DOC y una versión del Carmignano, más joven y menos concentrado, llamado Barco Reale, que puede suponer un buen hallazgo.

Chianti

En una docena de años, el Chianti ha experimentado una transformación: de ser uno de los vinos menos dignos de confianza de Italia a ser uno de los más respetados; situación que le corresponde, dado que es una DOCG. En una región tan grande (cubre gran parte del centro de Toscana), por fuerza tienen que variar los niveles –y los estilos–, pero por lo menos hoy en día es posible tener alguna seguridad en lo que se compra.

Todo el Chianti está hecho básicamente de Sangiovese, y tiene un olorcillo astringente característico. No obstante, hay dos grandes estilos: el Chianti más ligero, más joven y frescamente afrutado, del tipo que siempre hemos visto en botellas cubiertas de esparto, y un tipo más serio y caro que tiene una profundidad real de sabor, pero también una austeridad que requiere un tiempo para suavizarse (de dos a cuatro años para los que no son Riserva y cuatro años como mínimo para los Riserva).

La mayoría de estos Chianti más serios provienen de la subregión del Classico (Chianti se divide en siete regiones de este tipo) y están siempre etiquetados como Chianti Classico. Se trata del área histórica central entre Florencia y Siena, salpicada de fincas aristocráticas, los nombres de cuyos propietarios parecen salir directamente del Renacimiento (actualmente también hay abundantes fincas que pertenecen a forasteros ricos, tanto extranjeros como industriales del norte). La otra subregión importante por su vino longevo y de calidad superior es la de Chianti Rufina, mucho más reducido. Las otras cinco tienden a producir vinos más ligeros y fáciles de beber, y habitualmente están etiquetados como Chianti, sin el nombre de la subregión.

Entre otros Sangiovese toscanos dignos de remarcar se encuentran los tintos generosos y amentados de Parrina, una diminuta DOC costera, y los vinos cálidos, especiados y más fornidos de la región vecina del norte, Morellino di Scansano.

Colli Orientali y Collio

Estas DOC adyacentes de Friuli, en la frontera con Eslovenia, producen alrededor de veinte vinos (la mayoría de ellos varietales) cada una. Collio es famoso por la calidad (y el coste) de sus blancos secos –los extraordinariamente aromáticos, intensamente afrutados y bellamente estilizados Pinot Bianco, Pinot Grigio, Sauvignon Blanc, Tocai Friulano, etc.–, pero los tintos, como el Cabernet Sauvignon y el Merlot, también pueden estar bien. Colli Orientali produce más tintos –incluidos algunos impresionantes Merlot, Cabernet Sauvignon, así como el Refosco local–, pero también algunos buenos vinos dulces (a destacar el Ramandolo y el Verduzzo, pero evite el sobrepreciado Picolit).

Copertino

Se trata de un tinto robusto, lleno de sabor y especiado que es asequible, puesto que proviene de Apulia, en el poco atractivo sur. Suele ser una buena inversión.

Dolcetto

El Dolcetto d'Alba es el más conocido de los varietales Dolcetto del Piamonte, pero todos son dignos de confianza, y sus vibrantes sabores a cereza y a chocolate amargo hacen de ellos una de las mejores respuestas italianas al Beaujolais. Hay que beberlos frescos, pero no demasiado helados, y jóvenes.

Est! Est!! Est!!!

Lo más notorio de este blanco simple y seco del norte de Roma probablemente siga siendo su poco agraciado nombre, pero algunas mejoras recientes están dando resultados más delicados y afrutados.

Franciacorta

Esta región al este de Milán aporta la mayoría de los principales vinos espumosos del tipo champaña; los tintos y blancos secos no espumosos (Franciacorta Rosso y Bianco), aunque menos conocidos, también se producen en bastante cantidad.

Frascati

Cuando sale bien, el vino local de Roma es fragante y sabroso, pero la inmensa mayoría es suave, no más seco de lo necesario e insípido; es bebible mientras permanece joven, pero de lo contrario se puede oxi-

dar. La DOC vecina de Colli Albani puede ser una alternativa práctica y más económica.

Galestro

El Galestro fue ideado para dar una salida al excedente de uva blanca de la región de Chianti. El resultado es un vino blanco adecuado, aunque más bien falto de carácter, ligero y seco.

Gavi

Gavi, el vino blanco seco de moda de la región del Piamonte, tiene más carácter que el Galestro –está hecho en gran parte de la cepa cítrica Cortese–, pero también es asombrosamente caro. El Cortese del Piamonte es mucho más barato y puede ser igual de bueno.

Grave del Friuli

Se trata de la principal DOC de la región de Friuli,

(Superior) **Las cepas blancas, especialmente la Trebbiano, fueron la ruina de Chianti en el pasado, pero aquí, cerca de Panzano, el productor Fontodi está demostrando que puede valer la pena trabajar con variedades más aromáticas, como el Pinot Bianco y el Sauvignon.**

y utiliza cepas como la Merlot, la Cabernet, la Pinot Nero y la Refosco para los tintos, y la Pinot Bianco, la Tocai, la Pinot Grigio, la Riesling Renano, la Sauvignon, la Traminer, la Chardonnay y la Verduzzo para los blancos. Los vinos están en general bien hechos y son flexibles, afrutados y propios de su variedad de uva; también constituyen un buen hallazgo.

Lambrusco

En su forma comercial está endulzado, ligeramente gaseoso y puede ser tanto blanco como tinto o rosado; se trata del equivalente en vino del refresco de cola. En su forma realmente original (el Lambrusco di Sorbara es el mejor) es profundamente rojo, refrescantemente seco, delicado y jugoso. Bebido joven y fresco, pero no helado, es el complemento ideal para la rica comida local de Emilia-Romagna.

Lugana

Del sur del lago Garda, es uno de los pocos blancos secos italianos con calidad y personalidad. Mejor si se bebe joven, se trata de un vino bellamente redondeado, perfumado y con un delicado sabor a nuez.

Marsala

El famoso vino robusto de Sicilia no está muy de moda actualmente, pero un viejo Vergine, de la máxima calidad, extremadamente seco, es un vino complejo –como un buen Jerez añejo, aunque nunca tan sutil. Las categorías menores Fine y Superiore pueden estar endulzadas.

Merlot del Veneto

Se trata de sólo uno de los numerosos Merlot de poco y medio cuerpo, pastoso y a menudo herbáceo, tanto DOC como *vino da tavola*, del nordeste de Italia. Normalmente son más fidedignos que entusiasmantes.

Monica di Sardegna

Este tinto simple y suave de Cerdeña, de la cepa de Monica, se produce por toda la isla y está hecho para ser bebido joven.

Montepulciano d'Abruzzo

La cepa de Montepulciano (sin ninguna relación con el vino toscano Nobile di Montepulciano) produce tintos generosos, maduros y especiados, aquí y en las Marcas.

Moscato Passito di Pantelleria

Un vino intensamente dulce, rico y con sabor a albaricoque hecho con uvas secadas al sol en la diminuta isla de Pantelleria, al sudoeste de Sicilia. La calidad es alta, pero las cantidades pequeñas.

Orvieto

Si está basado principalmente en el Trebbiano, como así es en gran parte, el Orvieto de Umbría es pálido, seco y más bien suave, pero cuando se le añaden otras cepas, especialmente en el área de Classico, puede desa-

rrollar un carácter a nuez y melocotón; aún así, no se trata de un vino para guardar. El Abboccato es la versión semidulce (actualmente), mucho menos habitual.

Pomino

Hay una influencia francesa en los vinos de esta DOC toscana del este de Florencia, con Cabernet y Merlot en el tinto basado en el Sangiovese, y Pinot Bianco (Pinot Blanc) en los blancos. Los resultados son buenos (tintos flexibles y elegantes y blancos cremosos), pero los precios son altos.

Prosecco di Conegliano-Valdobbiadene

El Prosecco espumoso (del Véneto) puede ser seco o semidulce. No se trata de una copia del champaña, sino de un vino espumoso fresco, amanzanado y asequible, delicioso siempre y cuando se beba joven y bien fresco.

Rosso Cònero

Los tintos con mucho cuerpo de la DOC de Rosso Cònero, en las Marcas, se basan en la cepa de Montepulciano, que les da un carácter llamativo, cálido y especiado.

Salice Salentino

Los tintos impresionantes, longevos, profundamente afrutados y achocolatados de Salice Salentino, en Apulia, pueden ser auténticas gangas.

Sicilia

El Marsala es el principal valor siciliano para la fama, pero los blancos delicados y ligeros y los tintos llenos y especiados de cepas indígenas (la mayoría no son DOC) han mejorado mucho recientemente.

Soave

El Soave, como el Chianti, ha sufrido muchos abusos y, en los últimos años, ha mejorado mucho. Todavía hay una extensa gama de vinos insignificantes producidos en masa, pero del corazón del Soave Classico, en las colinas que hay más allá de Verona, es básicamente como tiene que ser el Soave: frágilmente afrutado, con su propio carácter peculiar a paja y almendra.

Torgiano

Lungarotti es prácticamente el único productor en esta DOC y DOCG (esta última categoría, sólo para el Riserva tinto) en Umbría. El tinto se basa en el Sangiovese, y es como un Chianti carnoso y flexible; el blanco, basado en el Trebbiano y en el más característico Grechetto, también está bien. Los precios son bastante elevados.

Toscana

Véase Brunello di Montalcino, Carmignano, Chianti, Pomino y Vino Nobile di Montepulciano.

Trentino

La prolongación hacia el sur del Alto Adigio produce

(Inferior) **Cerca de las montañas y de la frontera austríaca, al norte, los vinos del Alto Adigio y del Trentino están hechos básicamente con variedades individuales; sólo en el Alto Adigio hay 19 diferentes.**

vinos más o menos similares, sobre todo de variedades individuales, pero hay más tintos, que generalmente son más maduros y amplios (por ejemplo, el Cabernet Sauvignon, el Lagrein y el almendrado Marzemino). El Pinot Bianco, el Chardonnay y el Pinot Grigio son blancos con éxito.

Valpolicella

El tinto más conocido del Véneto oscila entre un vino simple, de poco peso –mejor bebido joven, cuando sus modestos sabores a cereza y a almendra todavía están frescos–, el Recioto della Valpolicella, concentrado, dulce y casi parecido al Oporto, y el tinto seco igualmente concentrado, pero más potente, Amarone della Valpolicella (los dos últimos están hechos de uvas deshidratadas y marchitas). Entre los estilos para beber al final de una cena, jóvenes, ligeros y masivos, se encuentra el Valpolicella Classico, que posee el típico sabor final de cereza madura y almendra amarga de todos los Valpolicella.

Verdicchio dei Castelli di Jesi

Aunque está hecho de Verdicchio, se trata de otro blanco seco italiano muy delicado y ligeramente perfumado para ser bebido joven. Proviene –en un botella en forma de ánfora– de cerca de Ancona, en las Marcas.

Vernaccia di San Gimignano

Un blanco toscano con sabor a nuez y meloso o (más normalmente) limpio, alimonado y franco de la cepa de Vernaccia. Bébase joven.

Vin Santo

El Vin (o Vino) Santo puede provenir de cualquier parte, pero la mayoría, y los mejores, son toscanos. Se trata de un vino para beber en la sobremesa, hecho con uvas dejadas secar en estantes hasta Navidad, y luego fermentado en barricas, a veces durante años. Intenso, complejo, sabroso, con sabores a naranja, pasa y albaricoque, puede ser dulce o seco.

Vino Nobile di Montepulciano

Este tinto basado en Sangiovese de una región al sur de Chianti fue la primera DOCG italiana. En estilo, los vinos se sitúan entre la elegancia del Chianti y la potencia del Brunello di Montalcino, pero la calidad ha sido más oscilante de lo que cabrá esperar en una DOCG. El Rosso di Montepulciano puede ser muy valioso pero tradicionalmente ha sido menos fidedigno que el Rosso di Montalcino (*véase* pág. 119).

Cosechas

Barolo y Barbaresco

1992	6	▼
1991	6	★
1990	9	▼
1989	9	▼
1988	8	★
1987	6	▲
1986	7	★
1985	9	★
1984	5	▲
1983	6	▲

Valpolicella
(Recioto y Amarone)

1992	6	▼
1991	5	★
1990	9	▼
1989	6	★
1988	9	★
1987	4	▲
1986	7	★
1985	9	★
1984	4	▲
1983	9	★

Vinos toscanos
(tintos)

1992	7	▼
1991	7	★
1990	10	▼
1989	6	★
1988	9	★
1987	7	▲
1986	7	▲
1985	9	★
1984	4	▲
1983	8	▲

Clave

0-10 nivel de calidad
(10 = vino excelente)

▲ hay que beberlo

★ se puede beber,
    pero sin prisas

▼ hay que guardarlo

(*Véase* también
«Cuándo beber»,
págs. 44-47)

España

Durante siglos, la Península Ibérica ha permanecido en el límite del mundo conocido, y Europa terminaba en una tierra baldía de montañas áridas y llanos separada de Francia por los Pirineos. Su historia más reciente también ha reproducido un fiero aislacionismo, y esto todavía se puede percibir en los vinos, aunque las exigencias de los mercados exportadores han provocado que el carácter envejecido en madera, que suponía un rasgo diferenciador de todos los vinos (tanto del blanco como del tinto y el rosado), haya disminuido en los últimos años.

España tiene más viñedos plantados que cualquier otro país europeo, pero es el tercer país productor de vino, detrás de Francia e Italia (también es el tercero en todo el mundo). Las cosechas son escasas debido, en parte, al clima. El calor y la aridez privan a las viñas de agua, y el riego está prohibido, excepto en raras ocasiones, en la Unión Europea. La zona más seca y más árida es el centro, y la mayor parte de su producción es, por lo tanto, vino sin una calidad especial; en el mejor de los casos se trata de blancos delicados y refrescantes. El norte es el origen de la mayoría de los vinos más refinados –los tintos son carnosos y con sabor a roble, y los blancos actuales suelen ser frescos y afrutados, y sin demasiado roble ni oxidados. El sur produce los conocidos vinos para postres y los licorosos.

La peculiar viticultura española es, en comparación con otros países, la más simple, la de menor coste de implantación y cultivo, la de variedades más originales y la de mayor graduación alcohólica natural de sus vinos.

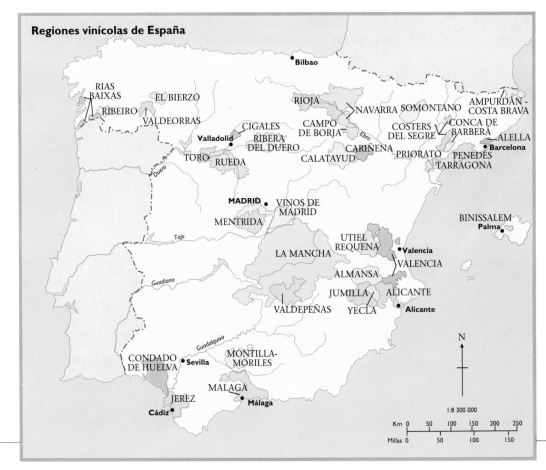

Regiones vinícolas de España

Hay cuarenta regiones, dispersas por todo el país, que están clasificadas actualmente como Denominaciones de Origen (DO), el equivalente a la *appellation contrôlée*, según las cuales tanto el origen como las cepas, la vinificación y la elaboración del vino se especifican con sumo cuidado. Por encima de ellas, hasta ahora, sólo hay una DOCa (Denominación de Origen calificada, similar a la DOCG italiana), y se trata, por supuesto, de la Rioja. La DOCa no impone ninguna norma adicional al Rioja, sino que reconoce simplemente que sus regulaciones son más estrictas que las de la mayoría de las regiones españolas.

Por debajo de las DO está el equivalente al *vin de pays* francés, el «vino de la tierra», y hay 61, pero al existir una cantidad cada vez mayor de vino de DO bueno y barato al alcance de la mano, hay pocos incentivos para que los compradores extranjeros importen «vinos de la tierra». Los «vinos de mesa» están bajo esta misma clasificación, y gran parte de ellos son muy básicos, pero se han producido claras mejoras en dos frentes: por una parte, algunos grandes exportadores están usando astillas de roble (desafiando a las leyes de la Unión Europea) para dar un sabor a coco o a vainilla y roble a los vinos baratos; por otra parte, un reducido grupo de productores ha seguido el ejemplo italiano y está usando esta categoría para producir vinos de alta calidad fuera de las regulaciones de las Denominaciones de Origen. Como norma, sin embargo, son los vinos de DO los que responden a una calidad fidedigna.

Otra clasificación significativa de los vinos españoles –especialmente de los tintos– se basa en la edad y la maduración. Los detalles varían de una a otra Denominación de Origen, pero en general un vino de Crianza ha sido envejecido durante dos años, parcialmente en roble, antes de ser comercializado, y un Reserva durante más tiempo (tres años para un tinto, con un año como mínimo en roble); un Gran Reserva tiene que haber sido envejecido durante más tiempo (cinco años, dos de ellos como mínimo en roble, para un tinto).

Variedades

Una de las principales dificultades de los productores españoles reside en las variedades de vid. España nunca ha adoptado a gran escala los clásicos franceses, excepto en el Penedès y en Costers del Segre; esto no es algo malo de por sí, pero España no cuenta con las ventajas de Italia, que posee variedades indígenas sensacionales. El Tempranillo tinto es la variedad más noble, apoyada y reforzada con Graciano, por Monastrell y por cepas mediterráneas como la Garnacha tinta (y blanca) y la Cariñena tinta. Entre las blancas, la Albariño puede ser fantástica, pero sólo se cultiva en Galicia. La Verdejo, básicamente en Rueda, es lo mejor que hay a continuación, pero no está muy extendida, lo que nos deja con Parellada, Xarel.lo, Macabeo y Airén (esta última es la cepa más extendida del mundo).

(Inferior) **Plantar vides no siempre es una simple cuestión de elegir una ladera bien situada: en la isla de Lanzarote los viñedos están plantados en lava solidificada, y unos muros alrededor de las viñas los protegen del fuerte viento.**

Vinos y regiones

Cariñena

La región de Cariñena se encuentra al sudeste de la Rioja, y su vino (tinto, sobre todo) puede, en el mejor de los casos, parecerse a los vinos fornidos y rústicos de Rioja. Nunca alcanza su elegancia clásica, sobre todo a causa del predominio de la cepa alcohólica de Garnacha en la mezcla, que sólo tiene un papel de apoyo en los siempre mejores Rioja.

Cava

«Cava» es el nombre que reciben la mayoría de los vinos espumosos españoles hechos con el método del champaña. Una tecnología avanzada y uvas de unos viñedos (relativamente) fríos en el norte de España (especialmente en Cataluña) son un panorama prometedor. Sin embargo, el Cava tiene con demasiada frecuencia una insipidez terrosa, con sabor a raíces o a semillas de manzana. La responsabilidad recae en las cepas: la Xarel.lo, la Macabeo (también conocida como Viura) y la Parellada simplemente no envejecen de la manera adecuada. La calidad está mejorando continuamente, y sabias incorporaciones de Chardonnay están aportando su grano de arena pero, en caso de duda, busque directamente algo fresco en una tienda, cómprelo sin pensarlo demasiado y bébaselo bien frío.

Costers del Segre

En esta región catalana se halla prácticamente en exclusiva la empresa Raimat, que produce tintos suaves y ricos, buenos blancos y vinos espumosos de viñedos que, extraordinariamente, se pueden regar. Predominan las variedades clásicas francesas –Cabernet Sauvignon, Merlot, Pinot Noir y Chardonnay–, pero también se encuentra el impresionante Tempranillo.

Jerez

El Jerez proviene únicamente de un área triangular de suelo calizo alrededor de la ciudad andaluza de Jerez de la Frontera, cerca de la costa, al sudoeste de España. Está hecho de la cepa de Palomino, neutra y baja en ácido, y envejecido en solera, un sistema que produce vinos muy complejos que combinan la frescura de la juventud con la profundidad de la madurez (a base de «refrescar» constantemente los vinos que envejecen en solera al añadirles vino más joven: entre un cuarto y un tercio de cada tonel se traslada cada vez, y en cada fase los toneles se rellenan con un cuarto o un tercio de Jerez de los toneles de la siguiente fase, más joven).

El estilo de Manzanilla, madurado cerca del mar, en Sanlúcar de Barrameda, es el estilo más ligero del Jerez –abrasadoramente seco, delicado y con un sabor casi salado. El Fino es parecido, pero un poco más pesado. Ambos tienen el sabor a levadura característico de la levadura «flor»*.

El Amontillado es un Fino en que la «flor» ha vivido, ha madurado y ha muerto, con lo que se consigue un Jerez más viejo, oscuro y con sabor a nuez, y que todavía retiene un cierto sabor. Por desgracia, se ha interrumpido la producción de la mayor par-

(Superior) **Al norte de España, y vecina a la Rioja, Navarra ha hecho grandes progresos en la última década: si antes era famosa por sus rosados, actualmente goza de una merecida reputación por sus tintos jugosos y jóvenes –la respuesta española al Beaujolais– y por alternativas al Rioja con más cuerpo y envejecidas en roble.**

* Nota de la autora: «Flor» es una levadura natural que se halla en la región de Jerez y que crece formando una cepa de textura parecida a la papilla en la superficie del Fino joven, protegiéndolo del oxígeno.

te del Amontillado que estaba destinado a los mercados de exportación, y la mayor parte del que se produce, además, está endulzado, lo cual empaña su carácter.

El Oloroso es un Jerez que no ha generado «flor». Es el más lleno y el más rico –con sabores a nuez, a higo y a ciruela–, pero también, por supuesto, es seco. También la producción comercial del Oloroso está endulzada (y se le llama a menudo Jerez *cream*). El estilo no muy frecuente de Palo Cortado es una especie de camino intermedio entre el Amontillado y el Oloroso.

Jumilla

Todavía hay tinto de Jumilla fornido y alto en alcohol, pero la inversión extranjera en esta región de Murcia ha dado algunos vinos más blandos, más ligeros y a menudo muy valiosos, así como algunos rosados simples y atractivos.

La Mancha

Este llano desértico situado en el centro de la península producía tradicionalmente poco más que vinos baratos, insípidos y faltos de fruta, ya fueran blancos (el grueso de la producción) o tintos. La mayor parte todavía se vende para mezclas, pero hay una cantidad creciente de blancos baratos, actualmente frescos y modestamente afrutados, e incluso algunos tintos limpios y vivaces.

Málaga

Un nombre con reminiscencias del pasado, puesto que el Málaga fue popular en el siglo XIX, pero, como tantos otros vinos licorosos de todo el mundo, ha pasado de moda. Este vino andaluz casi siempre es dulce. Su carácter a pasas y a madera especiada se debe a las cepas de Pedro Ximénez y de Moscatel, y a la crianza, como en el caso del Jerez, en solera.

Montilla

La Denominación de Origen de esta región, situada al nordeste de Jerez, es la de Montilla-Moriles, y el vino viene a ser una versión menor del Jerez, excepto en el hecho de que la cepa principal es la de Pedro Ximénez, que raramente se encuentra en la actualidad en Jerez. De hecho, los vinos suelen ser mucho menos excitantes que el Jerez, puesto que son suaves y simples, mientras que el Jerez es sabroso y complejo.

Navarra

En esta región tan cercana a la Rioja, cepas como la Cabernet Sauvignon y Tempranillo han echado raíces en lo que antaño fue territorio exclusivo de la Garnacha, y los tintos navarros –tanto los estilos jóvenes y afrutados como los más llenos, bien estructurados y envejecidos en roble– están atrayendo en la actualidad una atención bien merecida. Los rosados, que han tenido una larga fama, son mucho más afrutados y más atractivos que antes, y también se está progresando con los vinos blancos, aunque no generan tanto entusiasmo como los tintos.

Penedès

Miguel Torres no es, ciertamente, el único productor del Penedès, ni siquiera el único bueno, pero ha protagonizado el proceso de cambio de imagen de esta región. Los vinos de Torres y algunos otros de los principales productores son prácticamente internacionales en estilo: las variedades de cepa suelen ser conocidas fuera de las fronteras españolas (entre ellas, la Cabernet y la Chardonnay), pero suelen estar mezcladas con variedades como la Tempranillo y la Parellada, lo que da a los vinos un carácter regional propio. No son especialmente baratos, pero sí muy buenos.

Priorato

No existe un vino delicado en el Priorato, una pequeña Denominación de Origen en Tarragona. Los tintos (la mayor parte de la producción) son vinos robustos y potentes hechos de las cepas de Garnacha y Cariñena, que deben tener legalmente un mínimo del 13,5 % de alcohol. Aunque quizá resulte sorprendente, el hecho es que pueden ser muy buenos.

Rías Baixas

Esta Denominación de Origen de la fría y lluviosa Galicia produce blancos secos excepcionales, fragantes y con sabor a albaricoque, de la cepa de Albariño, probablemente la mejor variedad blanca española (la cual, bajo el nombre de Alvarinho, contribuye a la fama de los Vinhos Verdes justo al otro lado de la frontera, en el norte de Portugal). El único problema es que el Albariño tiene tan buena fama en España que resulta prohibitivamente caro. La región de Ribeiro, al este, más cálida y seca, muestra un cierto potencial con los blancos de algunas variedades indígenas, incluido el Albariño, por lo cual en el futuro podría tratarse de una alternativa más barata.

Ribera del Duero

No sólo en Portugal los viñedos del río Duero producen un buen vino. En el norte de Castilla, no muy lejos de la Rioja, la Denominación de Origen de la Ri-

bera del Duero es notable por el rigor de sus temperaturas (tanto frías como cálidas), así como por la calidad –y el precio– de sus vinos tintos (que incluyen el legendario Vega Sicilia y su joven rival, el Pesquera). La Tempranillo es la cepa principal y produce, en ocasiones mezclada con un poco de Cabernet Sauvignon, tintos poderosos, aromáticos y concentrados. Todos los vinos requieren un envejecimiento de unos cuantos años, y los mejores duran doce años o más, lo cual les da tiempo suficiente para tener la publicidad necesaria que haga subir los precios.

Rioja

Durante generaciones, ésta ha sido la principal región española de vinos de mesa. Probablemente todavía lo es, pero con el tiempo ha pasado por algunas fases de menor éxito –hoy en día es el Penedès la región que produce con más originalidad, y la Ribera del Duero es la que aporta a España sus tintos más ilustres. En los años setenta, el Rioja quedó inconfundiblemente definido por su sabor a roble, al tiempo que los tintos rebosaban de fruto confitado y los blancos eran grasos y con sabor a nuez. Entonces los productores empezaron a usar cada vez menos roble (además, las barricas comenzaron a envejecer y a perder sabor, después de la inyección de inversión en roble de los años setenta); los blancos se volvieron frescos, alimonados y despersonalizados en estilo; y los tintos simplemente se volvieron menos emocionantes. Actualmente las cosas están cambiando de nuevo: las viejas barricas gastadas han sido reemplazadas, se está teniendo más en cuenta la calidad de las mismas cepas y los precios se han estabilizado.

La Rioja está dividida, de hecho, en tres áreas: la Rioja Alta, la Rioja Alavesa y la Rioja Baja. La primera es la más fría y la última la más cálida, pero no es necesario saber más de estas zonas, ya que la mayoría de los Riojas son una mezcla de las tres; esto se debe a que la inmensa mayoría de las bodegas compran las uvas a los viticultores, y en realidad no tienen muchos viñedos propios.

Rueda

La región de Rueda, al noroeste de Madrid, está empezando a ser justamente considerada como una de las mejores fuentes españolas de vinos blancos secos, con un precio y un carácter razonables. Hechos sobre todo de la cepa de Verdejo, a veces con un poco de Sauvignon Blanc, son frescos y delicados, con sabores herbáceos y un delicado sabor a nuez que se aprecian mejor cuando los vinos son jóvenes.

Somontano

El Somontano es una región muy prometedora que no hace mucho que es Denominación de Origen. En sus fríos viñedos se cultivan tanto las cepas locales como las clásicas francesas, y el resultado es una afluencia constante de tintos, rosados y blancos atractivos y algo ligeros.

(Superior) **El sistema de solera para envejecer progresivamente el Jerez a través de una serie de «botas» ha provocado que la tonelería siempre haya sido una industria artesanal básica en Jerez.**

Toro

Sólo en España podría haber una región vinícola con este nombre; y, para hacer honor al nombre, los vinos de Toro, basados en Tempranillo, son corpulentos y poderosos. También son ricamente afrutados y, aunque nunca resultan tan elegantes ni complejos como los tintos de la Ribera del Duero, son considerablemente más baratos.

Valdepeñas

El tinto tradicional de Valdepeñas es un vino aparentemente ligero hecho de cuatro partes de Airén (la

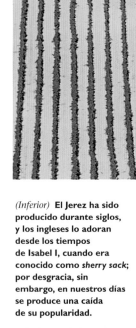

(Inferior) **El Jerez ha sido producido durante siglos, y los ingleses lo adoran desde los tiempos de Isabel I, cuando era conocido como *sherry sack*; por desgracia, sin embargo, en nuestros días se produce una caída de su popularidad.**

Cosechas

Rioja

1992	7	▼
1991	8	▼
1990	8	▼
1989	8	★
1988	6	★
1987	8	★
1986	7	★
1985	7	★
1984	4	▲
1983	7	▲

Ribera del Duero

1992	7	▼
1991	8	▼
1990	8	▼
1989	8	★
1988	5	★
1987	6	▲
1986	6	▲
1985	7	★
1984	4	▲
1983	7	▲

Clave

0-10 nivel de calidad
(10 = vino excelente)

▲ hay que beberlo

★ se puede beber, pero sin prisas

▼ hay que guardarlo

(Véase también «Cuándo beber», págs. 44-47)

cepa blanca que cubre la inmensa mayoría de los viñedos de Valdepeñas) y por una parte de Tempranillo (llamado aquí Cencibel). El resultado no merece ningún comentario extraordinario, pero por suerte algunos productores usan Cencibel para producir vinos tintos bien equilibrados y madurados en roble (Reserva y Gran Reserva) que constituyen gangas remarcables. Por otra parte, existe una vasta oferta de un vino blanco más bien inclasificable, aunque los mejores son limpios y moderadamente afrutados.

Valencia

Valencia produce grandes cantidades de blancos modernos y económicos, junto con algunos tintos y rosados aceptables cuando son jóvenes. Aunque no se puede exigir mucha complejidad a este tipo de vinos, se han vuelto mucho más limpios y frescos en los últimos años, y pueden ser una alternativa práctica y barata al Moscatel de Beaumes-de-Venise.

Al oeste de la Denominación de Origen de Valencia, la región de Utiel-Requena produce algunos rosados sorprendentemente delicados y olorosos, así como tintos grandes y fuertes, pero una buena parte de la producción queda eclipsada bajo el nombre de Valencia.

Otras Denominaciones de Origen

Alella (Barcelona). Produce mayoritariamente vinos blancos.
Alicante. Sus vinos característicos son los tintos.
Almansa. Los más representativos son los tintos.
Ampurdán - Costa Brava. Sus vinos más característicos son los rosados.
Bierzo. Destacan algunos blancos y tintos.
Binissalem. Se cultivan variedades autóctonas diferentes a las de la Península, como Manto Negro entre los tintos y Moll entre los blancos.
Calatayud. Sus vinos más característicos son rosados.
Campo de Borja. Los más representativos son tintos de la variedad Garnacha tinta.
Cigalés. Sus vinos más característicos son los claretes suaves y aromáticos.
Conca de Barberá. Destacan los vinos blancos y rosados.
Condado de Huelva. Destaca por sus vinos licorosos.
Mentrida. Produce vinos tintos que destacan por su elevado grado alcohólico.
Ribeiro. Produce blancos y tintos de baja graduación alcohólica y elevada acidez.
Tacoronte - Acentejo. Produce blancos, rosados y tintos.
Tarragona. Produce tintos y blancos.
Terra Alta. Su vino más representativo es blanco.
Txakolí de Getaria. Produce vinos de baja graduación y elevada acidez.
Utiel Requena. Sus vinos más característicos son tintos, de gran color y extracto.
Valdeorras. Produce blancos y tintos.

Portugal

Si dejamos a un margen sus dos exportaciones más famosas, el Oporto y el Mateus Rosé, los principales efectivos del gran vino portugués consisten en sus cepas y en su capacidad para capear los temporales. El ingreso en la Comunidad Europea, en 1986, dio a la industria vinícola, especialmente a las grandes cooperativas que dominan la producción, un estímulo muy necesario, sobre todo bajo la forma de importantes subsidios. Durante muchos años las cooperativas sólo producían sus vinos después de que hubieran permanecido largo tiempo en madera estropeada o en tinajas de cemento –con lo cual perdían fruta y adquirían una astringencia reseca. El cambio que han supuesto la introducción del acero inoxidable y un embotellado más rápido y efectivo todavía no se ha completado, pero regiones enteras ya se han transformado, especialmente en el Alentejo, en Dão y en Setúbal, que han atraído tanto la inversión privada como los servicios de productores australianos.

CÓMO LEER LAS ETIQUETAS PORTUGUESAS

Dado que el sistema portugués de denominaciones todavía está en una fase de formación, el etiquetado puede estar hecho de cualquier modo, pero he aquí un modelo delicado, claro y moderno. *De superior a inferior:* el nombre del productor (Vinhos Sogrape) y el del vino (Terra Franca); *la regíòe determinada* de donde proviene (Bairrada); el color (Vinho Tinto) –no se trata, por supuesto, de una indicación indispensable; la cosecha (1987); la palabra «Garrafeira» indica que se pretende que sea un vino de calidad y añejo; el tamaño de la botella; el contenido de alcohol, y detalles del embotellador.

El punto crucial que reconocen todos los vinicultores, tanto los nativos como los del Nuevo Mundo, es el valor que tiene el país, reflejado en la buena salud de que goza Portugal en cuanto a variedades interesantes de cepas. En lugar de aprovechar cualquier oportunidad para mostrar al mundo que Portugal también puede producir un Cabernet Sauvignon y un Chardonnay convincentes (como es el caso), se han concentrado en desarrollar las cepas mejores y más características propias de Portugal, como las blancas Fernão Pires, Loureiro y Alvarinho, las tintas Periquita y Baga, y variedades del Oporto como la Touriga Nacional y la Touriga Francesa.

Uno de los asuntos que todavía está en fase de concreción es el sistema portugués de denominaciones, en parte porque ha tenido que cambiar para adaptarse a las exigencias de la Unión Europea. Actualmente tiende a ser complicado –por no decir confuso–, pero esto no debe desanimarnos. Para explicarlo de una manera resumida, la clasificación más alta es la DOC (*denominação de origem controlada*), que disfrutan 13 regiones, pero los productores todavía pueden usar, en lugar de esta denominación, la designación anterior de RD (*regíõe determinada*); hay, a continuación, 44 IPR (*indicações de proveniência regulamentada*). También existen categorías de comerciantes para regiones no concretadas entre las cuales se encuentran algunos vinos muy buenos (la descripción Garrafeira es un indicativo práctico para una calidad y un año superiores).

Vinos y regiones

Alentejo

Ésta es una región a tener en cuenta. En el espacio de pocos años, el Alentejo se ha convertido en una de las áreas vinícolas más dinámicas. Produce tintos vivaces, jugosos y afrutados a precios muy bajos. Hay que ir con cuidado, igualmente, con los inversores de alto nivel; los Rothschild de Lafite ya están ahí.

Bairrada

Se empezó a oír el nombre de Bairrada, al oeste de la región de Dão, en el centro-norte, a finales de los años ochenta. La cepa de Baga da aquí sabores fornidos a

pimienta, zarzamora y grosella, y los vinos pueden ser longevos, aunque cada vez se hacen más blandos, menos tánicos y más accesibles mientras son jóvenes. El Bairrada blanco, con su carácter a hierba e hinojo, también puede ser bueno.

Dão

El fin del monopolio de las cooperativas locales sobre el Dão, en 1990 (hasta entonces no se permitía que nadie más comprase sus uvas), significa que la producción de tintos secos, con nervio y con sabor a caña está empezando a verse amenazada por vinos con sabores con una fruta más exquisita y especiados. Los blancos se han quedado algo atrás, pero unos cuantos ejemplos delicados y alimonados siguen un camino correcto.

Duero

Menos de la mitad de la cosecha anual del valle septentrional del Duero está autorizada generalmente a convertirse en Oporto. El resto permanece allí como vino de mesa y, hasta hace poco tiempo, con la excepción de Barca Velha (la denominación oficiosa portuguesa para el «primer *cru*») y uno o dos más, nadie se interesa mucho por esta categoría. Los esfuerzos se han concentrado en el duro mercado del Oporto, y varias empresas de Oporto están empezando a producir vinos impresionantes, especiados, afrutados y aterciopelados.

(Inferior) **Los viñedos de Oporto en el Duero están graduados de A a F según su calidad, pero en la cima de las colinas del Alto Duero los viñedos se adecúan mejor para vinos de mesa; se trata de un cultivo suplementario para los exportadores de Oporto.**

Regiones vinícolas de Portugal

Madeira

El Madeira, uno de los grandes vinos licorosos del mundo (y hoy en día más pasado de moda incluso que los otros), tiene un sabor distinguido que adquiere a través de un largo proceso de envejecimiento durante el cual todos los vinos, excepto los más finos, se calientan en grandes tanques llamados *estufas*. Los mejores vinos son envejecidos más suave y lentamente en barriles.

Los estilos famosos de Madeira reciben el nombre según las cuatro variedades clásicas de cepa (blancas), aunque hasta que entró en vigor una regulación de la

(*Superior*) **Los viñedos y los plátanos se disputan el espacio en las laderas de terrazas de Madeira, y muchas de las viñas son de la variedad Tinta Negra Mole, considerada inferior; en un futuro cercano, el Madeira deberá hacerse según la variedad que figure en la etiqueta.**

Comunidad Europea para garantizar que los vinos contuvieran realmente un mínimo del 85 % de la cepa declarada, la mayoría estaban basados en una variedad inferior, la Tinta Negra Mole, y algunos vinos menores todavía están hechos con esta cepa. El más seco es el Sercial, seguido del Verdelho (ambos se beben tradicionalmente fríos, como aperitivo); el Bual (dulce) y el Malmsey (muy dulce y oscuro) son vinos de postre o de sobremesa. Otros términos que se ven en las etiquetas son «muy fino» o *finest*, lo que significa que el vino ha sido envejecido sólo durante tres años y que está muy lejos de ser fino; Reserva, que tiene un mínimo de diez años y debe ser concentrado y complejo; el raramente visto Extra Reserva, envejecido durante quince años; y Cosecha, que es raro, caro y, en realidad, muy bueno. Todo el Madeira está listo para ser bebido apenas embotellado, aunque puede vivir casi indefinidamente mientras no se abra. No precisa ser decantado.

Oeste

La extensa región del Oeste, al norte de Lisboa, ha cambiado más lentamente que el Alentejo, pero tres de los seis IPR en que está dividida están mejorando: Arruda, con sus tintos grandes y alegres; Alenquer, con tintos más blandos y suaves, y Torres Vedras, con otros más ligeros y delicados.

Oporto

Este vino licoroso, tinto y dulce, proviene del valle del Duero, cálido y seco, donde hay cerca de noventa variedades de vid autorizadas (aunque hay cinco predominantes en términos de calidad) en un suelo poco profundo y resquebrajadizo y en unas laderas escarpadas y a veces precipitadas. Como ya hemos visto (pág. 80), los diversos estilos de Oporto se pueden dividir en dos grandes categorías. El Oporto *vintage* –añejo y caro– se hace únicamente en los mejores años, y de las uvas de una sola cosecha. Se embotella dos años después de la vendimia y luego se deja madurar en la botella. Otros Oporto se maduran en barricas de madera y están listos para beber apenas son embotellados. Los Oporto de *Single Quinta vintage*,

que provienen de una sola propiedad (la *quinta*), son Oporto *vintage* de años menores; a menudo son excelentes, y maduran con mayor rapidez que los vinos tradicionales *vintage*.

De entre los Oporto envejecidos en roble, los añejos suelen ser de muy alta calidad, y la mayoría especifican su edad en la etiqueta –diez, veinte, treinta o cuarenta años; habitualmente se trata de una mezcla de varias cosechas, por lo cual se hace referencia a la edad como promedio. Son más ligeros y con sabor a nuez que los *vintage*. Los vinos baratos y de color rubí son de una calidad inferior. Los vinos de Cosecha Tardía Embotellada (de un solo año) y de Carácter de Cosecha pretenden tener el mismo estilo del Oporto *vintage* a precios más bajos, pero la mayoría son simples sombras difuminadas de lo auténtico (la palabra «tradicional» en la etiqueta puede indicar un estilo más fidedigno). Una apuesta mejor es el Oporto *crusted*, menos habitual, que deja un depósito en la botella y necesita ser decantado como el

Oporto *vintage* auténtico (incluido el *Single Quinta*).

El Oporto blanco oscila entre dulce y seco, y no se trata de una bebida muy delicada. Es mejor cuando se bebe bien frío bajo el calor del corazón del Duero.

Rosé

Los Rosé portugueses, encabezados por el formidable Mateus, pueden provenir de cualquier parte, aunque la mayoría de las mejores marcas vienen del norte, relativamente fresco. Suelen ser ligeramente dulces y espumosos y, aunque han sido muy denostados, son perfectamente sólidos y agradables.

Setúbal (Entre Tejo e Sado)

Esta península, al sur de Lisboa, con sus dos IPR –Palmela y Arrabida– ha estado en la vanguardia de las nuevas tendencias de la producción portuguesa, con unas bodegas avanzadas que producen unos vinos excelentes influidos por el Nuevo Mundo: blancos delicados, aromáticos y con sabor a roble, de cepas como la Moscatel y la Chardonnay, así como variedades nativas, y al lado del tinto Periquita de alta calidad, especiado y con aroma a frambuesa, hay Cabernet y Merlot concentrados y ricos. Setúbal también tiene su propio vino sumamente tradicional, el Moscatel de Setúbal: un vino licoroso, con sabor a naranja, a caramelo blando y a mermelada, embotellado después de un período que tanto puede ser de seis como de veinticinco años.

Vinho Verde

Más de la mitad de la totalidad del Vinho Verde, del lluvioso Miño, en el extremo septentrional, es de hecho un vino tinto magro y áspero, aunque el vino que se exporta es blanco. Normalmente se endulza, lo cual es una lástima puesto que las versiones extremadamente secas de las propiedades individuales, especialmente las de las cepas de Loureiro y Alvarinho, tienen un sabor mucho más apetitoso. Cualquiera que sea su estilo, hay que beberlo joven (que es lo que significa «Verde» en este contexto).

Cosechas

Dão y Bairrada

1992	7	▼
1991	7	★
1990	7	★
1989	6	▲
1988	8	★
1987	5	▲
1986	5	▲
1985	8	★
1984	4	▲
1983	8	▲
1982	8	▲

Oporto

1992	9	▼
1991	9	▼
1990	7	▼
1989	6	▼
1988	6	★
1987	6	★
1986	5	★
1985	9	▼
1984	5	▲
1983	8	★
1982	7	★

Clave

0-10 nivel de calidad
(10 = vino excelente)

▲ hay que beberlo

★ se puede beber,
   pero sin prisas

▼ hay que guardarlo

(*Véase* también
«Cuándo beber»,
págs. 44-47)

(Izquierda) **En los años en que el Duero permaneció maldito, durante los sesenta y el principio de los setenta, se usaban los distintivos *barcos rabelos* para transportar cargas de Oporto desde las explotaciones de Oporto hasta los almacenes (bodegas) al lado del mar, en Vila Nova de Gaia.**

QUINTA DOS CANAIS

Estados Unidos y Canadá

En teoría, la historia vinícola moderna de Estados Unidos data del final de la Ley Seca, en 1933, pero en la práctica se tardaron tres décadas más en superar las reminiscencias de dicha Ley, y no fue hasta finales de los años sesenta que la producción de vino empezó a extenderse rápidamente: tanto las áreas vitícolas como los viticultores se multiplicaron. Actualmente, tras haber superado a Argentina y a la antigua Unión Soviética en los últimos cinco años, Estados Unidos ocupa el cuarto lugar mundial de los países productores en cuanto a cantidad. Sólo Italia, Francia y España producen más, mientras que Australia, en el puesto catorce, sólo produce una cuarta parte del monto estadounidense. Y la mayoría del vino norteamericano se produce en California. Aunque actualmente la mayoría de estados producen vino de algún tipo de *vinifera*, el 95 % proviene de California, y fue California, en los años setenta, la primera en demostrar al mundo que los grandes vinos ya no provenían exclusivamente de Europa, sobre todo de Francia.

(Inferior) **Viñas viejas, viñas más jóvenes cultivadas meticulosamente y mostaza en el camino hacia Silverado: los viticultores orgánicos usan con frecuencia la mostaza; mantiene a raya las malas hierbas y la utilizan como abono «verde».**

En los años siguientes, aunque California tuvo que afrontar el reto de variedades más valiosas ofrecidas por Australia, Nueva Zelanda y, hasta cierto punto, Chile, siguió intentando que sus vinos de alta calidad fueran aun más parecidos en estilo y en calidad a los grandes clásicos franceses.

No deja de ser curioso que sean tan parecidos, porque en muchos aspectos la viticultura californiana es la antítesis de la francesa. En Francia, el factor principal se considera que reside en el suelo; en California, aunque el suelo está ganando credibilidad, especialmente en el valle de Napa, el énfasis se sigue

poniendo en el clima. Del mismo modo, cada vino francés queda enmarcado en las leyes de la *appellation contrôlée*, con lo cual la AC es un indicativo (cuando no una garantía) de estilo; California (y el resto de Estados Unidos) tiene un sistema más amplio de denominaciones por *Approved Viticultural Areas* (AVA), pero las AVA sólo definen las regiones. Los viticultores pueden cultivar lo que deseen y donde lo deseen, sin exigencias burocráticas (es por ello que, en la etiqueta, las claves del estilo son la variedad de uva y el nombre del productor).

A pesar de la aparente libertad norteamericana, la gama de variedades, al menos entre los vinos de excelente calidad, no es muy extensa. La mayoría de los productores californianos se decantan por la Cabernet Sauvignon y la Chardonnay. La Merlot y la Pinot Noir, aunque estén de moda, siguen muy por debajo en términos de volumen. Lo mismo, pero en mayor grado, se puede decir de las variedades del Ródano, como la Syrah y la Viognier, y de las cepas italianas, como la Nebbiolo y la Sangiovese (aunque los nombres de todas no figuran en los ejemplares más importantes). La Sauvignon Blanc y la Riesling abundan, pero raramente presentan un gran interés (la excepción a la regla son los Riesling dulces de cosecha tardía); y cepas como la Colombard, la Chenin Blanc y la Garnacha quedan diluidas en mezclas de vinos baratos llamados *jug*. De todos modos, California tiene una cepa propia de primera clase, la Zinfandel. Gran parte de su uva se convierte en un vino rosado insípido conocido como «blanco» o *blush* (rosado) y vino *jug*, pero, cuando tiene una oportunidad, produce tintos espléndidos, maduros, especiados y aterciopelados.

En relación a estados como Oregón, Washington, Nueva York y Texas, se puede decir prácticamente lo mismo (aunque a menudo con Riesling secos más afortunados), pero en cuanto a la mayor parte del resto de estados, las grandes líneas son la *Vitis labrusca* e híbridos indígenas de Norteamérica (resistentes, pero de baja calidad).

California

Bahía de San Francisco

El área de la bahía, especialmente el valle de Livermore, fue una de las primeras regiones vitícolas de California. El Cabernet, el Chardonnay y el Sauvignon tienen mucho éxito, aunque raramente son excelentes, pero en las accidentadas montañas de Santa Cruz, al sur de la bahía, se pueden encontrar bolsas de Cabernet y Zinfandel encomiables.

Mendocino

Mendocino y la región más pequeña del condado de Lake, al norte de Napa y Sonoma, son dos regiones vitícolas al norte de la bahía de San Francisco. Aunque gozan de algunas de las posiciones más frescas de la costa septentrional y de estaciones de crecimiento re-

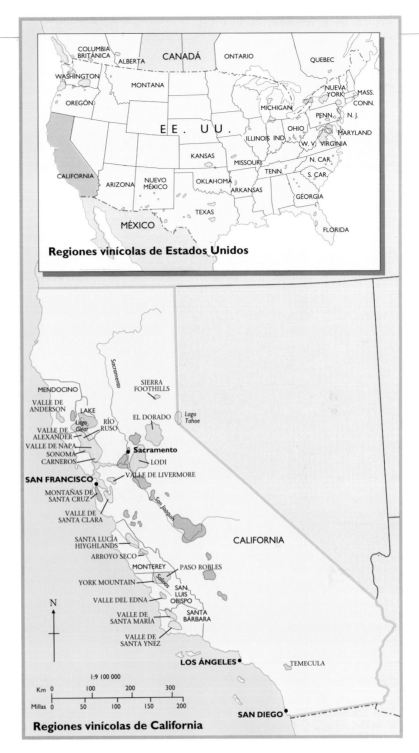

Regiones vinícolas de Estados Unidos

Regiones vinícolas de California

lativamente largas, Mendocino también cuenta con lugares abrigados y cálidos, y de ahí provienen algunos Cabernet suaves, redondos y afrutados. En cambio, el valle de Anderson, sometido al frío del Pacífico, produce vinos espumosos de Chardonnay y Pinot Noir de primera clase (lo mejor hasta ahora del repertorio con que cuenta el espumoso norteamericano Roederer) y algunos blancos picantes (especialmente de Chardonnay, Riesling y Gewürztraminer).

Monterey

Refrescada por las brisas y las nieblas marinas, y con

la estación de crecimiento más larga de todas las regiones vitícolas de California, la costa de Monterey, al sur de la bahía de San Francisco, era considerada en un principio demasiado fría para las viñas, y no fue hasta los años setenta que empezó a producir su propia marca. La gama de cepas es variada: hay Cabernet y Riesling (especialmente buenas en Arroyo Seco), pero las estrellas son el Chardonnay y, en el AVA de San Benito, un soberbio Pinot Noir al estilo borgoñón.

Santa Bárbara y San Luis Obispo

Como Monterey, estos dos condados costeros se benefician del efecto refrescante del Pacífico, y producen un Chardonnay y un Pinot Noir remarcables –especialmente el Chardonnay del valle del Edna (San Luis Obispo) y el Pinot Noir de Santa María (Santa Bárbara). De las áreas más cálidas provienen excelentes, ricos y robustos Zinfandel y Cabernet de Paso Robles y un Merlot rico y carnoso del valle de Santa Ynez.

Sonoma

Menos impresionante que su vecina Napa en cuanto a su paisaje, su arquitectura y su vino, Sonoma es la otra gran región californiana, que cuenta incluso con más AVA (entre las más notables se encuentran los valles del río Russian y Alexander). Aunque se encuentra más cerca del Pacífico, produce vinos que a grandes rasgos se asemejan a los mejores ejemplares, pero con una sensación general de texturas ligeramente más suaves y más blandas. Si Napa se lleva la corona del Cabernet, Sonoma tiene el derecho de llevarse la del Chardonnay, con vinos que a veces son más estructurados y algo más refinados. Al mismo tiempo, sus Sauvignon (*fumés*) tienden a tener más vitalidad y unos sabores más limpios.

Valle de Napa

El valle de Napa, al norte de la bahía de San Francisco, fue la primera región californiana que creó su propia marca y es todavía la región principal, con una concentración de calidad, grandes nombres y subregiones importantes. De subregiones como Rutherford-Oakville, Stag's Leap, Howell Mountain, Spring Mountain y Mount Veeder provienen los grandes Cabernet Sauvignon y las mezclas entre Cabernet Sauvignon, Merlot y Cabernet Franc californianos –vinos poderosos y con cuerpo, con el potencial suficiente para envejecer diez años, pero al mismo tiempo con flexibilidad y carácter afrutado. Carneros, una subregión más fría al sur del valle, que se solapa con el sur de Sonoma, produce Pinot Noir remarcables; de hecho, se trata de la mayor parte de los mejores Pinot Noir fuera de Borgoña. También hay algunos Chardonnay de Carneros de una gran delicadeza y elegantes, aunque exquisitamente mantecosos y complejos, y su clima frío ha atraído a productores de vino espumoso, incluyendo a empresas de champaña. Los únicos problemas de Napa son, por un lado, la filoxera, que es la causa de que la mayor parte del valle se esté replantando, lo cual está agudizando el otro gran problema de Napa: que los precios del vino son demasiado elevados en relación a los del resto del mundo.

Otras regiones

El cálido y fértil Valle Central produce cerca del 60 % del vino californiano; el grueso se trata de vino *jug* barato, pero hay un productor (Quady in Madera) que elabora algún vino delicioso, exótico y dulce. Los Zinfandel Blockbuster provienen del valle de Shenandoah, en Sierra Foothills.

(*Derecha*) **Las áreas más frescas de la costa de Santa Bárbara producen algún Pinot Noir excelente, pero aquí, en el más cálido Valle de Santa Ynez, crecen variedades como la Merlot , que dan tintos ricos y aterciopelados.**

(Derecha) **Los nuevos viñedos de Dundee, en Oregón, una de las plazas fuertes de Pinot Noir, al menos cuando el tiempo no es demasiado severo.**

Oregón

La producción vitícola llegó a este estado desde California con cuentagotas a mediados de los años sesenta. Oregón, en el noroeste, con su clima fresco del Pacífico, se vio prematuramente catapultado de golpe en 1980 como la mejor apuesta norteamericana para el Pinot Noir. Hay, ciertamente, un potencial, sobre todo en las colinas de Dundee, en el valle del Willamette (¿qué otra razón podría tener el vinicultor borgoñón Robert Drouhin para venir aquí a producir vino?), que se está empezando a concretar, pero el clima es extraordinariamente parecido al de Borgoña, lo cual significa que siempre existirán cosechas más pobres y mediocres que en California.

Otras variedades que se desarrollan bien en estas condiciones son la aromática Pinot Gris y Riesling.

Estado de Washington

Oregón ha atraído la mayor parte de la atención hasta ahora, tal vez porque estaba comprometido con el Pinot Noir (el santo grial de los vinicultores). Sólo recientemente han llegado los forasteros para darse cuenta de que el vecino más grande y más septentrional de Oregón, el estado de Washington, no sólo es más productivo, sino que produce una gama más amplia de vinos de alta calidad. Su sello es un sabor intensamente afrutado, ya sea de Cabernet Sauvignon, de Merlot, de Chardonnay, de Sauvignon Blanc o de Riesling (entre estos últimos hay algunos vinos dulces de cosecha tardía).

Estado de Nueva York

Cualquiera que haya experimentado un invierno neoyorquino tendrá una buena idea de su clima: severo y con una estación de crecimiento más bien corta. La mayoría de las viñas son todavía híbridos o *Vitis labrusca*, pero hay viñas de *vinifera* –variedades como la Chardonnay, la Riesling del Rin y la Pinot Noir– plantadas alrededor de los lagos Finger, del río Hudson y en Long Island. Y hay algún Chardonnay de Long Island que ha levantado ampollas y ha desorientado a algunos que lo han confundido con Borgoña.

Canadá

Vitis labrusca y los híbridos predominan en Canadá a causa de los duros inviernos, pero los viticultores de Ontario han fundado la Vintners' Quality Alliance para mantener y aumentar los niveles de los vinos de *vinifera*. Los mejores vinos, básicamente Chardonnay y Riesling de los microclimas más cálidos, en las orillas de los lagos Ontario y Eyrie, son, a grandes rasgos, franceses en estilo. El híbrido Vidal Blanc también produce algunos blancos atractivos y redondeados, pero delicados.

Cosechas		
Cabernet californiano		
1992	8	▼
1991	9	▼
1990	9	★
1989	7	★
1988	7	▲
1987	8	★
1986	9	★
1985	10	★
1984	9	★
1983	6	▲

Sudamérica

Las viñas llegaron a Chile, Argentina y Perú con los conquistadores españoles, a mediados del siglo XVI, y prácticamente todos los países sudamericanos producen vino en la actualidad, pero sólo Chile puede ofrecer una industria semimoderna y enorgullecerse de producir vinos de calidad.

Chile

Las variedades clásicas francesas de Burdeos –Cabernet Sauvignon, Cabernet Franc, Merlot, Malbec, Sémillon y Sauvignon Blanc–, por lo que se sabe, se establecieron en Chile en las décadas de 1850 y 1860 y, cuando los viñedos del resto del mundo fueron arrasados por la filoxera, a finales del siglo XIX y principios del XX, los de Chile se mantuvieron a salvo. La filoxera no cruzó jamás las barreras naturales del país –el desierto al norte, los fríos polares al sur, el Pacífico al oeste y los Andes, que alcanzan los 4.000 metros, a lo largo de la frontera oriental. En consecuencia, las viñas chilenas no han precisado ser injertadas con portainjertos resistentes a la filoxera.

Esto tiene, sin duda alguna, interés para la historia y la viticultura, pero no está claro que se le pueda atribuir un gran mérito en términos de la calidad y el sabor de los vinos. De hecho, en todo caso, la reputación chilena de ser un paraíso para el cultivo de las cepas –un país con un clima perfecto, ligero, ideal, y protegido contra las enfermedades– ha sido un inconveniente en los años anteriores a los noventa. La mayoría de los productores estaban tan convencidos de que su medio ambiente les daba cepas perfectas que no investigaron si realmente era así. En su lugar, solían hacer amplias producciones de fruto inevitablemente diluido con todas las variedades y siguieron considerando a la cepa inferior Sauvignonasse (o Sauvignon Vert) como Sauvignon Blanc. Las situaciones política y económica previas a 1989 no ayudaron mucho, puesto que dieron oportunidades muy limitadas a la industria para ver y compartir lo que estaba sucediendo en lugares como California, Australia y Nueva Zelanda, y pocas opciones para invertir en un equipamiento moderno muy necesario.

Sin embargo, los acontecimientos han ido sucediéndose a toda prisa en los últimos tres o cuatro años. Muchos inversores extranjeros de alto nivel, entre ellos los Lafite-Rothschild de Burdeos, han dado un impulso enorme, y cada año conlleva una consistencia mayor y una calidad más alta, especialmente en el Cabernet, el Merlot, el Chardonnay y el Sauvignon, así como en algún Riesling, Gewürztraminer y Pinot Noir.

Estos vinos provienen casi sin excepción del Valle Central. Otras regiones vinícolas producen uvas para la destilación del Pisco, el brandy local, o vinos de baja calidad (la mayor parte de la variedad Pais) para el consumo local. El fértil Valle Central, que se extiende a lo largo de 325 kilómetros en paralelo a los Andes, es la región considerada como el paraíso de la vitivinicultura. Los valles que se extienden de este a oeste desde los Andes al Pacífico aportan un riego natural y las laderas, más que llanos, que producen los mejores vinos.

De norte a sur, los cuatro valles cuyos nombres se encuentran habitualmente en las etiquetas son Aconcagua, Maipo (el más famoso, cerca de Santiago), Colchagua y Curico (o Lontué). Los que se encuentran hacia el sur y hacia la costa son más fríos y tienden a producir los mejores vinos blancos, pero tierra adentro y hacia el norte, donde hace más calor, hay una cierta tendencia hacia los vinos tintos. Entre las regiones más nuevas están Chillan, al sur, y Casablanca. Esta última, extendida al oeste de Santiago, cerca del frío de la costa, ya se está creando una fama por sus excelentes Chardonnay y Sauvignon Blanc.

Argentina

Argentina es el mayor productor vitícola de Sudamérica y el quinto del mundo (Chile es el decimosexto). Los viñedos son calientes y secos, el riego es esencial, las producciones suelen ser enormes, la calidad no es muy alta y el mercado local no está especialmente preocupado por ello. Dicho esto, hay que reconocer que las cosas están empezando a moverse, especialmente en la región de Mendoza. Hay algunos buenos Cabernet y Merlot, y algunos Malbec incluso mejores (con un carácter a especias y a tabaco), unos cuantos Chardonnay jóvenes respetables y algunos blancos aromáticos y florales interesantes hechos a partir de la cepa de Torrontes.

México

Con un clima básicamente subtropical, no puede sorprendernos que México sea el trigésimo segundo país en la lista de la producción mundial de vino y que exporte poco. De todas formas, vale la pena interesarse por los tintos de Baja California –especialmente los Petite Sirah y los Cabernet Sauvignon oscuros y con sabor a chocolate, a pimienta y a confitura de zarza.

(Superior) **Los Andes no sólo proveen a los viñedos chilenos de una barrera natural contra la filoxera, sino que también les aportan un riego natural.**

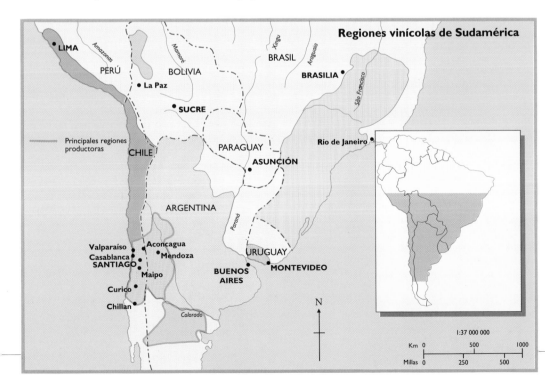

Regiones vinícolas de Sudamérica

1:37 000 000

También en Uruguay, Perú, Bolivia, Colombia y Brasil se producen vinos de diferentes tipos.
En Uruguay se producen vinos tintos, rosados y blancos, tanto comunes como finos (los Gran Reserva son más finos).
En Perú, se obtienen blancos ligeros, agradables y perfumados, mientras que los tintos están cargados de tanino.
Por su parte, en Bolivia los vinos que se producen son tintos o blancos y generalmente pesados. Hay también vinos que se asemejan al Jerez.
En Colombia se elaboran principalmente Manzanilla, vinos tipo Oporto y vinos ligeros de mesa.
En Brasil se distingue entre vinos de mesa, licorosos y compuestos.

Australia

Australia es mayor, más cálida y más joven que la mayor parte del resto del mundo vitícola, pero lo que hace de ella algo diferente del resto –o, más bien, superior al resto– es su absoluto dinamismo. Hasta los años sesenta, tres cuartas partes de su producción y consumo eran vinos licorosos, y durante una década más, aproximadamente, los vinos tintos de mesa que dominaron eran sobre todo de ese tipo de pesos pesados fornidos que nunca se sabía si beber, comer o sorber con una cuchara. El primer Chardonnay comercial no fue lanzado hasta 1973 (por Tyrrells, en el valle de Hunter, cuando apenas estaba empezando la moda del vino blanco. Actualmente el Chardonnay australiano se encuentra en los comedores de toda Gran Bretaña (así como en Norteamérica, en Escandinavia, en Alemania y en Japón), y son vinicultores australianos los que enseñan cómo hacer sus vinos a los nuevos productores de Chardonnay en todo el mundo –en el sur de Francia, en Hungría y en Moldavia.

No se trata sólo de Chardonnay, por supuesto. Aunque los viñedos australianos están confinados casi en su totalidad en los puntos más fríos, lo más alejados posible del ecuador –al sudeste y, en menor medida, al sudoeste (con todo el respeto debido al Chateau Hornsby, en Alice Springs, y al Granite Belt, en Queensland)–, hay suficiente variación climática para que se adapte más o menos cualquier variedad de vid. Junto con variedades menores como la Colombard, la Chenin Blanc, la Gordo (un tipo de Moscatel), la Traminer, la Garnacha y la Mataro (o Mourvèdre), que están destinadas sobre todo a mezclas básicas o a vinos baratos, la Riesling del Rin, la Sémillon, la Shiraz (el nombre australiano para la Syrah) y la Cabernet Sauvignon están ampliamente extendidas, aunque dan, naturalmente, un estilo más maduro y más lleno que en Europa. La Pinot Noir y la Sauvignon Blanc, por supuesto, han sido mucho más difíciles de adaptar, pero productores de vino enérgicos y determinados están encontrando cada vez más microclimas frescos, a menudo en las alturas, que favorecen especialmente a la Pinot Noir.

Son también estas regiones más frías las que producen Chardonnay, vinos espumosos y Cabernet Sauvignon con una mayor sutileza y complejidad, así

(Derecha) **En cuanto a variedad de estilos y niveles de calidad, todavía no se ha podido superar a Barossa, una de las primeras regiones vitícolas australianas, y todavía la más importante.**

como, según esperan sus productores, una mayor longevidad. No obstante, no debemos dejar que el atractivo de las nuevas regiones de moda, con sus vinos inevitablemente más caros y artesanales, eclipse lo que todavía es la fórmula del éxito australiano: variedades y mezclas asequibles, no complicadas, sabrosamente afrutadas y con un seductor sabor a roble –vinos hechos en una escala adecuada, bajo un cielo azul y un sol radiante en gigantescos lagares de altos techos, con uvas hábilmente mezcladas y trasladadas a lo largo de cientos, o miles, de kilómetros desde cualquier región para que aporten la calidad adecuada al precio adecuado en el momento mismo de la vendimia.

Vinos y regiones

Vinos licorosos

El estilo australiano más tradicional ha caído en picado en favor de los vinos de mesa, pero todavía puede valer la pena buscarlo. Hay buenos vinos del tipo del Oporto, sobre todo de Shiraz y Garnacha, pero los buques insignia son el licor de Moscatel y el Tokay de Victoria envejecidos en roble: oscuros, ricos e intensamente dulces como melaza, con un sorprendentemente atractivo sabor que recuerda al té Earl Grey, especialmente en el Moscatel.

Área de riego de Murrumbidgee

Esta área caliente y seca alejada de cualquier parte, en Nueva Gales del Sur, depende del riego para producir grandes cantidades de vino blanco básico, mucho para vino cotidiano, pero también hay un sublime vino para postres afectado de botritis, hecho por De Bortoli a partir de Sémillon.

Colinas de Adelaida

Al este de Adelaida; no es un nuevo distrito, sino más bien una nueva estrella. La clave es su elevado nivel, que da climas bastante frescos que producen vinos concentrados y elegantes en varios estilos. Sus contingentes más poderosos son el Riesling del Rin con sabor a lima (y, con la edad, a tostada), el Chardonnay complejo y añejo, algunos de los mejores Pinot Noir y vinos espumosos australianos, así como Cabernet Sauvignon y Shiraz excelentes.

Coonawarra

Al sudeste de Australia del Sur, en el límite con Victoria, Coonawarra, con su peculiar suelo de *terra rossa* (suelo rojizo sobre piedra caliza), es tal vez el mejor argumento con que cuenta Australia para un sistema de

(Izquierda) **Incluso el Grange es mezclado en la ultramoderna bodega Nuriootpa de Penfolds, en Barossa, pero los mejores tintos van a parar a las bodegas originales de Magill para envejecer.**

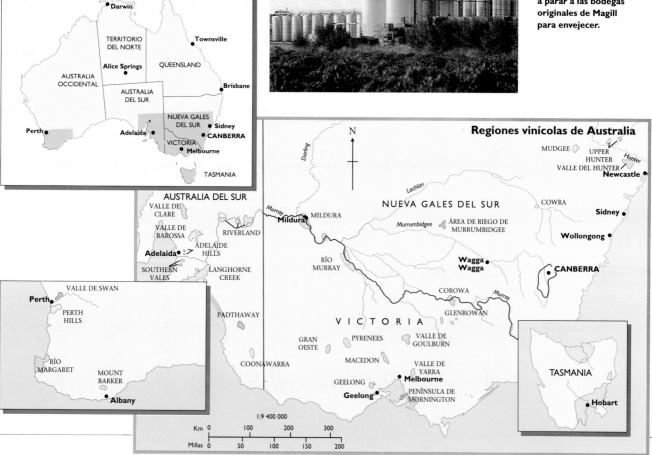

Denominación de Origen. Su reputación se basa en sus soberbios Cabernet Sauvignon, con sus sabores seductoramente vivaces a menta y a zarzamora, pero el Shiraz también está resaltando, como también, cada vez más, el Chardonnay, y hay algunas producciones de buenos Riesling y Sauvignon.

El río Margaret

Aunque ninguna de las principales compañías vinícolas australianas haya invertido en la región del río Margaret, en Australia Occidental, el suelo arenoso, el clima cálido y la belleza de los paisajes de la región han atraído a un grupo de vinicultores con talento. Aunque la mayor parte de las felicitaciones se las llevan su Cabernet impresionantemente parecido al Burdeos, hay algunos Chardonnay pasmosos, buenos Shiraz y vibrantes Sémillon.

Gran Oeste

Gracias a la compañía Seppelt, que todavía posee su principal bodega aquí, en el centro de Victoria, el Gran Oeste representa una marca de vino espumoso para la mayor parte de la gente. De hecho, éste es un territorio predominantemente de vino tinto, con un Shiraz de alta calidad, denso y fornido, y un buen Sauvignon.

McLaren Vale

Productor tradicionalmente de un tipo de tintos fornidos y pesados que solían ser prescritos como tónicos por los médicos (al menos en Gran Bretaña), McLaren Vale, al sur de Adelaida, ha desarrollado vinos más ligeros y está produciendo notables Cabernet Sauvignon y Shiraz, un exquisito Chardonnay y un fino Sauvignon Blanc.

Mudgee

Las altitudes de Mudgee le aportan noches frescas, días calurosos y una estación de crecimiento más larga que la del valle del Hunter, más al este, en Nueva Gales del Sur. El resultado son Cabernet Sauvignon profundos, con mucho cuerpo, y algunos Chardonnay ricos y maduros.

Padthaway

Justo al norte del distrito de Coonawarra, la región del vino tinto supremo, en Australia del Sur, se encuentra una de las principales regiones de vino blanco, Padthaway. Es más famoso por su Chardonnay, pero el Riesling y el Sauvignon Blanc son igualmente buenos.

Riverland

Los vastos viñedos regados a lo largo del río Murray, en Australia del Sur, aportan cerca de un tercio de la cosecha anual australiana. Gran parte del vino está destinado a vino cotidiano; el resto provee sobre todo de variedades y mezclas frescas, afrutadas y económicas.

Tasmania

Tasmania es tan fresca que es objetivamente fría, y los fuertes vientos pueden suponer un problema para los viticultores, aunque hay un buen potencial para los grandes vinos de climas fríos. Se han intentado todo tipo de cepas, y tal vez sea pronto para decirlo, pero los mejores resultados provienen del Chardonnay, el Cabernet Sauvignon, el Pinot Noir y los vinos espumosos con método de Champaña; todos se producen todavía en escasas cantidades.

Valle de Barossa

Colonizada en la década de 1840 por inmigrantes alemanes, cuya influencia todavía se nota en las bandas musicales locales y en los nombres alemanes, Barossa, al nordeste de Adelaida, es una de las regiones vitícolas más antiguas de Australia, con la mayor parte de las bodegas más extensas y más viejas. Al produ-

CÓMO LEER LAS ETIQUETAS DE VINO AUSTRALIANAS

Las contraetiquetas de las botellas del **Nuevo Mundo** pueden ser más bien prolijas, pero las etiquetas principales, en el frente, suelen ser claras y correctas. *De superior a inferior:* El productor o la propiedad (Rothbury) precede al viñedo específico (Brokenback), la región (Hunter Valley) y la variedad de uva (Chardonnay). Los vinos australianos más baratos suelen ser mezclas sin añada, pero una propiedad vinícola como ésta suele dar vinos de una sola añada. En este caso, la añada viene concretada en la etiqueta del cuello. La declaración obligatoria del contenido de alcohol figura en la contraetiqueta.

Cosechas		
Valle del Hunter Shiraz		
1993	8	▼
1992	6	★
1991	9	▼
1990	6	★
1989	7	★
1988	6	▲
1987	9	★
1986	9	★
1985	7	▲
1984	7	▲

Clave

0-10 nivel de calidad
(10 = vino excelente)

▲ hay que beberlo

★ se puede beber, pero sin prisas

▼ hay que guardarlo

(*Véase* también «Cuándo beber», págs. 44-47)

(Derecha) **Con varios ejemplares de alto nivel en su territorio, se dice que el bello y pacífico valle del Hunter produce el 5% del vino australiano y el 50% de su fama.**

cir vinos con uvas transportadas desde todos los rincones de Australia, cuenta con un amplio abanico de estilos que van desde los blandos y afrutados Riesling del Rin hasta Chardonnay grasos y encerados, Sémillon con sabor a roble y vinos espumosos atractivos, redondeados y fáciles de beber, y desde mezclas de Shiraz y Cabernet económicas, amentadas y melosas hasta los tintos añejos basados en Shiraz que compendia el Grange, el principal tinto australiano.

Valle de Clare

Más pequeño que Barossa y más al norte desde Adelaida, el pacífico valle de Clare se ha hecho un nombre produciendo algunos de los Riesling más finos y longevos y con más sabor a lima de toda Australia. Los tintos, desde el Cabernet al Shiraz, también son impresionantes.

Valle del Hunter

El Sémillon del valle del Hunter, al norte de Sídney, en Nueva Gales del Sur, es uno de los vinos australianos más inconfundibles. Su estilo original sin sabor a roble se puede beber mientras permanece joven, elegante y cítrico, o dejarlo durante unos ocho años para que adquiera un carácter tostado y seco a miel y paja; no obstante, el Sémillon se viene haciendo cada vez más al estilo del Chardonnay, con un poco de roble y para ser bebido joven. El Chardonnay mismo, que está cobrando más importancia, tiende a ser bulliciosamente afrutado, graso y con sabor a roble. Los tintos están dominados por cepas de Shiraz extensas y maduras (que solían tener el famoso carácter a «silla de montar sudada» –véase pág. 16), aunque el Cabernet, como el Chardonnay, se está haciendo un nombre

cada vez más importante. Sorprendentemente para un clima tan cálido, también hay un buen Pinot Noir. Vale la pena fijarse también en los Chardonnay de la región recién reconocida (por la Unión Europea) de Cowra, en Nueva Gales del Sur.

Valle de Yarra

Yarra, en Victoria, es una de las regiones vitícolas con más historia y, actualmente, una de las de más rápido crecimiento de Australia. Además de la proximidad a Melbourne, los productores se han visto atraídos por la forma en que su clima frío se divide en varios microclimas especializados que dejan espacio para Pinot Noir, Chardonnay, Cabernet, mezclas al estilo de Burdeos y vinos espumosos remarcables (teniendo en cuenta que estos últimos están hechos por Domaine Chandon –la rama australiana de Moët & Chandon–, los champañeses no saben exactamente si reír o llorar).

Otras regiones

En Victoria: el valle de Goulburn y Bendigo para tintos con cuerpo y sabor de Cabernet y Shiraz, así como blancos secos de Marsanne igualmente con cuerpo y sabor; Geelong para unos Cabernet y Shiraz concentrados y un Pinot Noir clásico; Glenrowan para un Shiraz fuerte (y para licores de Moscatel); la península de Mornington para un Pinot Noir y un Chardonnay elegantes; Pyrenees para Cabernet sustanciosos, carnosos y en ocasiones amentados, un buen Shiraz y, sorprendentemente, un Sauvignon respetable. En Australia Occidental, el cálido valle de Swan produce tintos y blancos valiosos, y Mount Barker está produciendo un excelente Cabernet.

(Superior) **De tanques como éstos del valle de Barossa provienen grandes cantidades de vino barato pero sólido, destinado a lo que los australianos denominan** *bladder packs* **(vino cotidiano).**

Cosechas		
Australia del Sur (tintos)		
1993	9	▼
1992	7	★
1991	8	★
1990	9	★
1989	7	▲
1988	8	★
1987	7	▲
1986	6	▲
1985	7	▲
1984	7	▲

Nueva Zelanda

Nueva Zelanda, más que emerger, saltó a la escena vinícola internacional a finales de los años ochenta. Después de haber producido muchos vinos licorosos durante los años sesenta y setenta y, más tarde, con una transición hacia los vinos de mesa llenada en gran parte con Müller-Thurgau, ha originado su carta triunfal, el Sauvignon Blanc; y es este Sauvignon Blanc el que ha recordado al mundo cómo sabe esta uva en realidad.

El clima es la clave. Nueva Zelanda es la capital del clima frío del Nuevo Mundo. Aunque es un país bastante grande, que cubre el equivalente a la extensión que hay entre el Rheingau alemán y Argelia, las diferencias climáticas no son tan radicales. Los viñedos se concentran en gran parte en las áreas más secas al este de ambas islas, la norte y la sur, donde una estación de crecimiento larga y fresca (siempre y cuando no sea demasiado larga y fresca) produce vinos blancos de una intensidad afrutada excepcional, un carácter que recuerda a las variedades clásicas y una acidez hormigueante –no sólo de Sauvignon Blanc, sino también de Chardonnay, de Riesling (tanto el seco como el dulce), de Chenin Blanc y otras (la Müller-Thurgau sigue siendo ampliamente cultivada, pero se exporta poco). Es tal la intensidad y el equilibrio de estos vinos que incluso el Sauvignon y el Chenin pueden soportar bien la fermentación en roble. En el otro extremo de la escala de la madurez, los más simples Chardonnay y Pinot Noir se utilizan para producir algunos vinos espumosos muy impresionantes.

Todavía es relativamente pronto para los vinos tintos, para los cuales el clima parecía en un principio demasiado frío, pero están mejorando en calidad, ahora que las variedades se están adaptando a los suelos y a los climas. Los resultados más prometedores provienen del Cabernet Sauvignon mezclado con el Merlot (redondeado y menos herbáceo que el Cabernet solo) en la Isla del Norte, más cálida, y del Pinot Noir al sur.

El nuevo sistema de denominación regional neozelandés se basa totalmente en la ubicación de los viñedos, que subdivide al país progresivamente en regiones, localidades y viñedos individuales sin referencia alguna a la calidad, al suelo o al clima.

Vinos y regiones

Bahía de Hawke
Esta región, la tercera en extensión de las tres principales de Nueva Zelanda, está demostrando ser la más destacada en cuanto a vinos tintos. Se extiende al sur de Gisborne, en la Isla del Norte, y es más caliente que Burdeos o Coonawarra. De sus suelos aluviales areniscos provienen algunas mezclas entre Cabernet y Merlot y algunos Merlot puros impresionantes, con aroma a tabaco y al estilo del Burdeos; también hay algunos buenos Chardonnay, más grasos y con más sabor a piña que los de Marlborough.

Gisborne
Gisborne, en la Isla del Norte, ha sido más bien eclipsado por Marlborough en los últimos años, y ha quedado deslucido por su propia reputación de producir los vinos baratos corrientes de Nueva Zelanda, especialmente los más baratos, de cepas como Müller-Thurgau. En realidad, su Chardonnay, que tiende a ser más rico que el de Marlborough, tiene un éxito particular, y hay otros buenos blancos, entre ellos un Gewürztraminer y un Chenin Blanc vibrante y afrutado. Los tintos son más variables.

Marlborough
En el extremo norte de la Isla del Sur, la reputación de Marlborough se basa en su Sauvignon Blanc –transportado en gran parte a bodegas de otros lugares para la vinificación. Los estilos varían desde los sabores más maduros y más tropicales del vino de culto de la bahía de Cloudy hasta los sabores herbáceos, a uva espina y a ortiga, pero siempre cuenta con un fruto y una acidez penetrantes. Sin embargo, a pesar de la fama del Sauvignon, en realidad hay algo más de Chardonnay, con un estilo que tiende a ser ligeramente más simple que el de otras regiones, y que se usa habitualmente con Pinot Noir para unos vinos espumosos cada vez más finos. El Cabernet Sauvignon, con Merlot o sin él, tiende a presentar una frescura que recuerda a hierba y a grosella, pero tiene poco peso y exquisitez.

Otras regiones
Martinborough, un subdistrito de la región de Wairarapa, al sur de la Isla del Norte, ha producido el Pinot hasta ahora más fino y más borgoñón de Nueva Zelanda, así como algún Chardonnay y Sauvignon Blanc aceptables. El clima continental de Central Otago (al sur de la Isla del Sur) está empezando a acumular méritos también con el Pinot Noir, así como con el Gewürztraminer. Waiheke, una isla en el puerto de Auckland, tiene algunas mezclas de Cabernet Sauvignon y Merlot y algunos Chardonnay notables. Y las pequeñas bodegas de Nelson (al norte de la Isla del Sur) producen un Chardonnay lleno de sabor, un Sauvignon Blanc clásico, un Riesling de cosecha tardía y Pinot Noir. Auckland, actualmente más un centro de vinificación que de viticultura, todavía produce algunos vinos caseros interesantes, entre ellos un Chardonnay graso y con sabor a dulce de mantequilla, del subdistrito de Kumeu; y existen unos atractivos Chardonnay y Pinot Blanc de los alrededores de Christchurch, en Canterbury. Los otros vinos a tener en cuenta son los espumosos neozelandeses del tipo del champaña, que pueden provenir de cualquier parte.

Regiones vinícolas de Nueva Zelanda

Sudáfrica

Sudáfrica reivindica para sí la tradición vitícola más antigua del Nuevo Mundo (aunque Sudamérica le podría disputar este título), pero su historia moderna ha sido más accidentada que la de cualquier otro país. El hito histórico que significó el discurso del presidente de Klerk, en febrero de 1991, en el cual anunciaba el fin del Apartheid, devolvió los vinos sudafricanos a los mercados internacionales, pero la industria vinícola, a causa del largo aislamiento internacional, ha evolucionado por caminos diferentes de la experimentación que desarrollaron Australia y California, por ejemplo. Además, mientras la producción de vino vigoroso ha caído radicalmente en los otros países del Nuevo Mundo, en Sudáfrica todavía es muy significativa, aunque actualmente estos vinos se exportan poco.

Técnicamente, las bodegas sudafricanas siguen los últimos adelantos, pero en los últimos tiempos los vinos tintos solían tener un sabor áspero a quemado y a goma, y los vinos blancos más serios, los Chardonnay envejecidos en roble, a menudo se veían toscamente sobrecargados de roble. La exposición a los gustos de otros mercados y la competencia con productos similares de Australia, Chile y Bulgaria están provocando en la actualidad algunos cambios. Los tintos se están volviendo más suaves, con una riqueza que sustituye a la aspereza; los Chardonnay son más sutiles y más complejos; y los blancos secos y extrasecos, ya se trate de Chenin Blanc (que cuenta con un tercio del área de viñedos), Colombard o Sauvignon Blanc, son más enérgicos y más afrutados.

Éste es el proceso lógico, dado que Sudáfrica, o por lo menos la provincia más occidental del Cabo, está bien dotada de recursos naturales. En las áreas costeras se concentran cerca de 100.000 hectáreas de viñas, en un arco de tierra centrado en la Ciudad del Cabo, que goza de un clima mediterráneo ideal y de una multitud de microclimas variados, especialmente en las estribaciones de las montañas de Paarl y Stellenbosch.

Estas condiciones, obviamente, se adecúan a las principales variedades europeas: además de las blancas ya mencionadas, la Cabernet Sauvignon, la Merlot, la Shiraz, la Cinsaut, la Moscatel y, de un modo muy limitado, la Pinot Noir, Sudáfrica tiene una variedad propia, la Pinotage tinta. Se trata de un cruce entre Pinot Noir y el tinto corriente Cinsaut, que pro-

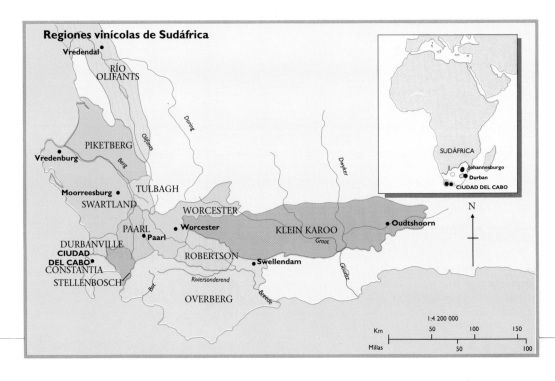

Regiones vinícolas de Sudáfrica

duce un carácter robusto especiado y apimentado y un cálido sabor a bayas. También tiene una tendencia a dar un tanino áspero y una cierta sensación de goma, pero los mejores vinos pueden desarrollar alguna complejidad carnosa con la edad y, si se logra controlar el tanino, puede tener un olor llamativo a frambuesa y madurar pronto.

Con cerca de cinco mil viticultores y sólo 82 fincas individuales, la industria está controlada en términos cuantitativos (aunque, ciertamente, no en los cualitativos) por las cooperativas, especialmente la KWV, o Kooperatieve Wijnbouwers Vereniging. Se trata del principal productor, pero también del policía de la industria, aunque se encuentra en el proceso de despojarse de su papel regulador para concentrarse más en la producción y en el comercio. Los otros gigantes son la Stellenbosch Farmers' Union (SFU) y la Distillers Corporation con su compañía gemela, la Bergkelder.

El sistema sudafricano de vinos de origen divide las áreas de viticultura en regiones, distritos, circunscripciones y propiedades, en orden decreciente de extensión, y cada botella de vino que se exporta lleva consigo un pequeño documento que garantiza todas las características relacionadas con el origen, la cosecha y la variedad de uva.

Vinos y regiones

Constantia

La circunscripción de Constantia, cerca del mar y en los alrededores de Ciudad del Cabo, ha dado su nombre al vino más renombrado del Cabo en los siglos precedentes: se trata de un Moscatel de postre, que se obtiene dejando que las uvas se sequen en las viñas hasta bien entrado el otoño. Se está haciendo de este mismo modo un pequeño Moscatel dulce.

Paarl

A 40 kilómetros de Ciudad del Cabo, con inviernos húmedos, veranos largos, cálidos y secos y una gran variedad de suelos, Paarl, que incluye la famosa circunscripción de Franschhoek, es una de las mejores regiones vinícolas. La mayoría de las variedades principales crecen aquí, pero destacan la Cabernet Sauvignon, la Pinotage, la Chardonnay, la Sauvignon Blanc y la Chenin Blanc.

Robertson

Junto con algunas de las mejores cooperativas, hay algunas fincas excelentes en Robertson, todas apoyadas por el riego, dado el clima caliente y seco de esta región central. Todavía predominan los vinos licorosos, pero cada vez hay más vinos de mesa, y actualmente existe un Chardonnay particularmente bueno, así como algún Shiraz notable.

Stellenbosch

Muchos de los vinos tintos sudafricanos de alta calidad provienen de las estribaciones de las montañas de Stellenbosch, donde hay una concentración extraordinaria de fincas excelentes (34 de las 82 que existen en todo el país), así como las tres grandes compañías. La mayoría de las variedades crecen bien aquí, pero la Cabernet Sauvignon, especialmente cuando se mezcla con Merlot, y la Cabernet Franc pueden ser impresionantes y longevas.

Otras regiones

El área de viñedos más fresca de Sudáfrica, la bahía de Walker, en el distrito de Overberg, situado en el extremo meridional, aporta un Chardonnay y un Pinot Noir excelentes y al estilo borgoñón. La región del río Olifants y Swartland son buenas fuentes de blancos económicos, frescos y sabrosos.

(Inferior) **Una vez superados los años de aislamiento, Sudáfrica está empezando a sacar todo el provecho de sus envidiables recursos naturales; entre ellos se encuentran el clima mediterráneo y los suelos variados de las estribaciones de Paarl.**

Austria y Suiza

Austria ha emergido en los años noventa como un productor pequeño pero remarcable de vinos blancos, y fuera de sus fronteras sus vinos todavía son poco conocidos. La falta de reconocimiento se debe en parte a la herencia perdurable del escándalo de 1985 (el asunto del anticongelante), en parte porque se guarda una gran proporción de los vinos para sí misma, y en parte a causa de que los vinos austríacos suelen estar considerados como poco más que una extensión de los alemanes.

Hay paralelismos con los vinos alemanes: la clasificación basada en la madurez es similar, con *Tafelwein*, *Landwein*, *Qualitätswein*, *Kabinett* y *Prädikatswein* (éste último cubre desde el Spätlese hasta el Trockenbeerenauslese); hay una nueva clasificación de los viñedos que usa el término *Erst Lager* (primera propiedad), como en el Rheingau; y ambos países tienen abundantes variedades de vid, muy especialmente de Riesling. Austria, por su parte, tiene variedades propias importantes, incluida la blanca apimentada Grüner Veltliner (que representa un tercio de las viñas del país), la Bouvier, alta en azúcar (utilizada para vinos dulces), la blanca con sabor a nuez Neuburger, la tinta perfumada St-Laurent y la Zweigelt, tinta jugosa con sabor a cereza. Austria es también un buen país para las variedades clásicas francesas, como la Chardonnay y

la Pinot Noir, que cada vez más se fermentan y se envejen en barricas de roble al estilo borgoñón.

De hecho, las áreas vitícolas meridionales de Austria tienen la misma latitud que Borgoña (la más septentrionales son más similares a Champaña), pero poseen un clima más continental, con inviernos fríos y veranos cálidos. Los resultados son básicamente vinos blancos: aromáticos, con una delicadeza acerada pero más madurez y alcohol, una acidez más suave que en Alemania y una sensación algo más ligera que en Alsacia. Los tintos tienden a tener de medio a poco cuerpo y a ser afrutados y perfumados, con una firmeza dada más por la acidez que por el tanino –más Beaujolais Cru que Burdeos o Borgoña, si lo prefiere así.

Todos los viñedos se encuentran al este, extendidos por tres regiones. La Baja Austria produce grandes cantidades de Grüner Veltliner, vivaz y especiado, algún soberbio Riesling añejo, especialmente de Wachau, y blancos ligeros y limpios de los alrededores de Viena. Burgenland es el paraíso del vino dulce: la podredumbre noble llega cada año alrededor del lago Neusiedler, en el norte, y produce vinos opulentos que son básicamente germánicos en estilo, pero más llenos; apartados del lago se encuentran blancos buenos, elegantes y secos, especialmente el Chardonnay, el Traminer, el Rülander y el Weissburgunder; y en el centro y el sur hay tintos afrutados de calidad variable. Estiria produce blancos muy secos y fragantes como el Traminer y el Sauvignon Blanc.

Suiza

Los vinos suizos, al contrario que los austríacos, nunca alcanzan las cumbres de la excelencia –aunque se podría suponer lo contrario, dado sus elevados precios. Se produce vino en los 25 cantones del país excepto en dos, pero los viñedos están concentrados en el oeste francófono, en los cantones de Vaud, al norte del lago de Ginebra, y en Valais, al sur del Ródano. La poco característica Chasselas (también conocida como Fendant y Perlan) es la cepa principal, y produce blancos ligeros, refrescantes y modestamente afrutados. Valais, que cuenta con más variedades de cepas que Vaud, entre ellas varias locales como la Humagne (tinta), la Amigne y la Heida (las dos blancas), está plantado en una tercera parte con cepas tintas. Esto incluye a la Pinot Noir y a la Gamay, que producen tintos simples, ligeros y afrutados, ya sea por sí solas o mezcladas para producir un vino llamado Dôle. El cantón suizo de lengua italiana de Ticino produce un Merlot que constituye, probablemente, el mejor tinto de Suiza.

(Izquierda) **Las principales áreas vitivinícolas de Suiza se hallan en los cantones de Vaud y Valais, al oeste; de estos dos, el de Valais (izquierda) produce una mayor variedad.**

Europa Oriental

Agrupar medio continente bajo la denominación única de «Europa Oriental» puede parecer abusivo o, en cualquier caso, ingenuo, pero los países del antiguo bloque del Este, que se están adaptando en varios niveles al capitalismo, comparten gran parte de sus mismos problemas, las mismas prácticas tradicionales en la producción de vino y las mismas actitudes. Cuando sus industrias vinícolas estaban nacionalizadas, los precios estaban controlados, la cantidad era más importante que la calidad y gran parte del vino exportado iba simplemente a cualquier otro país del bloque del Este (en especial a la antigua Unión Soviética). Bulgaria era la excepción, puesto que creó una industria más o menos a partir de cero y apuntando hacia Occidente, en especial hacia Gran Bretaña. Actualmente, poco a poco, el conjunto de las industrias vitivinícolas –las bodegas, los viñedos, las fincas estatales, etc.– están siendo desmanteladas y concedidas a propietarios privados que necesitan vender a Occidente. Las inversiones europeas y australianas, muy necesarias, han empezado a acudir y a aportar la experiencia esencial para enseñar a los vinicultores locales cómo tiene que hacerse el vino para poder venderlo a los paladares occidentales.

Para los productores de vino y sus promotores se trata al mismo tiempo de los países más prometedores y los más frustrantes para producir vino. La materia prima está ahí, bajo la forma de las variedades clásicas francesas y alemanas, y también de valiosas variedades indígenas, todas ellas creciendo en climas favorables, pero las actitudes de la producción de vino son a menudo tan primitivas como las instalaciones de la producción. Recolectar las uvas en el momento preciso y rechazar las que están en malas condiciones raramente habían sido prioridades; la necesidad

de proteger el vino de la oxidación y las bacterias apenas ha sido entendida, y la convicción ampliamente extendida de que lo más viejo es siempre lo mejor significa que la mayoría de los vinos han sido abandonados durante demasiado tiempo en barriles deteriorados y en tanques de cemento.

No obstante, la reforma ha empezado, el progreso está alcanzando su propia cima, y no cabe ninguna duda de que en los próximos años se va a producir una marea creciente de buenos vinos de estos países –y tal vez no sólo de los cinco descritos a continuación–,

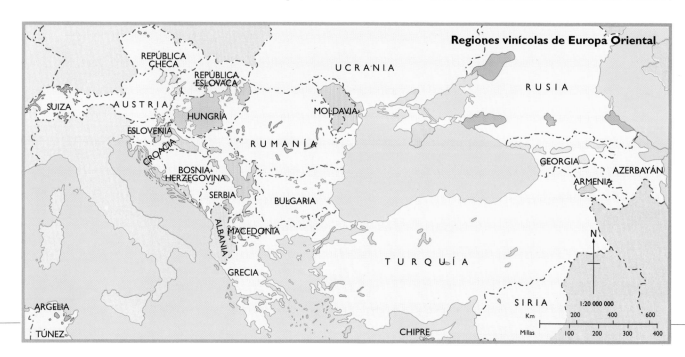

Regiones vinícolas de Europa Oriental

siempre y cuando la situación política permanezca estable.

Bulgaria

Durante gran parte de los años ochenta, los Cabernet Sauvignon búlgaros no tenían ninguna competencia de sus vinos vecinos, ni tampoco de Australia, Chile ni el sur de Francia. Todo ha cambiado, y el consumidor tal vez haya sacado algún provecho de ello.

Los vinos blancos, que nunca han sido las fuerzas de choque de Bulgaria, están mejorando, tanto el Chardonnay como las mezclas de «vino del país» baratas, florales y con sabor a uva, como la del Ugni Blanc y el Misket. Con los vinos tintos se ha producido una cierta tendencia a embotellar algunos vinos más pronto, para mejorar el Cabernet Sauvignon, el Merlot, el Mavrud, corpulento y especiado, y el Melnik, con el estilo del Ródano meridional, cuando todavía están llenos de fruto jugoso y fresco, en lugar de dejarlos que adquieran siempre los tonos peculiares búlgaros de madera con especias y tabaco. La privatización deberá permitir también que emerjan con más fuerza las características regionales del vino, de modo que sea posible establecer distinciones plausibles y consistentes entre Pleven, Plovdiv, Russe, Suhindol, Sliven, Stara Zagora, Haskovo y otras áreas de viñedos.

De hecho, el sistema de clasificación de Bulgaria reconoce más de cuarenta regiones de las cuales deben provenir los Vinos de Origen Geográfico Declarado. El «vino del país» es la categoría más baja; corresponde a grandes rasgos al *vin de pays* y normalmente consiste en una mezcla de dos variedades de uva, en ocasiones incluyendo una de las indígenas, como la Gamza o la Pamid. La categoría superior es el vino Controliran, que proviene de 27 zonas estrictamente controladas. La Reserva y la Reserva Especial indican vinos superiores, envejecidos durante más tiempo, y pueden solicitar ser considerados Vinos de Origen Geográfico Declarado y vinos Controliran.

(Superior) **Las devoluciones poscomunistas de viñedos y bodegas a manos privadas en Bulgaria –y en los países vecinos– están empezando a ser recompensadas bajo la forma de nuevos estilos de vino especialmente más jóvenes y más frescos.**

Hungría

Hungría posee la tradición vinícola más antigua de Europa Oriental, basada en su Tokay (Tokaji) dulce, que proviene de los viñedos de la frontera eslovaca, al nordeste, y está elaborado según un proceso peculiar de producción establecido en el siglo XVII (que precede a cualquier tradición comparable de vino dulce de Francia o Alemania). El Tokay Aszú es el vino más significativo, y está clasificado según su dulzura, medida en *puttonyos* (los *puttonyos* o *putts* son los cuezos que usan los recolectores); con tres *putts* están los menos dulces, envejecidos durante cinco años, y con seis *putts* los más dulces, envejecidos ocho años. Por encima de ellos está el Aszú Eszencia, y luego el casi místico Eszencia, algo parecido al néctar. Durante años, el Tokay ha ido perdiendo su reputación, pero la privatización y las inversiones europeas están empezando a restituir su antigua gloria.

En cuanto al vino seco, Hungría está haciendo grandes progresos con la aportación de vinicultores formados en Australia. El fruto picante y aromático caracteriza a la nueva generación de Chardonnay, Sauvignon Blanc, Moscatel y mezclas de vino blanco, mientras que los Cabernet, los Merlot y el tinto indígena Kékfrankos están hechos con fruto flexible, especialmente de la cálida región meridional de Villány.

CÓMO LEER LAS ETIQUETAS DE VINO MOLDAVAS
De superior a inferior: **esta etiqueta moderna se centra en la variedad de la uva (Sauvignon) y en la región, Hincesti (concretada en un mapa) antes de dar un resumen de la historia y la geografía del vino moldavo (en la caja). Luego da el resto de información, básicamente obligatoria: contenido de alcohol; cosecha; contenido; productor (Vitis Hincesti) y dirección. (Lo que no revela es que el vino es el resultado de una empresa mixta entre el gigante australiano Penfolds y el «vinicultor ambulante» residente en Francia, Hugh Ryman).**

(Inferior) **La industria vinícola rumana todavía tiene que recorrer un largo camino para alcanzar la modernización, pero el potencial es considerable tanto para vinos tintos como para blancos secos y dulces.**

Moldavia

Cientos de miles de hectáreas de viñas, sin que falte ninguna de las variedades clásicas francesas, y todas creciendo en condiciones climáticas ideales, han hecho de Moldavia (la antigua Besarabia, situada entre Ucrania y Rumanía) un objetivo para los vinicultores occidentales más dinámicos. Los primeros blancos en emerger de las nuevas operaciones eran Chardonnay, Sauvignon Blanc y Rkatsiteli (una variedad local suave y con sabor a uva) simples y económicos. Los primeros tintos eran Cabernet Sauvignon, Merlot y Codru (Codru es el nombre de una mezcla tradicional de Cabernet y Merlot envejecida en roble) sólidamente afrutados y ligeramente rústicos. Además, hay algunos vinos más viejos que son asombrosos –con sabor a cedro, clasificados como en el Médoc tanto en estilo como en calidad– pero, inevitablemente, los surtidos se están agotando.

Rumanía

El problema principal con Rumanía es la impredecibilidad de la calidad que resulta de lo despreocupado y antihigiénico que es allí el proceso de producción vinícola. El Merlot y el Cabernet, especialmente los que provienen de los alrededores de Dealul Mare, al sudeste, pueden ser buenos, con fruta bastante rica y flexible; y los blancos dulces con sabor a albaricoque y melocotón de la cepa local Tamaioasa, especialmente de Murfatlar, en el extremo sudeste, cerca del mar Negro, pueden resultar deliciosos de un modo ligeramente rústico. Los blancos secos deben ser abordados con mucha más cautela, pero algunos ejemplos esporádicos de Pinot Gris, Silvaner y Sauvignon agradables muestran un cierto potencial. El Pinot Noir también puede ser bueno (y barato), pero a menudo tiene un simple carácter a mermelada.

Eslovaquia

Eslovaquia goza de una abundancia de variedades de vid de alta calidad y muy peculiares, especialmente algunas blancas como la Irsay Oliver, la Pinot Blanc, la Traminer y la Grüner Veltliner. Los tintos también resultan llamativos por lo poco habituales que son, especialmente los que provienen de la cepa St-Laurent, fragante a pesar de ser carnosa y con sabor a baya, y la delicada Frankovka, especiada y con sabor a grosella.

Mediterráneo Oriental

Es en el mundo clásico, centrado en el **Mediterráneo Oriental**, donde probablemente empezó la producción vitícola, pero una historia ilustre no es ninguna garantía para la calidad de hoy. **El clima en estos países raramente deja de ser cálido y árido (aunque también lo es el de Australia) y predomina una producción vitícola anticuada para un mercado local cautivo (y aquí termina la comparación con Australia). Sin embargo, hay muestras de excelencia, a menudo en los lugares en que se han infiltrado el Chardonnay, el Sauvignon Blanc, el Cabernet Sauvignon y el Syrah.**

Chipre

Es difícil entusiasmarse por los vinos chipriotas: la mayor parte del Commandaria, el vino marrón pesado y dulce como el jarabe, mantiene poco de su vieja reputación; los vinos licorosos al estilo del Jerez son sólidos en el mejor de los casos, y los vinos de mesa son en gran parte grasos y oxidados. Dicho esto, hay que reconocer que existen algunos intentos (realizados por la extensa firma Keo, por ejemplo) de refrescar los blancos y dar más fruto a los tintos rústicos y terrosos. Un poco más de la cepa nativa Xynisteri podría ayudar a los blancos, y tal vez algo de Cabernet Sauvignon no le iría mal a los tintos.

Grecia

Aunque no se puede negar que la mayoría de los vinos griegos o son Retsina (el vino aromatizado con resina de pino) o son insípidos y oxidados, está surgiendo un grupo de grandes compañías y fincas individuales muy por encima de la media que producen blancos vivaces, alimonados y herbáceos (de cepas como la Robola) y tintos mezclados interesantes. Entre un número creciente de denominaciones, las más fidedignas son Côtes de Meliton, al norte, por sus tintos al estilo del Burdeos y sus mezclas locales; Naoussa (al norte) y Nemea (al sur) están bien para tintos potentes y herbáceos; Mantinia (al sur) y Cefalonia (una isla occidental) producen algunos de los mejores blancos secos; y Samos (una isla oriental) es la capital griega de los Moscatel dulces.

(Derecha) **A pesar de lo pintorescas que resultan, estas viejas ánforas de vino están lejos de ser los recipientes ideales para satisfacer el gusto moderno hacia los vinos de sabor fresco y no oxidado.**

Israel

La llegada, a mediados de los años ochenta, de irreprochables Chardonnay, Sauvignon Blanc y Cabernet Sauvignon *kosher* de la región fresca y elevada
de los Altos del Golán provocó una mejora en el conjunto de la industria vinícola israelí, pero los viñedos de los Altos del Golán siempre aportarán los mejores vinos –vinos con una gran intensidad afrutada
y una fina estructura, ya se trate de Cabernet y Chardonnay o del Moscatel seco y el Colombard, más
baratos.

Líbano

Hay otros productores, pero el vino libanés más conocido es el Château Musar, hecho con cepas cultivadas en las alturas del valle de la Bekaa. El tinto es
un primera clase maravillosamente peculiar. Se trata de un vino exótico y en cierto modo silvestre,
una mezcla entre Cabernet Sauvignon, Cinsaut y
Syrah, y tiene un sabor adecuadamente cercano a
un cruce entre el Burdeos y el Ródano –y, aunque está
listo a los siete años, sigue evolucionando durante
unos quince.

Reino Unido

Para ser un país que muchos ven todavía como no productor –aunque ya no es el caso gracias a la burocracia de Bruselas–, Inglaterra tiene un número remarcable de viñedos. No hay menos de cuatrocientos cuarenta en Inglaterra y el país de Gales (todos, excepto un pequeño grupo, en Inglaterra, sobre todo en el sur), y 250 producen vino en una escala comercial, aunque no todos tienen sus propias bodegas. Con cerca de 900 hectáreas cubiertas de viñas, Gran Bretaña produjo más de tres millones y medio de botellas en 1992, en un abanico sorprendente de estilos: seco, medio y dulce, espumoso y no espumoso, blanco, tinto y rosado, sin roble y envejecido en roble.

A pesar de esta variedad aparente, existe un estilo característico. El vino inglés y galés –la mayor parte del cual es, de hecho, blanco, sin roble y no espumoso– es ligero, delicado, aromático y sabroso, e ideal como aperitivo. El estilo es un reflejo del clima y de las variedades de cepa que se adaptan mejor. Predominan las cepas alemanas, especialmente los cruces (encabezados por el Müller-Thurgau), que fueron diseñados para combatir el frío clima alemán y han terminado produciendo mejor vino en Gran Bretaña.

Müller-Thurgau raramente podría ser la variedad que genere más entusiasmos, pero puede producir un blanco agradable, ligero, floral y con carácter a hoja de grosella; además, puede ser muy práctico en las mezclas, de las cuales existe un gran número. Reichensteiner, la segunda variedad más plantada, es otra cepa práctica, aunque bastante neutra. Entre las variedades más características, la Schönburger bien madurada y bien producida tiene un sabor perfumado, al estilo del Gewürztraminer; la Kerner tiene una calidad amanzanada y suavemente especiada, parecida al Riesling; y la Huxelrebe puede recordar a la flor de saúco y a la uva rosada. Otras variedades interesantes son Bacchus, Faber, Ortega, Madeleine Angevine y, por encima de todas, Seyval Blanc. Ésta no es una raza pura *vinifera*, y por ello está mal vista en la

(Inferior) **Se encuentran viñedos en lugares tan remotos como Yorkshire y en las West Midlands, pero la concentración más alta se halla en los condados más cálidos de Kent (aquí en Lamberhurst) y Sussex.**

(Superior) **El clima es el principal problema en Gran Bretaña, pero a veces los pájaros se convierten en un enemigo igualmente importante; de ahí la función de las redes contra pájaros de Breaky Bottom.**

Unión Europea*, pero en el impredecible clima británico se desarrolla bien, y da algunos de los mejores vinos –en un estilo ligeramente más parecido al del Loira que al alemán. Con la edad puede desarrollar un carácter meloso; también se adapta bien al roble y produce una base alta en ácido que resulta perfecta para el vino espumoso.

El vino espumoso constituye una de las nuevas áreas de crecimiento en Inglaterra y Gales. Algunos productores han plantado las cepas de champaña, Chardonnay, Pinot Noir y Pinot Meunier específicamente con este objetivo, aunque una finca que así lo ha hecho (Denbies, en el condado de Surrey) ha quedado tan satisfecha con sus vinos de base que, además de los vinos espumosos, produce también un Chardonnay no espumoso y un Pinot Noir rosado.

Intentar determinar la calidad a partir de la etiqueta ha sido un reto y un asunto turbio en el pasado, pero existe actualmente el *Quality Wine Scheme* del Reino Unido, basado someramente en la *appellation contrôlée*, que reconoce dos categorías, la de *English Vineyards Quality Wine* y, por debajo de ésta, la de *English Table Wine*. Las propuestas para crear una categoría intermedia que rescate el Seyval Blanc del grupo de vinos de mesa han sido hasta la fecha desoídas por la Unión Europea. (El vino británico es otra cosa completamente diferente; se trata de una bebida alcohólica inferior hecha de concentrado de uva importado y reconstituido).

* Nota del revisor: De hecho, está prohibido su cultivo en la Unión Europea.

Otros países

China

China ha estado produciendo vino durante milenios, pero lo mejor que se ha hecho en los últimos tiempos es el Chardonnay franco y afrutado de la península de Shandong, producido con inversión y personal cualificado procedente de Occidente.

India

En las colinas al sudeste de Bombay, la tecnología de Champaña y la inversión india se han combinado para producir un vino espumoso sorprendentemente bueno, aunque no del todo consistente, con el método del champaña; está hecho de Ugni Blanc y, cada vez más, de Chardonnay.

Japón

Gran parte del denominado vino japonés está mezclado con vino importado, pero existen algunas bodegas que producen vino auténtico. Los mejores son de variedades de Burdeos.

Luxemburgo

A lo largo del Alto Mosela se producen blancos ligeros y secos y vinos espumosos (*crémants*) a partir de Rivaner (también conocido como Müller-Thurgau), Elbling y, en cantidades más pequeñas, variedades aromáticas alsacianas.

Norte de África

Durante años, el norte de África aportó grandes cantidades de vino a Francia, pero actualmente el área de viñedos en Argelia, Marruecos y Túnez está en declive. Los tintos son, por lo general, bastante gruesos, y están hechos en gran parte de variedades del sur de Francia, especialmente de Carignan. Los mejores están hechos en las colinas costeras de Argelia. Los Moscatel tunecinos, dulces o secos, también se encuentran entre los mejores vinos.

Turquía

Sólo el 2 % de las uvas que producen las 600.000 hectáreas turcas de viñedos y sus numerosas variedades de vid acaban produciendo vino (el resto se utiliza como uva de mesa). La calidad, ya sea de las cepas indígenas o de importaciones francesas, y tanto si se trata de vino tinto como blanco, es rústica.

Índice

Los números de páginas en negrita indican la referencia principal.